智慧新课堂
小学课堂教学改革与创新研究

宋庆捷 ◎ 主编

北京时代华文书局

图书在版编目（CIP）数据

智慧新课堂 / 宋庆捷主编. -- 北京：北京时代华文书局, 2025.5. -- ISBN 978-7-5699-6105-8

Ⅰ.G622.421

中国国家版本馆CIP数据核字第2025JM9687号

ZHIHUI XIN KETANG

出 版 人：陈　涛
策划编辑：张正萌　李佳黎
责任编辑：张正萌
责任校对：李一之
装帧设计：刘　伟
责任印制：刘　银

出版发行：北京时代华文书局　http://www.bjsdsj.com.cn
　　　　　北京市东城区安定门外大街 138 号皇城国际大厦 A 座 8 层
　　　　　邮编：100011　电话：010-64263661　64261528

印　　刷：天津丰富彩艺印刷有限公司
开　　本：710 mm×1000 mm 1/16　　成品尺寸：170 mm×240 mm
印　　张：17　　　　　　　　　　　　字　　数：274 千字
版　　次：2025 年 5 月第 1 版　　　　印　　次：2025 年 5 月第 1 次印刷
定　　价：68.00 元

版权所有，侵权必究

本书如有印刷、装订等质量问题，本社负责调换，电话：010-64267955。

编委会名单

| 主　　编：宋庆捷
| 编　　委：王　博　吴继红　蔡志东

前言
PREFACE

众所周知，当今时代是信息的时代，是知识呈爆炸式增长的时代，学生所接触到的信息远比以往任何时候都要丰富多样。再加上他们思维活跃、好奇心强，对任何事物都充满了好奇，原来那种碎片化的、填鸭式的教学已经不能满足他们的学习需求。因此，打造一种《义务教育课程方案和课程标准（2022年版）》（简称"新课标"）背景下的、全新的、能促进学生综合素养提升的智慧新课堂尤为重要。智慧新课堂必须将现代化教育技术与先进的教学理念有机融合，让课堂焕发出新的生机与活力，以更好地培养适应新时代需求的创新型人才。

在日常的教育教学实践中，部分教师也意识到教学改革的必要，渴望创新，并在积极地探索新的教学方法。然而他们往往缺乏系统的理论指导和全面的实践案例参考，因此收效甚微。针对教师的困惑，我校将大胆改革创新的成果与课堂教学的改革经验进行汇总，编成本书供教师参考与借鉴，希望能够帮助教师解决教学过程中遇到的实际问题，让他们的课堂教学更加多元化、智能化，进而培养学生的创新思维，提升学生的综合素养。

本书作为教师课堂教学创新改革的动力源，旨在让教师明白智慧新课堂的内涵与特点：以学生为中心，融合信息技术，注重思维能力培养，强调多元化评价。本书收集了我校教师的优秀教学设计、案例、论文等，涵盖语文、数学、英语、科学、道德与法治、信息技术、体育、美术等多个学科，均得到作者授权。这些均是在智慧新课堂理念指导下的成功实践案例，详细展示了教师从教学设计、实施到凝练成论文成果的智慧新课堂样态，也能直观地让教师感受到智慧新课堂在实际教学中的应用效果，从中汲取宝贵的经验教训，为自己的教学实践提供有益的参考。本书涉及的教材版本包括人民教育出版社版本（统编版）、北京出版社版本（北京版）、湖南教育出版社版本（湘教版），首都师范大学出版社版本（首师大版）。本书中英语词句均出自小学教材，因内容简单不附加中文翻译。

　　本书是我们对小学教育教学改革的积极探索与尝试，希望它能够成为广大教师的得力助手，为大家在构建智慧新课堂的道路上提供一些有益的启示和帮助。让我们携手共进，在智慧新课堂的探索之路上奋勇前行，为培养具有创新精神、实践能力和社会责任感的新时代接班人贡献力量！

宋庆捷
2025年1月

目录 CONTENTS

第一部分　实践篇

第一章　以教学评一致性为依托，构建智慧新课堂　　002

总　述	宋庆捷	002
端午粽	闫继凡	006
吃水不忘挖井人	李萌	011
看图说话：小鸡得救了	王海娟	015
雷雨	张婉霆	019
富饶的西沙群岛	杨燕	023
记金华的双龙洞	朱颖	028
红楼春趣	杨鸿静	033
10的再认识	马建军	038
生活中的因数问题	张硕	044
目标导向下深度学习的单元教学实践研究	伟圣鑫	049
挑战体能，趣体提质	赵金利	054
跳跃马里奥	石睿	059
光的反射	段然	064
作息有规律	石佳	069

第二章　以大数据赋能为依托，构建智慧新课堂　　074

  总　述　　王博　074

  露在外面的面　　刘海丽　078

  数据驱动精准教学"工程问题"　　闫洪云　083

  平行四边形、梯形和三角形整理与复习　　姜换　088

  组合图形的面积　　商学友　092

  时、分的认识　　马国琳　099

  乘法结合律　　李辰　104

  说明方法的复习与运用　　高杨　109

  磁铁的性质　　宗杉　113

第三章　以研磨学习单为依托，构建智慧新课堂　　118

  总　述　　侯杰　118

  Unit 7 Explore Nature　　姬艳艳　121

  My dream job　　王研　128

  Unit 6 May I take your order?　　张晓凝　133

第二部分　成果篇

第一章　小学古诗文关联化教学策略的研究　　140

  浅谈小学古诗文关联化教学的策略　　宋庆捷　140

  关联视角下的小学古诗词教学　　朱敬华　144

  关联想象赋能思维提升　　米莹　147

  古诗之美，在关联中绽放　　侯雪媛　152

多元交互实现古诗教学的质变升级	王继红	155
多角度关联，传承民族的力量	张立新	159
小学古诗文关联化教学策略	郁微	162
浅谈小学语文古诗词的多维关联阅读	姜华	166

第二章　巧用教学评一致性理念优化课堂教学策略研究　　170

新课标下小学语文课堂教学评价有效性提升策略	杜福荣	170
小学语文教学中有效评价要点探究	尹雪梦	173
运用以评促学评价方式促进学生发展	胡淑平	177
依托六步备课模型促语文思维进阶的实践	张嘉麟	181
立足"教—学—评"一体，打造深度语文课堂	张雨濛	185
核心素养导向下的作业设计与实施	王丹阳	189
小学体育韵律舞蹈课堂教学评一致性的研究	王海涛	194

第三章　大数据赋能课堂教学的创新策略研究　　198

运用Pad技术优化小学数学精准化互动教学实证研究	王博	198
基于数据分析的小学数学课堂精准教学实践	朱诗玉	201
数据赋能精准教学，问题意识撬动高阶思维	饶光莹	205
依托学情诊断，以评促学培养数学核心素养	高源鸿	208
大数据支持与小学数学作业有效融合	杨小东	213
架起知识与生活的桥梁，精准解决数学问题	王颖	217
基于数据驱动对小学数学"植树问题"一课的思考	张紫薇	220
精准教学，赋能均衡提升	朱学明	224
大单元视域下进阶式作业设计的实践与思考	吴继红	227
大数据精准助推阅读策略思维升格	邓跃男	232
精准设计学习目标　提升习作教学实效性	张婷婷	235

数智驱动下小学体育精准教学实践研究　　　　　　　　柳杨　240

基于精准示范教学提高水墨国画创作能力研究　　　　　蔡志东　244

第四章　运用学习单有效提高学生自主学习能力的研究　249

素养导向下学习单有效提高学生自主学习能力　　　　　侯杰　249

以学习单为抓手,推动小学英语综合实践课程　　　　　张飔璐　252

数据驱动学习评价,助推英语核心素养达成　　　　　　周旭　256

浅谈课堂任务单助力教学评一体化的思考与实践　　　　周伟　260

第一部分

实践篇

第一章 以教学评一致性为依托,构建智慧新课堂

总 述

宋庆捷

在新课标实施的背景下,我校各学科进行了教学评一致性的研究,旨在落实教学评一致性,促进教师对新课标的深入理解与实践,激发学生的学习兴趣和动力,提高教学质量,推动学生的全面发展,以实现教学效果的最大化。

教师在实践中研究的评价有在单元整体下镶嵌于任务中的评价,有浸润于活动中的评价,有多元评价主体和多种评价方式相融合的多维评价等,让我们的课堂教学以评价为抓手,以评促教,以评促学,实现教学评一体化。

一、评价镶嵌于学习任务中,以任务驱动式探究发展学生思维

(一)任务式引领,整体设计单元任务群

将评价融入学生的学习任务,可以成为改进和完善学习、评估学习效果并反哺教师教学的重要手段,从而导向教学评一致性。

比如,四年级教师团队以语文四年级下册(简称"四下",后文依次类推)第五单元为例,凸显本单元各板块的价值。本单元是习作单元,他们依据本单元的单元教学目标和课时目标,以"单元学习后年级要评选春光介绍会的研学小编辑"为大情境,以这样的大任务展开教学,学生经历由读到写的过程,习得习作方法。评价也随时融入学习任务中。教师教什么,学生就学什么,进而就评什么,这样教学评三位一体,学生能随时发现自己的优点

与不足，随时调整自己的学习状况，提高自己的课堂学习质量。

教师在梳理整个单元时，构建的单元大任务是"单元学习后年级要评选春光介绍会的研学小编辑"，并构建了相应的任务群。本年级的教师姜华、朱颖和王丹彤在进行智慧新课堂展示时，基于单元整体教学目标的大视角，逻辑化、体系化地折射出单元整体教学内容。他们分别展现的是：任务二，探秘"海上日出"的写作绝招；任务三，赢得"金华双龙洞"的写作密码；任务七，展示代言词。利用对习作例文的赏、评、修改，提升学生的习作能力。三位教师从单元大任务入手，由任务的外在驱动，引导学生自我的内部驱动，再去实践、验证、运用，内化形成能力，真正有效地通过任务培养孩子的思维能力和学科素养。他们借助评价引导学生在单元学习情境中完成学习任务时，学表达、知不足、勇实践、促提升、乐表达，使学生对"单元学习后年级要评选春光介绍会的研学小编辑"的积极性得以调动，思维得到发展，自主合作探究能力也得以提高，为单元学习后的正式评选打下坚实的基础。

（二）情境式联结，有效串联教学逻辑线

在课堂上，教师巧妙地把生活情境嵌入"任务链"，避免了情境的反复切换，努力做到情境中有任务、任务中有情境，有效地实现了教学逻辑联结，使学生在一个完整的知识体系下进行沉浸式学习；把教学过程转化为问题解决过程，使学生经历情感体验和内化，学会迁移和运用，进而促进学科思维的发展和核心素养的提升。

比如，高源鸿在智慧新课堂展示时执教的数学课"平均数"，结合四年级师生共读《海底两万里》这个真实情境为抓手，以"这本书好看吗？"为题，创设"为书打分，当5名同学打的分数不一样时，怎样综合所有数据做出决策"的真实情境，引导学生独立学习以及小组合作学习，探究平均数的意义。用说一说、移一移、画一画等移多补少的方式，在生生互评的过程中，解决了生活问题，理解了平均数的含义，在数据比较的过程中直观地感受和理解平均数的意义。再引导学生走进生活，解决生活中的问题，激发学生的学习兴趣，使他们在学以致用中，深刻体会到平均数在日常生活中的实际意义。

在课后研学部分，教师再让学生记录自己一周内每天上学途中所需的时间，计算出平均数。在生活情境和学习任务的紧密对接和转换中，学生的学习积极性得到激发，思维能力得到拓展。

又如，赵金利在进行体育课的智慧新课堂展示时以评价为抓手，借助游戏情境调动了学生学习的积极性。通过教师语言评价和以小组为单位进行的伙伴间互相评价，让学生知道动作的标准，以此改进学生原有的错误动作，掌握标准的运动技能，提高体育素养。

二、评价巧融于有效活动中，以活动链接式探究凸显学生主体

在课堂上，教师要结合学生的学习特点和学习活动的特点，让评价巧妙地融入有效活动中，让学习活动的先后顺序、学习活动间的过渡与衔接、学习活动的整体呈现构建成学习活动链，成为课堂的主线，让自主学习、小组合作学习成为课堂的主流。以评价为媒介，学生可以在与同伴的交流和讨论中，分享彼此的观点和见解，拓展思路，深化理解。在此期间，学生的自主学习、合作探究、人际沟通和解决问题的能力也得到了提升。

比如，张硕在智慧新课堂展示时执教的数学课"生活中的因数"，上课伊始就展示出了她这节课的评价是以一朵六瓣多彩花的形式呈现，看谁能拿到这朵花。

教师以评价为线，通过关联生活情境、大胆猜想、实践操作验证、分析讨论数据、总结结论的过程，引导学生在一系列的活动链学习中发现生活中因数的特点。在目标引领下，教师引导学生每完成一项活动就依据评价标准为相应的花瓣涂色。如果活动进行完，学生的六瓣多彩花都涂满了颜色，说明这名学生在课上学得好，都达标了。如果有个别学生的花没涂满颜色，教师可以通过所缺颜色分析自己的教学情况，学生也能一目了然地看出自己的学习状况。整堂课真正地以评促教、以评促学，优化了课堂教学质量。

可见，将评价融于有效活动中，能够成为课堂教学方法改进、学生学习方法改进、学生学习能力提高的载体。学生通过实践活动和小组合作等形式，

成为学习的主体，在链接式的课堂教学中，创新思维得到了发展。

三、评价浸润于多元主体中，以方法多维式探究赋能学生发展

评价是教学设计中不可缺少的部分，是促进学生有效学习、检测学生学习效果和调整教师教学方法的最佳途径。多元学习评价要求学校、家长、同伴和学生本人等多方主体加入评价活动，从不同视角把握发展变化。与此同时，学生在自我评价与同伴评价的过程中，也能加强对评价内容的把握，加深对学习目标的理解，同时也能有效促进自身评价能力的提升。

比如，王海娟在智慧新课堂展示时执教的语文课"看图说话"，以"故事大王有法宝""故事大王来创作""故事大王争夺赛"三个任务驱动教学，引领学生仔细观察图画、进行合理想象，把图意说清楚、说明白。在看图说话思路的引导下，学生之间能相互评价、启发，将图意说清楚、说明白。在课堂上学生的积极性非常高，学生能通过自评、伙伴评、老师评等多元评价主体和多种评价方式来提升看图说话的质量，这既训练了学生的语言表达能力，又锻炼了学生的形象思维能力。王海娟执教的这节课在北京市现代化录像课评比中获市级一等奖，并作为市级现场展示课，获得了在场听课领导和教师的一致好评。

四、评价借助于媒介工具中，以学习可视式探究助力学生创新

人工智能（AI）、大数据等现代智能技术的迅速发展及其在教育领域的广泛运用，为教育评价变革带来了诸多新的发展机遇和可能性。人工智能技术激发学生的学习兴趣，助力教育评价建立更有针对性、多元性和综合性的机制，使教育评价方式朝着多维评价方式发展。大数据能够一键生成可视化图表，帮助教师对每名学生进行量化分析。在课堂中，教师借助于现代化媒介中的评价，将学生的学习过程可视化，使学生随时掌握自己的学习状态，培养学生的创新精神，进而提升其核心素养。比如张硕、高源鸿在执教智慧新

课堂时用到了大数据,王丹彤用到了AI,让课堂充满了神奇的魅力,实现了教学经验的共享与传承。

以研促成长,是平台,是契机,更是动力。今后,我们将继续深耕教坛,推动教学评一致性理念在我校的深入研究与探索,共同探索教育教学改革的新路径,为携手打造特色东方、优质东方贡献力量!

端午粽

闫继凡

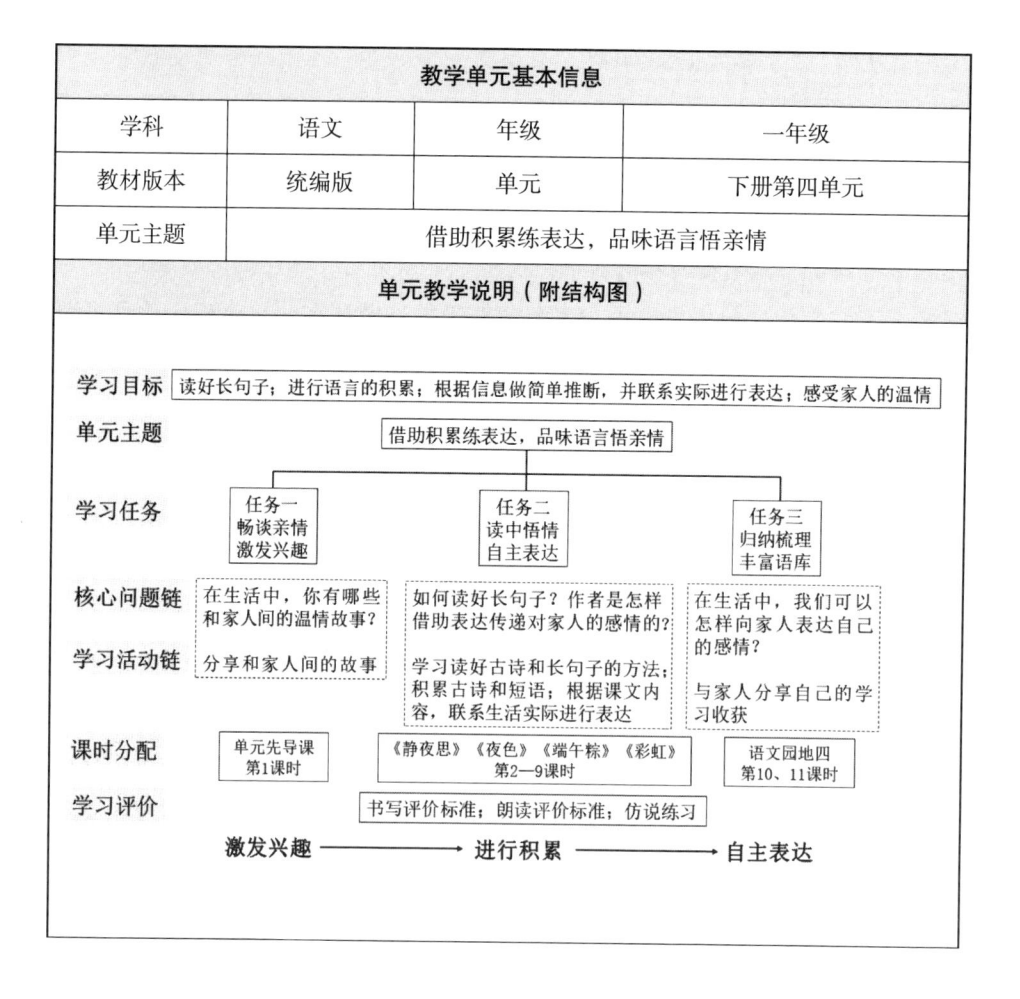

教学单元基本信息			
学科	语文	年级	一年级
教材版本	统编版	单元	下册第四单元
单元主题	借助积累练表达,品味语言悟亲情		
单元教学说明(附结构图)			

学习目标:读好长句子;进行语言的积累;根据信息做简单推断,并联系实际进行表达;感受家人的温情

单元主题:借助积累练表达,品味语言悟亲情

学习任务:
- 任务一 畅谈亲情 激发兴趣
- 任务二 读中悟情 自主表达
- 任务三 归纳梳理 丰富语库

核心问题链 / 学习活动链:
- 在生活中,你有哪些和家人间的温情故事? 分享和家人间的故事
- 如何读好长句子?作者是怎样借助表达传递对家人的感情的? 学习读好古诗和长句子的方法;积累古诗和短语;根据课文内容,联系生活实际进行表达
- 在生活中,我们可以怎样向家人表达自己的感情? 与家人分享自己的学习收获

课时分配:
- 单元先导课 第1课时
- 《静夜思》《夜色》《端午粽》《彩虹》第2—9课时
- 语文园地四 第10、11课时

学习评价:书写评价标准;朗读评价标准;仿说练习

激发兴趣 ——→ 进行积累 ——→ 自主表达

续表

第1课时教学设计
课时教学内容分析
《端午粽》这篇课文条理清晰，围绕端午粽，以儿童的口吻生动地向我们介绍了粽子的样子、味道和花样。课文语言比较形象，对粽子样子、味道的描写中，分别用"青青的、白白的、红红的"来形容箬竹叶、糯米、枣，可以归类积累，在口语表达中可以模仿运用这一类词语。在课文朗读中，学习运用词语连读、正确停顿的方法把长句子读好。 　　本课时的学习内容主要为课文的前两个自然段，在读好词语、理解内容的基础上读好长句子，从而在朗读中感受外婆对家人的爱，并深入了解端午粽的色、香、味，以及学习用课文中的表达方式从不同角度介绍端午粽。
学生分析
通过观察学生以往的学习经历，我发现学生可以借助拼音读准字音，基本能做到正确、流利地朗读课文；可以照样子说出类似的词语和短语；能根据给定的话题交流自己的想法。这些都是学生学习的起点。但是，学生在读长句子时缺乏断句的能力，词语积累匮乏，在进行表达时往往内容单一，难以联系课文内容进行多角度的推断，缺乏从课文内容想开去的能力。这些就是学生学习能力的增长点。因此，在学习过程中，我将通过充分范读、提供学习支架等方式帮助学生突破学习的难点。
课时教学目标
（1）认识"端、粽"等13个生字和立字旁、米字旁2个偏旁，在田字格中正确书写"午、节、叶"3个生字。 （2）积累"青青的箬竹叶、白白的糯米、红红的枣、又黏又甜"等词句，练习仿说。 （3）正确、流利地朗读课文，读好长句子。通过想象画面、体会心情等方式读好课文。
教学重难点
教学重点： （1）积累"青青的箬竹叶、白白的糯米、红红的枣、又黏又甜"等词句，练习仿说。 （2）正确、流利地朗读课文，读好长句子。通过想象画面、体会心情等方式读好课文。 教学难点： 积累"青青的箬竹叶、白白的糯米、红红的枣、又黏又甜"等词句，练习仿说。
学习评价设计

1. 书写评价标准

评价内容	评价标准	评价星级
结构	节：上宽下窄	☆
	叶：左窄右宽	☆
笔画	关键笔画书写规范、占格正确	☆
笔顺	笔顺正确	☆

续表

2. 朗读评价标准

评价标准	评价星级
正确	☆
流利	☆
读好停顿	☆

3. 仿说练习
（1）补充短语。
（　　）的箬竹叶　（　　）的糯米　（　　）的枣
（2）补充句子。
粽子是用（　　）的箬竹叶包的，里面裹着（　　）糯米，中间有一颗（　　）的枣。

教学活动设计

一、关联传统节日，聚焦端午美食
（1）借助传统美食的图片，说一说对应的传统节日。
饺子——春节　　汤圆——元宵节
月饼——中秋节　粽子——端午节
（2）板书课题，认识立字旁和米字旁，学写生字"午"。
书写提示：立字旁最后一笔是提，米字旁最后一笔是点。
（3）齐读课题。
【教学意图】以学生熟悉的传统节日和感兴趣的传统美食作为切入点，导入本课的端午粽，既激发了学生的学习兴趣，又有效关联了本课的学习内容。并且，通过多次在具体语境中复现"节"字，引导学生识记生字。

二、注重短语积累，学习语言表达
1. 初读课文
（1）学习活动一：读一读。
学生自读课文，要求：读准字音，读通句子。
（2）正音指导，复现识记。
重点指导认读：箬竹叶，煮熟，煮熟的粽子，剥开。
（3）指名读全文，学生相互评价。
【教学意图】在这一环节中，先让学生读课文，再读词语和短语，最后再读课文。初读之后，学生对课文内容有了整体的印象，再在语境中读词语，这符合学生的认知顺序。最后回读全文，加深印象。

2. 学习第1自然段
（1）师生对比读第1自然段，发现两次朗读的区别。
（2）抓关键词"总会、盼着"体会情感，学生交流。
（3）感受外婆的爱，读好第1自然段。

续表

【教学意图】第1自然段奠定了全文的感情基调,指导学生读好第1自然段对于理解全文有重要作用。因此在这一自然段中,通过师生合作读、指名读、范读、齐读等多种朗读方式带领学生深入文本,读好长句子,并体悟情感。

3.感受粽子的"色"
(1)学习活动二:想一想。
外婆做端午粽都用了哪些材料?在文中用"_____"画出来。
学生交流后订正、反馈。
(2)学习"青青的箬竹叶"。
①了解箬竹叶:箬竹是竹子家族中的一员,叶片要比普通的竹叶更大一些,关注箬竹叶的颜色。
②复现词卡,认读短语:青青的箬竹叶。
(3)学习"白白的糯米"。
①找到课文中对糯米的形容词。
②复现词卡,认读短语:白白的糯米。
③联系生活识记生字"米",认读词语:大米、小米。
(4)学习"红红的枣"。
读好短语。
(5)发现表示颜色的叠词。
男、女生赛读,发现作者在介绍端午粽时使用表示颜色的词语介绍端午粽的样子。

青青的箬竹叶
白白的糯米
红红的枣

(6)练习仿说。
①补充短语,鼓励学生从形状、颜色等不同角度进行补充。
(   )的箬竹叶 (   )的糯米 (   )的枣
预设:(长长)的箬竹叶、(碧绿碧绿)的箬竹叶
　　　(甜甜)的糯米、(软软)的糯米
　　　(大大)的枣、(香甜)的枣
②同桌间交流,用上面的短语练习仿说。
粽子是用(   )的箬竹叶包的,里面裹着(   )的糯米,中间有一颗(   )的枣。
③全班交流。
(7)发现介绍端午粽的顺序。
①师生合作读课文。
粽子是用(青青的箬竹叶包的),里面裹着(白白的糯米),中间有一颗(红红的枣)。
②发现作者是按照从外到内的顺序来介绍端午粽的。
(8)读好长句子。
在知道了端午粽的样子和介绍顺序的基础上,读好长句子。

续表

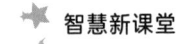

【教学意图】这一环节是突破本节课教学重难点的主要环节。通过"读好短语—发现规律—练习仿说"三个进阶的学习活动,实现了由积累语言到自主表达的跨越。在读中发现作者借助表示颜色的叠词和按照从外到内的顺序写清了端午粽的样子,最终指导学生在理解的基础上读好长句子。

4. 感受粽子的"香"
(1) 看图想象,齐读:外婆一掀开锅盖,煮熟的粽子就飘出一股清香来。
(2) 在情境中发挥想象,感受粽子的"一股清香"。
创设情境:箬竹叶越煮越香,里面裹着的糯米被水一煮,变得软软的、香喷喷的、甜甜的,红枣在锅里一煮,变得更香了。
(3) 带着感受读句子。

5. 感受粽子的"味"
交流品尝粽子的感受,读好句子:剥开粽叶,咬一口粽子,真是又黏又甜。
【教学意图】在感受粽子的"香"和"味"时,主要是通过借助图片、创设情境、发挥想象等方式指导学生读好课文。

三、学习自主观察,规范书写生字
(1) 观察结构,"节"是上下结构,"叶"是左右结构。
(2) 学写"节"和"叶"。
①学生自主观察,讲解。
"节"书写要点:上下结构,上宽下窄,第一笔横要写长。
"叶"书写要点:左右结构,左窄右宽,右边横起笔对准左边"口"的中间。
②教师范写,学生练写。
③展示评价。
【教学意图】在这一阶段学生已经初步形成了自主观察生字的习惯,利用按照结构分类的方法,引导学生学会观察不同结构的生字的特点是当前写字教学中的重点,因此按照"自主观察、讲解—练写—学生互评、修改"的顺序进行学习,有效发挥学生在生字学习中的主体意识。

板书设计

9.端午粽

外　　青青的箬竹叶
↓　　白白的糯米
内　　红红的枣

作业设计

1. 复习巩固
完成"午、节、叶"3个生字的书写练习。
2. 拓展延伸
学习课文中介绍端午粽的方法,介绍自己喜欢的食物。

吃水不忘挖井人

李萌

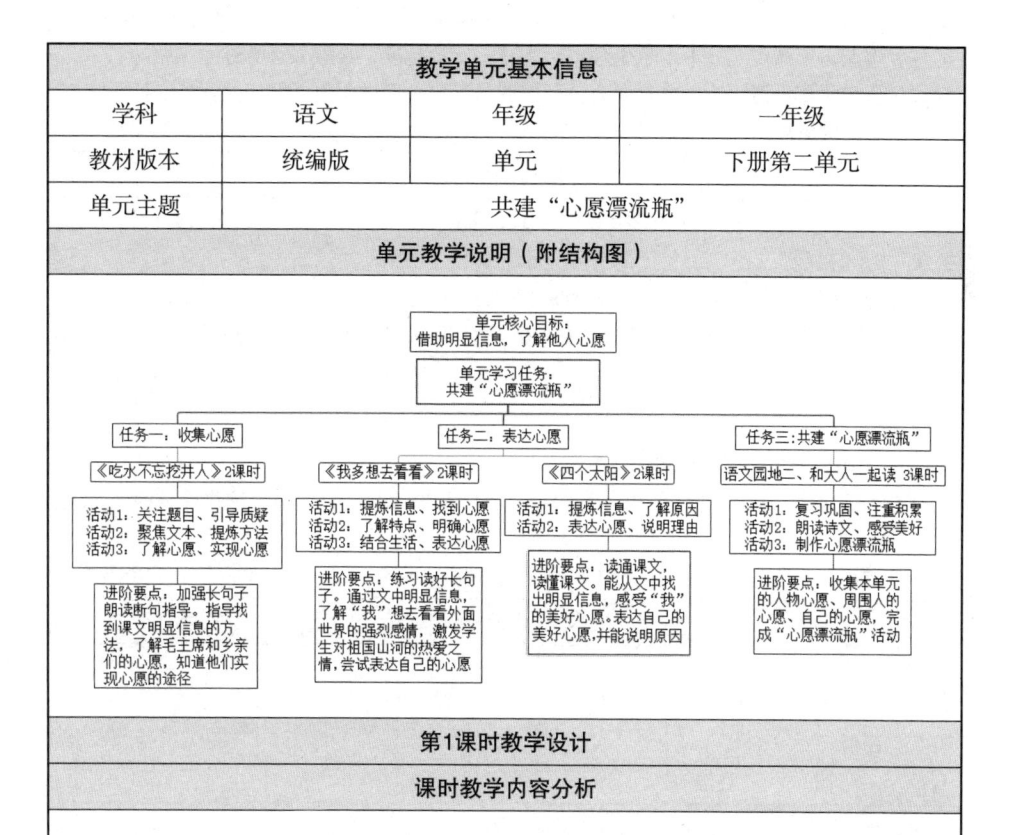

教学单元基本信息			
学科	语文	年级	一年级
教材版本	统编版	单元	下册第二单元
单元主题	共建"心愿漂流瓶"		
单元教学说明（附结构图）			

```
                    单元核心目标：
                借助明显信息，了解他人心愿
                          │
                    单元学习任务：
                    共建"心愿漂流瓶"
        ┌─────────────────┼─────────────────┐
   任务一：收集心愿      任务二：表达心愿      任务三：共建"心愿漂流瓶"
  《吃水不忘挖井人》2课时  《我多想去看看》2课时  《四个太阳》2课时   语文园地二、和大人一起读 3课时
```

活动1：关注题目、引导质疑	活动1：提炼信息、找到心愿	活动1：提炼信息、了解原因	活动1：复习巩固、注重积累
活动2：聚焦文本、提炼方法	活动2：了解特点、明确心愿	活动2：表达心愿、说明理由	活动2：朗读诗文、感受美好
活动3：了解心愿、实现心愿	活动3：结合生活、表达心愿		活动3：制作心愿漂流瓶

| 进阶要点：加强长句子朗读断句指导。指导找到课文明显信息的方法，了解毛主席和乡亲们的心愿，知道他们实现心愿的途径 | 进阶要点：练习读好长句子。通过文中明显信息，了解"我"想去看看外面世界的强烈感情，激发学生对祖国山河的热爱之情，尝试表达自己的心愿 | 进阶要点：读课文，读懂课文。能从文中找出明显信息，感受"我"的美好心愿，并能说明原因 | 进阶要点：收集本单元的人物心愿、周围人的心愿、自己的心愿，完成"心愿漂流瓶"活动 |

第1课时教学设计
课时教学内容分析

　　《吃水不忘挖井人》讲述的是发生在革命岁月的故事，记述了革命领袖毛主席在江西领导革命时，带领战士和乡亲们挖井，解决了沙洲坝吃水困难的问题。本课时的重点目标是学习课文的第1、2自然段，在朗读的基础上，能找到课文中的明显信息，解决"谁挖井？在哪里挖井？"这两个关键问题。这个单元的人文要素是"心愿"，训练要素是找出课文中明显的信息。但课文内容距离学生生活比较远，内容比较难理解，而且本文的句子比较长，读通、读懂有难度，因此在找到文中明显信息之前应先带领学生读通课文、读懂课文。然后再学习根据问题找出文中明显信息的方法，为之后课文的学习奠定基础。另外，这篇课文作为本单元的第一篇课文，旨在通过本课的学习，完成本单元的第一个教学任务：阅读红色故事，了解他人的心愿。本课分别写了毛主席的心愿和乡亲们的心愿，在这一课的学习后要将这两个心愿找到并厘清关系。

续表

学生分析
一年级下学期的学生已经基本掌握了认字、识字的方法，养成了认真倾听、认真书写、自觉阅读的习惯，但他们的认知水平还在启蒙阶段，识字方法需要教师继续点拨、指导。同时朗读课文方面也存在很多问题，比如拖音、一字一顿等，因此本节课在朗读方面还应着重引导。特别是文中长句子比较多，学生之前接触的长句子有限，需要教师帮助和引导。另外，本课是革命传统故事，学生理解起来有一定的难度，学生只是听过毛主席的名字，对详细资料了解不清，所以教师要充分利用课程资源，帮助学生了解相关背景，拉近文本与学生之间的距离。

课时教学目标
（1）认识"吃、忘"等13个生字和广字旁1个偏旁；会写"吃、叫、江、没"4个字和"横折弯"1个笔画。 （2）正确朗读课文，读好长句子，注意断句。 （3）学习课文第1、2自然段，能找出文中明显信息，解决"谁挖井？在哪里挖井？"这两个问题

教学重难点
教学重点： （1）正确朗读课文，读好长句子，注意断句。 （2）学习课文第1、2自然段，能找出文中明显信息，解决"谁挖井？在哪里挖井？"这两个问题。 **教学难点：** 学习课文第1、2自然段，能找出文中明显信息，解决"谁挖井？在哪里挖井？"这两个问题。

学习评价设计
1. 朗读评价 读正确 ☆　　读好断句 ☆　　读出感情 ☆ 2. 写字评价 规范 ☆　　端正 ☆　　整洁 ☆

教学活动设计
一、关注题目、引导质疑 （一）齐读课题：吃水不忘挖井人 （二）认识课题中的生字"吃"和"井" 1. 吃 认识吃的偏旁，说说你的小嘴巴都能干什么。 2. 井 （1）你在生活中见过井吗？在哪里见过？ （2）看生活中不同井的图片，认识井沿和井口。 （三）再读课文，引导质疑 1. 读了课题后，你有什么问题？

续表

2. 预设学生回答
（1）预设1："吃水"什么意思？了解"吃水"是喝水和生活用水的双重意思。
（2）预设2：为什么挖井？为什么不能忘了挖井人？
（3）预设3：在哪里挖井？
（4）预设4：挖井人是谁？

【教学意图】旨在让学生理解课题的含义后，引导学生通过课题大胆质疑，通过质疑引出本节课需要解决的主要问题，激发学生的学习兴趣。

二、聚焦文本、提炼方法
（一）探究"在哪里挖井"
1. 教师范读课文，学生标出自然段
2. 学生读课文，边读边思考"在哪里挖井"这个问题
3. 学生汇报
（1）引导找全"江西、瑞金城外、沙洲坝"三个地名。
（2）介绍三个地方的包含关系。
（3）借助拼音读准字音。
4. 出示句子：瑞金城外，有个村子叫沙洲坝，毛主席在江西领导革命的时候在那儿住过
（1）学生读句子，学生评价。
评价标准：
读正确 ☆　读通顺 ☆　读流利 ☆
（2）把词语放到句子中，你还认识吗？要求：读正确。
（3）长句断句。要求：读好停顿。学生互评。
（4）删除拼音、停顿符号，再次挑战读句子。要求：读准字音，读好停顿。同桌互读，同桌互评。
评价标准：
读正确 ☆　读好断句 ☆　读出感情 ☆
（5）引导关注"在那儿"的读音，说说那儿是在哪里。回忆"瑞金、江西、沙洲坝"。
（6）学生能用自己的话说说"在哪里挖井"这个问题吗？

（二）探究"谁挖井"
1. 学生读课文，找找谁挖井了，用横线画出来
（1）学生自己读课文，边思考边画。
（2）订正答案。
2. 认识词语
（1）读准"乡亲们、亲人"两个词语的字音，发现不同。
（2）对读词语：乡亲们、亲人、毛主席、主人、战士、战友。
3. 创设情境，多层次读
出示句子：毛主席就带领战士和乡亲们挖了一口井。
（1）谁带领谁干什么？学生读句子。
（2）谁带领？学生读句子。

续表

（3）带领谁？学生读句子。
（4）干什么呢？学生读句子。
4. 知道毛主席是带领大家挖井的人，介绍毛主席资料
5. 再读句子：毛主席就带领战士和乡亲们挖了一口井
（三）总结提取文章中明显信息的方法
【教学意图】这一教学环节主要培养学生的识字能力和提取信息的能力。首先借助图片识记生字，降低识字难度。从认识词语到读懂句子，分层指导。然后创设情境，引导学生找到文章中的关键信息，将课文的语言内化成自己的语言。

三、学写生字、指导书写
（一）出示会写字
吃 叫 江 没
（二）自主识字
1. 学习"吃"和"叫"的书写
（1）"吃"的最后一笔是横折弯钩，在横中线上起笔，折笔沿着竖中线写。
（2）"叫"的右半部，第一笔是竖提，沿着竖中线起笔，第二笔竖高于竖提。
2. 学习"江"和"没"的书写，认识新笔画——横折弯
（1）这两个字都是三点水旁，左右结构，左窄右宽。
（2）"没"字右上部分是今天我们要学习的新笔画——横折弯。
3. 练习书写，展示书写，学生评价、教师评价
评价标准：
规范 ☆   端正 ☆   整洁 ☆
【教学意图】一年级是书写习惯养成的关键期，教师注重引导学生自主识字，教授识字方法；引导他们自主观察生字在田字格中的占位，以及笔画的书写，提升学生对汉字的审美能力，并通过师生评价的方式将汉字写美观，以此培养学生良好的写字习惯。

板书设计
吃水不忘挖井人 在哪里挖井？ 谁挖井？ 为什么挖井？

作业设计
（1）读一读：朗读课后词语。 （2）说一说：课文中都写了谁的心愿，他们是怎么实现的？ （3）问一问：采访你身边的一个人，问一问他的心愿是什么。

看图说话：小鸡得救了

王海娟

教学单元基本信息			
学科	语文	年级	二年级
教材版本	统编版	单元	上册第七单元
单元主题	想象		

单元教学说明（附结构图）
想象王国奇妙之旅——故事大王争夺赛 　任务一：感受想象之奇　→　《夜宿山寺》1课时 　　　　　　　　　　　　　　《敕勒歌》1课时 　任务二：感受想象之趣　→　《雾在哪里》2课时 　任务三：感受想象之美　→　《雪孩子》2课时 　任务四：创编故事大赛　→　活动1：看图讲故事《父与子》1课时 　　　　　　　　　　　　　　活动2：看图讲故事（拓展）《小鸡得救了》1课时 　　　　　　　　　　　　　　活动3：看图写故事《猫和老鼠》2课时

第1课时教学设计
课时教学内容分析
本单元的语文要素是"展开想象，获得初步的情感体验"。这一语文要素贯穿了整个单元，在教学中要循序渐进，体现指导的层次性。《古诗二首》：可以利用文中插图，引导学生想象诗中描写的画面，从夸张和比喻中看到诗人的想象力，感受山寺的高耸入云和草原的高远辽阔；《雾在哪里》：可以在理解课文内容的基础上，借助课后习题，仿照课文句式说话，从事物的特点出发，把雾想象成一个顽皮的孩子；《雪孩子》：可以利用学习伙伴的提示，在想象中续编故事，把雪想象成一个勇敢的孩子，感受美好的心灵；《雾在哪里》为语文园地的"字词句运用"中学写拟人句做了很好的铺垫，把一个抽象的词语想象成形象的画面；《雪孩子》也为语文园地中的写话提供了优秀的范例，把静态的一幅图，想象成连续的动态故事。从在《古诗二首》中感受想象的魅力，到在《雾在哪里》中学习想象的方法，再到在《雪孩子》中交流想象，最后在语文园地中学习将自己的想象表达出来。本单元安排了一次看图讲故事《父与子》和看图写故事《猫和老鼠》，本课《小鸡得救了》是看图讲故事的一个巩固拓展训练。

续表

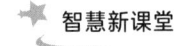

本课通过三幅图讲述了小鸡很羡慕小鸭子能在水中游泳，自己跳进水里后拼命挣扎、大呼救命，小鸭子见状把小鸡救上了岸的故事。图片情节贴近学生生活，比较易懂。

学生分析

低年级的说话、写话是一项既重要又艰巨的任务，在教学中，教师费时费力但收效甚微。低年级学生往往在这方面没有打好基础，想象能力、表达能力都没得到较好的锻炼，使学生对中、高年级的写作文一直有畏难心理。

小学二年级的看图说话是一个综合性的训练，需要孩子们综合运用观察、描述、想象和表达等多种能力。通过不断练习和积累，孩子们说和写的能力才能得到不断的提升。

二年级学生正是语言规范表达的训练阶段，学生通过图片信息结合生活经验推测图中发生的事情并不难，在教学中只要进行合理的引导和训练，学生还是能够学会表达和乐于表达的。

对于低年级学生来说，将在图片上观察到的和想象到的信息串联起来进行合乎逻辑的有序表达是个难点。但是坚持在课堂上依据具体评价标准，通过以评促学，在教师引导和生生互评中，学生还是完全可以达到逐渐完善图意，进行合理、清晰表达的目的的。

课时教学目标

（1）指导学生仔细观察图片，运用看图说话的方法进行合理想象，把图意说清楚、说完整。
（2）运用评价表和生生互评的手段使学生能将三幅图的图意讲述完整。
（3）表达时语句通顺、前后连贯，注意用词要生动、准确。

教学重难点

教学重点：能仔细观察图片，进行合理想象，把图意说清楚、说完整。
教学难点：完整讲述故事时语句通顺、前后连贯，注意用词要生动、准确。

学习评价设计

看图说话评价表

《　　》表达评价		姓名：	日期：
评价内容	学生评价	家长评价	综合评价
1.声音洪亮 ★★★	☆☆☆	☆☆☆	学生 ☆☆☆☆☆
2.句子通顺 ★★★	☆☆☆	☆☆☆	
3.情节完整 ★★★	☆☆☆	☆☆☆	
4.观察想象 ★★★（动作、语言、想法）	☆☆☆	☆☆☆	家长 ☆☆☆☆☆
5.点明主题 ★★★	☆☆☆	☆☆☆	

续表

教学活动设计

一、导入

师：大家喜欢听故事吗？今天这节课我们要一起看图讲一个故事，然后进行"故事大王"争夺赛，获胜者将得到"故事大王"奖牌。那么这是一个关于谁和谁的故事呢？（出示图片）

【教学意图】创设争夺"故事大王"奖牌的情境，激发学生兴趣，也明确了本节课的最终目标就是把故事讲完整。

二、课堂新授

（一）任务一："故事大王"有法宝

师：要想把这个故事讲好，我们是有法宝的。（出示任务一）

【教学意图】"故事大王"的法宝就是让学生回顾一下看图说话的方法和思路。

师：这是个什么样的法宝呢？和老师一起熟悉一下这个法宝。

1. 畅所欲言

师：你从这三幅图中看到什么、想到什么，都可以尽情地表达，可以是一个词或一句话。

【教学意图】学生在相互启发中全方位挖掘、了解图中信息，达到对图意的理解和把握全面、透彻的目的。

2. 整体概括

师：我们要对这个故事进行一下整体梳理。

（1）起名（给图中人物确定称呼）。

（2）简单图意（概括故事简单大意）。

（3）中心主题（确定这个故事的主题）。

（4）命题（给这个故事起一个题目）。

3. 具体想象

师：要想把故事讲得具体、生动，就要对图意进行具体想象，想象不是瞎想，要在观察的基础上展开合理的想象，观察到的信息都有什么呢？（出示观察的项目）想象就是立足观察的基础，想象图中没有显示出来的信息。（出示想象的内容）

观察｛谁　时间　地点　动作　表情　环境｝　　想象｛语言　心情　想法　做法｝

整合有序

师：我们在观察的基础上进行具体想象，然后把观察和想象的内容整合，有序地表达出来，我们的故事才能生动有趣，给人留下深刻印象。

【教学意图】整体把握图意，厘清看图说话的方法和思路。建立整体印象，确定说的方向和重点。

续表

（二）任务二："故事大王"来创作
师：我们逐图来具体讲述故事情节，同学们要做到认真听并进行评价。
1. 图一
（1）自己说。
（2）指名说，同学评价。
（在第一幅图中要交代清楚时间、地点、人物、在干什么。重点表达出图中小鸭子游水很惬意、小鸡羡慕的神情及它心里的想法，为下一幅图意表达做好铺垫）
2. 图二
（1）自己说。
（2）指名说，同学评价。
（第二幅图是故事的重点情节。要在生生互评中讲出小鸡掉入水中挣扎的动作和呼救的语言，要表达出小鸭子奋力去救小鸡的一连串的动作和语言）
3. 一、二图连说
（1）自己说。
（2）指名说，同学评价。
4. 图三
（1）自己说。
（2）指名说，同学评价。
（第三幅图讲清结果，通过人物对话点明主题）
【教学意图】引导学生根据在图上观察到的信息，展开合理想象，通过师生、生生互动把图意表达得完整、具体。逐图说图意，再到将一、二图连说图意，降低后面三图连说的难度。
（三）任务三："故事大王"争夺赛
师：我们要将三幅图连起来讲完整的故事，并对照评价标准进行评价，综合评价五颗星可以获得"故事大王"奖牌。（出示评价表和评价标准）
1. 整合有序连续说
（1）自己练习三图连说。
（2）指名说，同学评价。
（集体完成一份评价表，依据评价结果确定谁获得奖牌）
【教学意图】为同桌互相评价做个示范。
2. 同桌互相说（互相填写评价表），选出符合"故事大王"标准的学生
3. 给"故事大王"颁奖
通过评价，给符合"故事大王"标准的学生颁发奖牌。
【教学意图】帮助学生完整、有条理地把故事讲得具体、生动。通过"故事大王"的评选激发学生参与课堂学习的积极性。
小结：希望大家以后能用上看图讲故事的法宝，创作出更多更有趣的故事。

续表

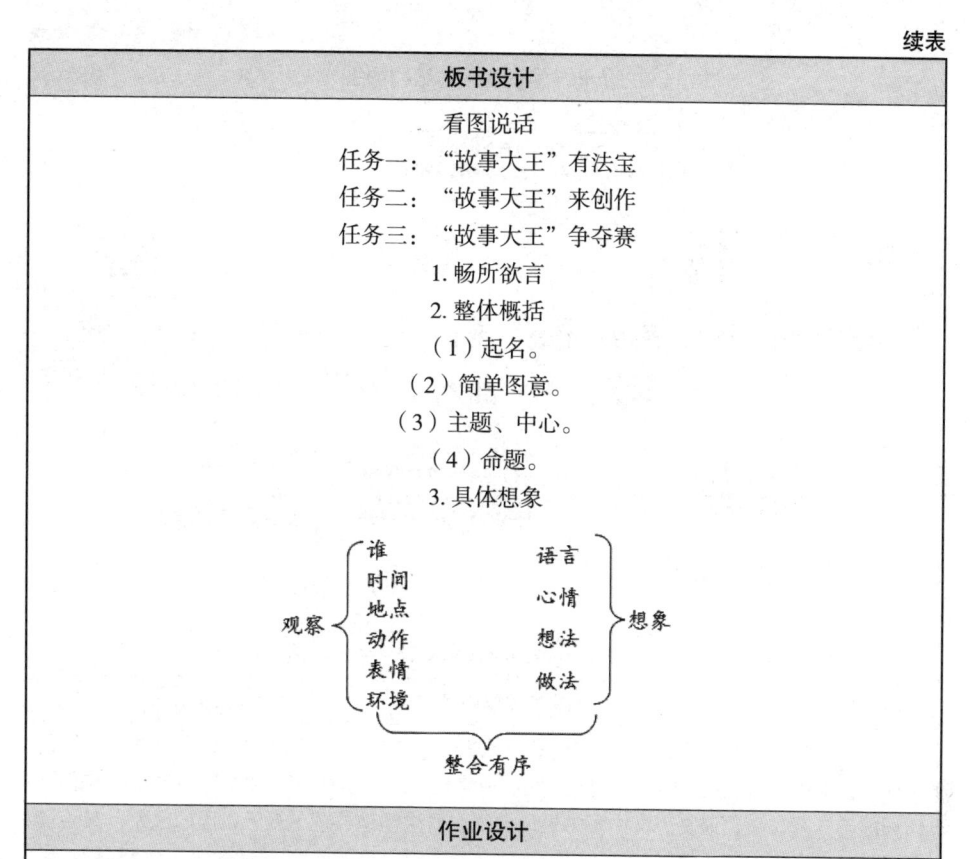

板书设计

看图说话
任务一:"故事大王"有法宝
任务二:"故事大王"来创作
任务三:"故事大王"争夺赛
  1. 畅所欲言
  2. 整体概括
  (1)起名。
  (2)简单图意。
  (3)主题、中心。
  (4)命题。
  3. 具体想象
 	
观察{谁、时间、地点、动作、表情、环境} 想象{语言、心情、想法、做法}
整合有序

作业设计
(1)在课上没有获得奖牌的同学,把这个故事讲给家长听,如果家长给你的评价能达到五颗星,那你就可以获得"故事大王"奖牌。 (2)课上已经获得"故事大王"奖牌的同学,如果家长给你的评价也是五颗星,那你就是"超级故事大王"。

雷雨

张婉霆

教学单元基本信息			
学科	语文	年级	二年级
教材版本	统编版	单元	下册第六单元
单元主题	大自然的秘密		

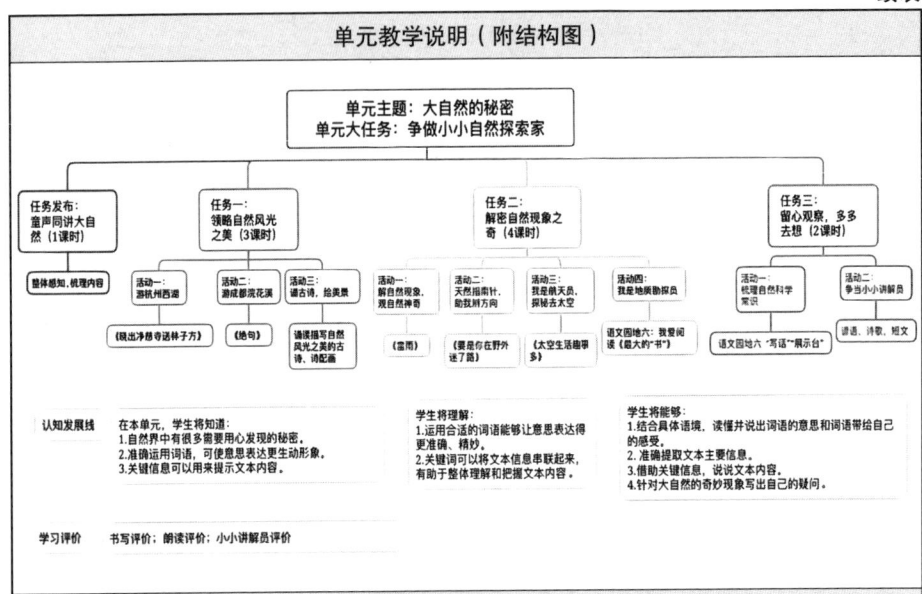

续表

单元教学说明（附结构图）

单元主题：大自然的秘密
单元大任务：争做小小自然探索家

- 任务发布：童声同讲大自然（1课时）
  - 整体感知，梳理内容
  - 《晓出净慈寺送林子方》

- 任务一：领略自然风光之美（3课时）
  - 活动一：游杭州西湖
  - 活动二：游成都浣花溪
    - 《绝句》
  - 活动三：读古诗，绘美景
    - 读课描写自然风光之美的古诗，诗配画

- 任务二：解密自然现象之奇（4课时）
  - 活动一：解自然现象，观且然神奇
    - 《雷雨》
  - 活动二：天然描雨计，助我辨天气
    - 《要是你在野外迷了路》
  - 活动三：我是航天员，探秘去太空
    - 《太空生活趣事多》
  - 活动四：我是地质勘探员
    - 语文园地六"我爱阅读"《最大的"书"》

- 任务三：留心观察，多多去想（2课时）
  - 活动一：梳理自然科学常识
    - 语文园地六"写话""展示台"
  - 活动二：争当小小讲解员
    - 读语、诗歌、短文

认知发展线 在本单元，学生将知道：
1. 自然界中有很多需要用心发现的秘密。
2. 准确运用词语，可使意思表达更生动形象。
3. 关键信息可以用来提示文本内容。

学生将理解：
1. 运用合适的词语能够让意思表达得更准确、精炼。
2. 关键词可以将文本信息串联起来，有助于整体理解和把握文本内容。

学生将能够：
1. 结合具体语境，读懂并说出词语的意思和词语带给自己的感受。
2. 准确提取文本主要信息。
3. 借助关键信息，说说文本内容。
4. 针对大自然的奇妙现象写出自己的疑问。

学习评价 书写评价；朗读评价；小小讲解员评价

第2课时教学设计

课时教学内容分析

《雷雨》是一篇描写夏季时节雷雨景象的优美短文。全文结构清晰、层次分明，按照"雷雨前—雷雨中—雷雨后"的顺序记叙，集中地表现了三个场景的鲜明特点。课文语言凝练、用词准确，写景细致逼真。文中多为短语白描，既生动地再现了夏天雷雨的景象，又给读者留下了丰富的想象空间。

学生分析

二年级下学期的学生，经过上学期的学习，他们的观察能力、思维能力、语言表达能力都有了很大提升，有较强的好奇心和动手操作能力。雷雨对于学生来说并不陌生，他们对此都有着一定的生活体验。因此，在教学时，从学生的生活入手，从他们已有的经验入手，激发他们的学习兴趣。要引导学生在体验、观察、阅读中感悟课文的内容，激发学生观察生活的兴趣和热爱大自然的情感。新课标要求对低年级段的学生培养阅读兴趣，使其感受阅读乐趣。本课有利于在阅读中培养语感和想象力，所以我把本课的学习方法突出为"看读品演"。看，就是图文对照，初步感受课文；读，是通过朗读，体验情感；品，是品词析句，积累运用；演，是创设情境，进入角色。

课时教学目标

（1）认识"压、蝉、垂、哗、户、扑"6个生字，会写"雷、垂"2个生字。

（2）正确朗读课文，借助关键词句，了解课文内容，按照时间顺序给课文排序，能说出雷雨前的景象。

（3）能在语境中体会"压"和"垂"等词语运用的好处，并练习运用。

教学重难点
教学重点：会认6个生字，会写"雷、垂"2个生字。正确朗读课文，整体感知课文内容。 **教学难点**：能在语境中体会"压"和"垂"等词语运用的好处，并练习运用。
学习评价设计
在教学过程中，有效的评价会极大地提高学生学习语文的兴趣，激发学生的学习动力和潜能。这就要求教师在课堂中关注学生的发展，对学生的行为变化与能力发展进行适时、恰当的评价。本单元的课堂教学通过"朗读评价表""写字评价表"等，采取自我评价、同伴评价、教师评价等多种方式，发挥语文课程评价的多种功能，有效促进学生的发展，使学生全面客观地认识自己在本单元学习中的进步与不足，教师能够随时关注学情、有效调控，在掌握学生的学习情况的同时也发现自己在教学中的不足，进行查漏补缺。 一、朗读评价 　　|声音洪亮|★| 　　|字音准确|★| 　　|朗读流利|★| 二、书写评价 　　|正确|★| 　　|干净|★| 　　|美观|★| 三、小小讲解员评价 　　|声音洪亮|★| 　　|讲解准确|★| 　　|站姿端正|★|
教学活动设计
一、创设情境，导入新课 出示一年级下册《要下雨了》中的情境。播放音频，学生听声音、猜雨声，同时介绍本课学习的评价工具（雨点卡）及其使用方法。 **活动一：揭示课题，认识"雷雨"** （1）出示单元任务第一站：诗景观赏亭，本课为第二站：气象观察台，让学生在雷雨前、雷雨中、雷雨后的变化中完成争当气象员的任务。 （2）学生齐读课题。

续表

（3）引导学生观察"雷雨"两个字，交流发现，识记生字"雷"。教师板书课题，学生跟着书写，再读课题。

【教学意图】通过创设生动、直观又形象的情境，唤起学生已有的生活经验，激发他们学习课文的兴趣。

二、初读课文，整体感知

活动二：初感"雷雨"，梳理脉络

（1）学生通读课文，初感"雷雨"。

（2）链接图片，梳理脉络：出示体现"雷雨前""雷雨中""雷雨后"的三幅画，启发学生按课文给三幅画排序。（板贴"雷雨前""雷雨中""雷雨后"）

【教学意图】通过朗读描写雷雨景象的句子，能有效激发学生留心观察自然现象的兴趣。

三、再读课文，厘清脉络

活动三：聚焦"雷雨前"，指导精读

依据学习贴士，明确学习任务。

学生汇报第1自然段自学情况，教师根据学生的回答圈出景物。

（1）重点指导第一句，利用图片及学生已学知识识记生字词。

（2）学习第二句，介绍蝉，启发学生从词句中提取信息。

（3）小结，通过读课文、圈出景物、思考问题的方法，从第1自然段这些景物的变化中感受到要下雷雨了。（板贴"读""圈""思"）

【教学意图】阅读是学生的个性化行为，在交流时，重在引导学生结合文本中的词语交流自己的阅读感受。在理解"垂"时，教师并没有直接告诉学生，而是巧妙地借助图片，让学生联系生活实际和语言环境来理解，并和"落"进行对比，体会作者用词的准确和精妙。

四、再读课文，赏读品析

活动四：学法迁移，合作学习

（1）引导学生梳理第1自然段的学习方法。

（2）学生小组合作探究第2、3自然段，圈出文中景物，找出体现雷雨前的景物特点的句子。

【教学意图】让学生借助关键信息说雷雨景象的变化，将脑海中的画面转换为文字，进而内化为语言，为背诵课文做好铺垫。

活动五：再现情境，学以致用

（1）师生共同梳理：乌云——黑沉沉地压下来，叶子——一动不动，蝉——一声也不出，大风——吹得树枝乱摆，闪电——越来越亮，雷声——越来越响。

（2）再现情境：由学生再次总结雷雨前的景物特点，将会转变为会用。

【教学意图】把文字转化成画面，是语言文字的内化过程，可以培养学生的想象力和感受力，让学生进一步体会雷雨的美妙。通过看图片、做对比，引导学生体会关键词的妙用，感悟词语的魅力。

五、识记字形，书写生字

过渡语：好，我们刚才认识了"垂"字，现在看看"垂"怎么写。

（1）课件出示生字：垂。学生做书写提示，教师补充：中间宽，上下两头窄，横画之间的距离要均等。

续表

（2）教师范写生字：垂。学生书写、描红书写。
（3）学生写字评价。（板贴标准）
【教学意图】 教师努力让学生去挖掘识字的方法和规律，培养识字能力，体验识字乐趣，使他们乐于识字、主动识字。归类学习生字，可以帮助学生把握每个字的结构及特点。学生自己发现、书写，可以调动学生学习生字的热情。

六、总结

这节课我们学习了雷雨前景色的变化，还学习了"雷"和"垂"的书写，知道了这篇课文是按照时间顺序写的，下节课我们继续学习雷雨中和雷雨后景色的变化……

板书设计
16.雷雨 雷雨前 时间顺序　雷雨中 雷雨后
作业设计
（1）大声朗读课文，读好认读字。 （2）生字书写练习：描红，组词。

富饶的西沙群岛

杨燕

教学单元基本信息				
学科	语文	年级		三年级
教材版本	统编版	单元		上册第六单元
单元主题		祖国河山		

续表

单元教学说明（附结构图）

本单元围绕"祖国河山"这一主题编排了四篇课文：古诗《望天门山》《饮湖上初晴后雨》《望洞庭》和《富饶的西沙群岛》《海滨小城》《美丽的小兴安岭》。本单元课文旨在让学生领略祖国各地美丽的风光，激发学生热爱祖国大好河山的思想感情。本单元的语文要素是"借助关键语句理解一段话的意思"。《富饶的西沙群岛》在文中以泡泡的形式提示学生关注关键语句。《海滨小城》的课后题引导学生从段落中找出关键语句。语文园地中的"交流平台"重点讨论、梳理关键语句在段落中的位置及关键语句的作用，"词句段运用"安排了围绕一个句子说一段话的练习。本单元的习作要求是"习作的时候，试着围绕一个意思写"。这是"借助关键语句理解一段话的意思"这一阅读方法在习作中的运用，形成"由读到写"的学习路径。

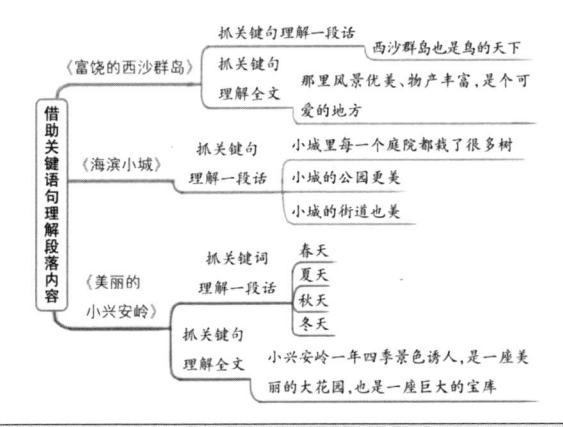

借助关键语句理解段落内容
- 《富饶的西沙群岛》
  - 抓关键句理解一段话：西沙群岛也是鸟的天下
  - 抓关键句理解全文：那里风景优美、物产丰富，是个可爱的地方
- 《海滨小城》
  - 抓关键句理解一段话：
    - 小城里每一个庭院都栽了很多树
    - 小城的公园更美
    - 小城的街道也美
- 《美丽的小兴安岭》
  - 抓关键词理解一段话：春天、夏天、秋天、冬天
  - 抓关键句理解全文：小兴安岭一年四季景色诱人，是一座美丽的大花园，也是一座巨大的宝库

第2课时教学设计
课时教学内容分析

《富饶的西沙群岛》介绍了位于我国南海的西沙群岛美丽的景色和富饶的物产，表达了对祖国海疆的热爱与赞美之情。课文结构清晰。第1自然段点明了西沙群岛是一个风景优美、物产丰富的可爱的地方，总领全文；第2至5自然段分别从"美丽的海水—海底多样的生物—海岛上众多的海鸟"三方面具体介绍了西沙群岛的风景和物产；第6自然段主要写了西沙群岛必将随着祖国建设事业的发展变得更加美丽富饶，与开头相呼应。课文语言生动，富有儿童情趣，"总—分—总"的写作方法，为刚学写作不久的小学生提供了习作范本。

学生分析

三年级的学生已经初步具备了自主阅读的能力，有着强烈的好奇心与求知欲。多数学生在平时开展了有效的课外阅读，积累了一定的好词佳句。通过课外阅读及生活经验，部分学生对课文中涉及的风景、动物等内容有一定的了解。多数学生阅读速度较快，能够做到按要求默读、浏览课文，但部分学生阅读能力有待提高。学生在阅读中体会作者的表达方法、利用多种方法理解关键词语的意思等方面比较薄弱。此外，西沙群岛与北京相距千里，学生缺乏实际感受。因此，在课堂上会借助视频、图片等信息技术辅助教学。

续表

课时教学目标
（1）通过抓住重点词句，体会海底、海岛风景优美、物产丰富。 （2）能发现课文第 5 自然段是围绕关键句来写的，借助关键句来理解这段话的意思。 （3）能够围绕关键句说或写一段话。
教学重难点
教学重点： （1）有感情地朗读课文，通过抓住重点词句来体会海底、海岛风景优美、物产丰富。 （2）能发现课文第 5 自然段是围绕关键句来写的，能借助关键句理解这段话的意思。 **教学难点：** 能够围绕一个意思说清楚或写清楚。
学习评价设计

我为"西沙"代言评分表

他评	☆	能围绕一个意思说	他得（　　）颗星
	☆	能够观察到特点	
	☆	能把意思说清楚	

我为"通州"代言评分表

评价	☆	能围绕一个意思写	我得（　　）颗星
	☆	能够观察到特点	
	☆	能把意思写清楚	

教学活动设计
一、课前三分钟展示 请某某同学借助 PPT 以《草原之旅》为题做课前三分钟展示，可从声音清晰有力，语言表达准确、流畅，内容新颖、有趣等角度进行评价。 【教学意图】以《草原之旅》展开，使学生感受祖国大好河山的美丽，增加对大自然的热爱，从而引出本节课所学习的内容，也锻炼学生的语言表达能力和学生互评的能力。 **二、复习旧知，导入新课** （一）导入 本节课我们继续学习《富饶的西沙群岛》第 2 课时，感受西沙群岛的风景优美、物产丰富。在上节课，我们已经了解了课文主要写了西沙群岛的海水、珊瑚、海参等景色和物产。我们在"闯关做代言人"的路上，连闯两关，感受到海水的瑰丽等。这节课我们将继续挑战。

续表

（二）课件出示"西沙群岛景物细赏表"
（1）回顾：西沙群岛的海水、珊瑚、海参、大龙虾的什么特点给你留下了深刻的印象？学生交流，教师补充表格。
（2）提问：我们是怎么读懂它们的特点的？学生交流第2、3自然段的学法，教师板书：读文本—找关键词—谈感受—品读句子。
【教学意图】通过回顾和讨论，学生能够深入理解西沙群岛的自然景观和物产，说出所学的阅读方法。

三、团队合作，继续闯关
过渡：让我们再次启程，探索西沙群岛的奥秘，勇闯第三关吧！
（一）交流第4自然段，体会鱼的多和美
（1）引导学生抓住"彩色的条纹、红缨、像插了好些扇子、长满了刺、飘飘摇摇"等词句体会鱼的颜色美丽和样子有趣。使用图片展示西沙群岛的鱼类，指名学生朗读句子。
（2）提问：这一段话除了写鱼的好看之外，还写了什么？你是从哪儿体会到的？指导学生从"成群结队""各种各样""一半是水，一半是鱼"等词句中体会鱼儿数量的多。
（3）分工合作读第4自然段。
（二）交流第5自然段，体会海鸟的多
（1）出示课文中的阅读提示语，提问：这段话是围绕哪句话说的？学生找出关键句，并读出这句话：西沙群岛也是鸟的天下。
（2）追问：这一自然段的后面三句话分别在写什么？引导学生从"各种、遍地、厚厚的"等词语中理解，分别是在写鸟多、鸟蛋多和鸟粪多。
（3）女生齐读第5自然段。
【教学意图】通过团队合作，学生能够深入理解西沙群岛的生物多样性，能运用所学的阅读方法来分析新的文本，并借助关键句来理解一段话的意思。

四、选择喜欢的一幅图，为"西沙"代言
（1）当一名小导游，将西沙群岛介绍给大家。教师提出要求：要使导游词吸引人，介绍时使用礼貌用语，借助关键句（如"西沙群岛是鱼儿的乐园"或"西沙群岛是鸟的天下"）说几句话。
（2）选择其中一幅画，同桌自由练习并进行他评。
（3）指名学生交流，其他学生进行评价。
（4）闯关成功，2颗星可以成为"西沙代言人"，3颗星可以成为"金牌西沙代言人"。
（5）学到这里，你会发现：西沙群岛是一个（　　）的地方。学生答：富饶，可爱。
（6）男生齐读第6自然段。
（7）对比第1自然段和第6自然段，你会发现它们之间有什么样的关系？（首尾呼应）
【教学意图】学生能够通过实践活动深入理解西沙群岛的特点，并借助关键句进行有效的口头表达。通过为"西沙"代言的活动，培养学生对西沙群岛的热爱和保护意识。

续表

五、迁移写法，开展小练笔
（1）出示大运河森林公园的美景（夏景和秋景），为"通州"代言。
（2）教师出示要求：选择其中一幅画，借助关键句（"大运河森林公园真美啊"）写几句话。
（3）带领学生分析每一幅图，说说写的主要景物是什么、有什么特点，分享自己的发现。
（4）小结：为了写好小片段，需要细致观察，调动视觉、听觉、嗅觉等感官，利用平时积累的精词练语和修辞手法，把景物的颜色、人物的动作等写得生动有趣。
（5）学生进行小练笔练习，教师巡视，提供个性化的指导。
（6）指名学生交流，其他学生进行评价。
（7）学生对自己进行评价。
（8）闯关成功，2颗星成为"通州代言人"，3颗星成为"金牌通州代言人"。
【教学意图】学生通过借助关键句进行小练笔，提高写作技巧，为本单元习作做铺垫。通过为"通州"代言的活动，培养学生对通州的了解和热爱。

六、小结
通过本节课"读文本—找关键词—谈感受—品读句子"的学习方法，学生不仅领略到了西沙群岛的风景优美和物产丰富，还通过关键句为"西沙"和"通州"代言，展现了出色的语言表达能力。你们真了不起！实际上，我们的周围充满了许多等待我们去发现的美丽之地。我鼓励你们在课余时间积极寻找和书写这些地方，这不仅能提高你们的写作技能，还能加深对家乡的了解和热爱。
【教学意图】回顾本节课所学内容，对学习方法进行反思。

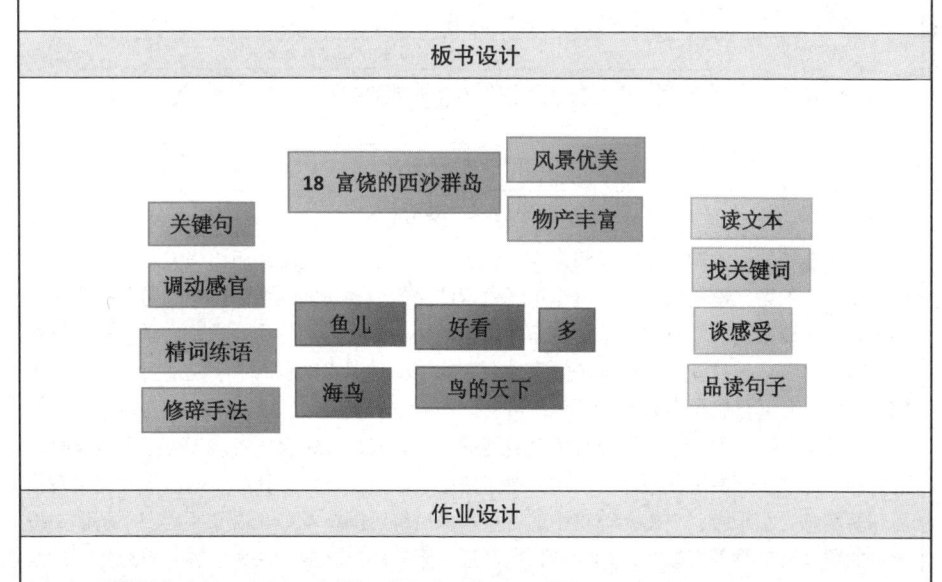

板书设计
关键句　　　　18 富饶的西沙群岛　　风景优美　　　读文本 调动感官　　　　　　　　　　　　　物产丰富　　　找关键词 精词练语　　　　鱼儿　　好看　　多　　　　　　谈感受 修辞手法　　　　海鸟　　鸟的天下　　　　　　品读句子

作业设计
（1）选择你喜欢的一幅图，向家人或朋友介绍西沙群岛。 （2）修改、完善自己在课上的小练笔。

记金华的双龙洞

朱颖

教学单元基本信息			
学科	语文	年级	四年级
教材版本	统编版	单元	下册第五单元
单元主题		赏自然画卷，当最佳导游	
单元教学说明（附结构图）			

学习主题	赏自然画卷，当最佳导游
学习任务	了解课文按一定顺序写景物的方法，学习按游览的顺序写景物
学习活动	活动一：入画卷赏美景　活动二：游景点绘路线　活动三：写美景当导游
学习提示	1.入主题画境　1.导游经验我来说　1.例文引路固方法 2.观海上日出　2.游览路线我来绘　2.争做最佳小导游 3.游金华岩洞　3.身边景物我来写
学习内容	《海上日出》　交流平台　习作例文 《记金华的双龙洞》　初试身手　习作
课时安排	4课时　2课时　3课时
学习作业	"小导游通关手册"单元整组作业
学习评价	单元评价表

第2课时教学设计
课时教学内容分析

　　《记金华的双龙洞》是叶圣陶先生早年写的一篇游记，是统编版语文教材四下第五单元习作单元的第二篇精读课文。习作单元精读课文的主要功能是从阅读中学习习作方法。本单元语文要素是"了解课文按一定的顺序写景物的方法"。习作要求是"学习按游览的顺序写景物"。教材安排《记金华的双龙洞》这篇精读课文的目的：一是通过阅读让学生感受金华双龙洞自然景观的美，激发学生热爱大自然的情感；二是通过阅读让学生了解"按一定顺序写景物"的方法，学习有条理叙述的表达方式，并领会作者是如何把重点景物写清楚的。课文按照游览的顺序，依次介绍了路上、洞口、外洞、孔隙、内洞，并将直观描写和真实感受相结合，突出孔隙狭小的特点。课后练习围绕本单元语文要素"了解课文按一定的顺序写景物的方法"，设计均指向写法。第一题要求根据课文内容，补充作者的游览路线图，帮助学生梳理游览路线，了解课文的写作顺序。第二题引导学生默读课文，体会作者怎样写清孔隙的狭小，帮助学生了解可以把某些印象深刻的或者比较特别的景物作为重点来写。

续表

学生分析
在教学中，学习的主体是四年级学生，具有一定的阅读和习作能力。学生在三年级和四年级上学期已经初步学习了通过观察描写一处景物、介绍一个景点，而按照游览的顺序写景物是第一次接触，它强调有顺序地写多处景物。 　　在三年级和四年级上学期所习得的写景物的方法主要是对自己看到的、听到的等方面进行描写，本单元在原有的基础上提出"将直观描写和真实感受相结合"的方法，突出景物特点。

课时教学目标
（1）厘清作者游双龙洞的顺序，画出路线图；了解按游览先后顺序写景的方法。 （2）体会作者是怎样把孔隙的狭小写清楚的。

教学重难点
教学重点： 厘清作者游双龙洞的顺序，了解按游览先后顺序写景的方法。 **教学难点：** 体会作者是怎样把孔隙的狭小写清楚的。

学习评价设计

评价内容	等级
抓住景物特点描写	★
抓住景物特点，写出自己的见闻和感受	★★
抓住景物特点，写出自己的见闻和感受，语言流畅、生动形象	★★★

教学活动设计

一、情境引入，激发兴趣

（一）视频导入：介绍浏览的地方

（二）回顾"研学小编辑"评选要求

（1）按照一定的顺序把游览过的地方介绍出来。

（2）把印象深刻的场景说具体。

二、出示任务，读中感悟

（一）任务一：游览路线我规划

1. 补充路线图

（1）文中有好几处表示作者行踪的句子，请同学们默读课文，画记表示作者游览顺序的句子，圈画表示地点的词语，把路线图补充完整。

（2）学生结合句子圈画地点交流。

路上—洞口—外洞—孔隙—内洞—出洞

续表

【教学意图】利用课后习题的路线图，帮助学生建立清晰的认知。从这篇文章看，作者的"游览踪迹"就是文章的"行文思路"。为解决这一难点，教会学生通过画记表示作者行踪的句子，并圈画句中表示地点的词语就能将路线图补充完整，接着由教到放，让学生自主完成游览路线图。

2. 了解过渡句
（1）出金华城大约五公里到罗店，过了罗店就渐渐入山。
（2）……入山大约五公里就来到双龙洞口，那溪流就是从洞里出来的。
（3）泉水靠着洞口的右边往外流。这就是外洞。
（4）在外洞找泉水的来路，原来从靠左边的石壁下方孔隙流出。
（5）……大约行了两三丈的水程吧，就登陆了。这就到了内洞。
（6）我排队等候，又仰卧在小船里，出了洞。
教师小结：作者就是通过这些句子将游览的经过写清楚的，我们叫它们过渡句。

3. "研学小编辑"训练营
（1）认真观察天元小学的平面示意图。你能试着说说我们如何穿过校门到达修远楼吗？（穿过校门，顺着春晖大道直走约100米，就来到了修远楼）
（2）你不但用上了"顺着"说清楚了从哪儿到哪儿，还说清楚了走多远。现在提高难度，我们如何穿过校门经修远楼到达田径运动场？（穿过校门，沿着春晖大道直走约100米到修远楼，右拐向前走约50米就来到了田径运动场）
教师小结：刚才同学们用上了"进入、顺着、沿着、往"等表示行走方式的词语，使过渡句都清楚明了。

【教学意图】在感悟了过渡句的写法后，马上出示学校平面图，让学生练说过渡句，为按一定的顺序写景物做铺垫，真正做到习得方法后迁移运用，让读写融通，为习作单元最后的大习作练习储备力量。

出示"研学小编辑"写作密码一：按一定顺序。

（二）任务二：重点景物我探秘
作者是如何写出孔隙的狭小的？请同学们默读课文第5自然段，思考：你从哪些词句中感受到了孔隙的狭小？

句子一：虽说是孔隙，可也容得下一只小船进出。怎样小的小船呢？两个人并排仰卧，刚合适，再没法容第三个人，是这样小的小船。
（1）学生抓住"并排仰卧""再没法容"体会到孔隙很狭小。
（2）所以作者是通过写什么突出了孔隙的狭小？（以小船的小写出了孔隙的狭小）
教师小结：作者为了强调小船的小还用了四个"小"字，可见孔隙之小。

句子二：我怀着好奇的心情独个儿仰卧在小船里，自以为从后脑到肩背，到臀部，到脚跟，没有一处不贴着船底了，才说一声"行了"，船就慢慢移动。
（1）我从"没有一处不贴着船底"感受到了孔隙的狭小。

续表

（2）作者身体的哪些部位贴着船底？（从后脑到肩背，到臀部，到脚跟）
（3）哪一个字最能让你感受到孔隙非常狭小？（贴）
对比读一读这三个句子，我们将"贴"换成"触"或"挨"行吗？为什么？
没有一处不贴着船底了，才说一声"行了"。
没有一处不触着船底了，才说一声"行了"。
没有一处不挨着船底了，才说一声"行了"。
（"贴"说明仰卧的姿势没法再低了，突出了孔隙的狭小、低矮）
教师小结："贴"是整个身体紧贴船底，而"触"和"挨"可能只是身体部分接触船底。作者用一个"贴"字写出了自己穿过孔隙时的亲身体验，让我们清楚地感受到孔隙的狭小。

句子三： 眼前昏暗了，可是还能感觉左右和上方的山石似乎都在朝我挤压过来。我又感觉要是把头稍微抬起一点儿，准会撞破额角，擦伤鼻子。
（1）刚才这位同学准确地抓住了"挤压、稍微、一点儿、准会"这些词语感受到孔隙非常狭小。老师很好奇怎会有挤压的感觉。（因为孔隙太狭小了，船行进中就感觉山石向自己挤压一样）
（2）那同学们想象一下自己就是卧船要过孔隙的作者，这时要是把头稍微抬起来一点儿，会怎么样？
生：准会撞破额角、擦伤鼻子。
师：要是把手稍微抬起来一点儿，会怎么样？
生：准会擦伤手。
师：要是把膝盖稍微翘起来一点儿，会怎么样？
生：准会划破衣服。
师：要是把脚稍微抬起来一点儿，会怎么样？
生：准会划破鞋子。
教师小结：我们通过想象知道了，作者通过乘船体验写出了孔隙的狭小。
出示"研学小编辑"写作密码二：写清景物特点。
（3）谁来带着怕被山石撞伤的紧张害怕的心情，读一读作者写的过孔隙的这几句话？
指生读—指生评价—齐读。
【教学意图】 学生结合教师提供的图片和过孔隙的视频资料，更直观地感受到作者就是通过写所看到的景象将孔隙的狭小写清楚的。
出示资料：双龙洞外洞高66余米，广、深各33米，面积1200多平方米。内洞和外洞之间仅留一条长10米、宽3米的地下河水道，这狭小的河道便是孔隙处。
与《记金华的双龙洞》进行对比，让学生感受异同。
教师小结：作者就是通过写自己穿过孔隙时所看到的和感受到的将孔隙狭小的特点写清楚，让人印象深刻，仿佛身临其境。
出示"研学小编辑"写作密码三：见闻感受。

续表

【教学意图】情境感受,体会孔隙的狭小。
出示素材一:河水被鸭子分成两路,无数软弱的波纹向左右展开,展开,展开,展到河边的小草里,展到河边的石子上,展到河边的泥里……我们在桥栏上这样注视着河水的流动,心中便充满了一种喜悦。
出示素材二:走过小街时,你的手一旦伸过去抚摸这里的砖墙,你就会生出一种因沧桑变化而生长出来的悠长浩渺的怅惘和感慨。于是小街总是勾连住你的脚步,让你缓缓而行,在缓缓而行间,你便与小街结下了一点点缘分。
生生共读,感受文人墨客的写作方法。
【教学意图】情境设置,体会作者的感受。通过朗读调动学生体验,引导学生随作者一同"经历"。
教师小结:"研学小编辑"写作密码:一、按一定顺序;二、写清景物特点;三、见闻感受。
(三)任务三:名山大川我介绍
通过见闻和感受写出华山"险峻"的特点。
出示评价标准。
【教学意图】通过小练笔的形式,加强学生写作实践能力训练,创设真实的导游情境,为学生提供思考及语言运用的路径,从而促进语言与思维同步发展。

三、总结归纳,终结评价
妙笔写美景,巧手著奇观。

板书设计
17.记金华的双龙洞 　　按一定顺序 　　写清景物特点 　　见闻感受

作业设计
(1)基础作业:完成"研学小编辑"训练片段。 (2)提升作业:推荐游记类书籍并阅读。

红楼春趣

杨鸿静

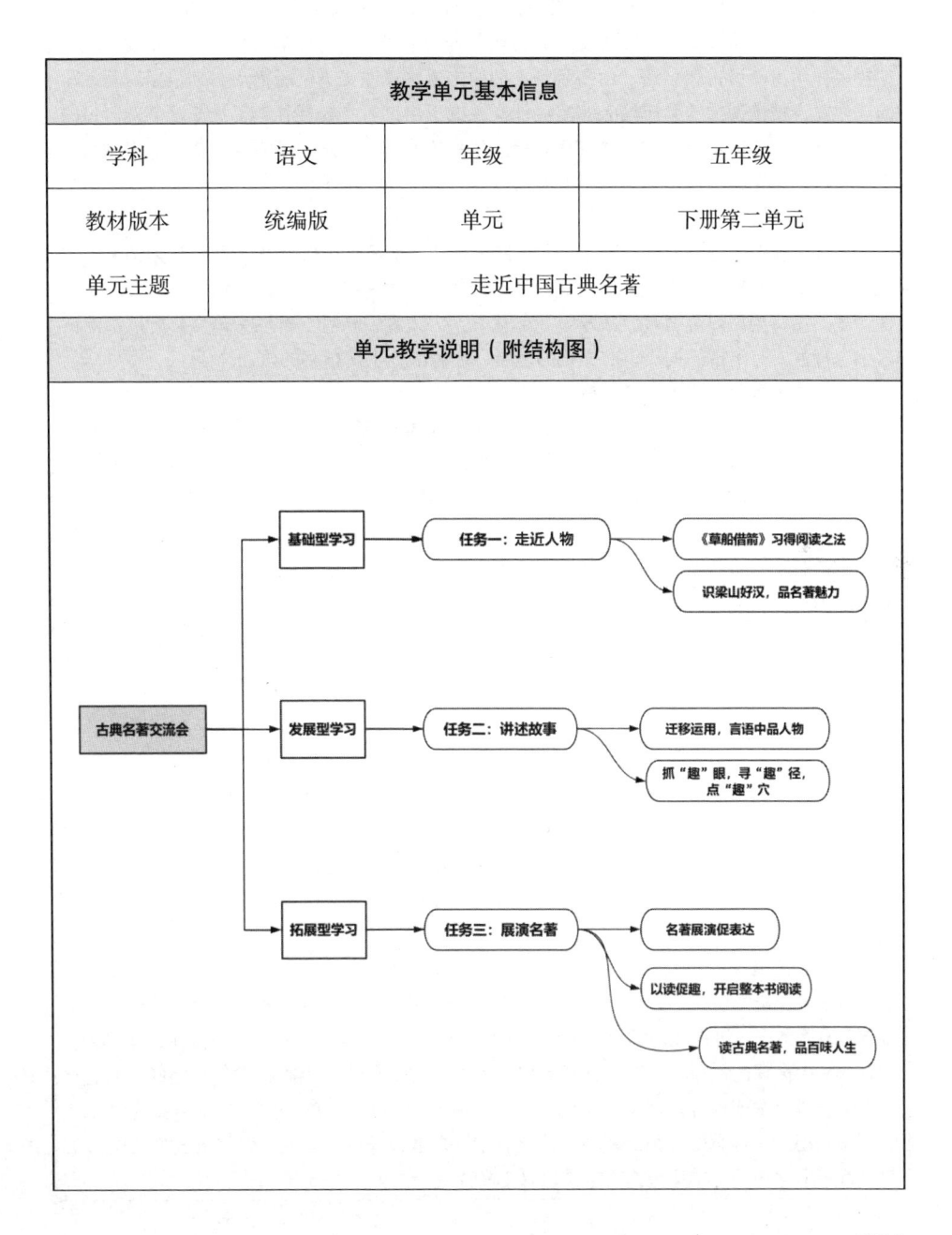

教学单元基本信息			
学科	语文	年级	五年级
教材版本	统编版	单元	下册第二单元
单元主题	走近中国古典名著		
单元教学说明（附结构图）			

```
                    ┌─ 基础型学习 ─┬─ 任务一：走近人物 ─┬─《草船借箭》习得阅读之法
                    │              │                   └─ 识梁山好汉，品名著魅力
                    │                                   
古典名著交流会 ─────┼─ 发展型学习 ─┬─ 任务二：讲述故事 ─┬─ 迁移运用，言语中品人物
                    │              │                   └─ 抓"趣"眼，寻"趣"径，
                    │                                       点"趣"穴
                    │
                    └─ 拓展型学习 ─┬─ 任务三：展演名著 ─┬─ 名著展演促表达
                                                       ├─ 以读促趣，开启整本书阅读
                                                       └─ 读古典名著，品百味人生
```

续表

第1课时教学设计

课时教学内容分析

一、单元简析

本单元语文要素是"初步学习阅读古典名著的方法"（阅读）和"学习写读后感"（习作）。这是小学阶段第一次集中安排对古典名著的学习，学生理解内容有一定难度。教材编排遵循学生阅读古典名著"由易到难"的原则，精读课文《草船借箭》是根据原著改写的现代文，精读课文《景阳冈》和略读课文《猴王出世》《红楼春趣》是原著节选，目的是减轻学生阅读的畏难情绪。《红楼春趣》位列单元第四，是一篇略读课文，宜采用自读方式学习，在阅读实践中迁移运用本单元习得的阅读古典名著的方法。

二、课文简析

《红楼春趣》选自《红楼梦》第七十回《林黛玉重建桃花社 史湘云偶填柳絮词》，主要讲述了宝玉和黛玉等人在大观园里放风筝的故事。全文共五段，结构清晰。全文涉及人物众多，描写场面热闹有趣，故事情节起伏复杂，人物性格特点鲜明。语言具有浓郁的白话小说特色，有丰富的词语，有文言的色彩，还有部分生僻难解的语句。

三、阅读提示、阅读链接简析

本课"阅读提示"指出："读读课文，能大致读懂就可以。读后和同学交流：宝玉给你留下了什么样的印象？"对于五年级下学期的学生而言，把握课文主要内容，用简要的语句概括主要事件并不难，但是，如何在一篇节选课文中把主人公宝玉的形象，这是一个难点。课后的"阅读链接"中，林庚的散文《放风筝》详细描写了旧时北平放风筝的习俗和作者对风筝的喜爱，其中也写到放风筝就是"放走晦气"的说法，与课文《红楼春趣》的说法相同，从中我们可以感受到文化的传承。

学生分析

一、学习起点

学生在本单元前三篇课文的学习中已积累了一定的古典名著阅读方法：如课文《草船借箭》文后练习，引导学生实践了"按照故事的起因、经过、结果的顺序概括故事的主要内容""关注人物的语言、动作等了解人物的特点"等阅读方法；又如课文《草船借箭》文后练习，让学生实践了"遇到不懂的词语，可以猜一猜意思""按照故事的发展顺序概括故事的主要内容""继续关注人物的语言、动作等了解人物的特点，尝试评价人物"等阅读古典名著的方法。学生将把这些阅读方法迁移到课文《红楼春趣》的阅读中进行综合运用。

二、学习难点

对于五年级的学生而言，阅读《红楼春趣》，读懂课文主要内容难度不大，但因课文是《红楼梦》原著节选，语言风格具有典型白话小说的特色，文中有些语句学生理解起来有难度，同时课文中出现的风筝名字多，涉及人物也多，这些都是学生在读课文时会遇到的问题。

阅读提示中要求读后和同学交流：宝玉给你留下了什么样的印象？学生需要关注宝玉的语言、动作、神态等方面的描写，才能有理有据地去评价一个人。但宝玉这个人物是在特定背景下存在的，单凭节选文本难以真正品读一个人。

续表

课时教学目标
（1）运用本单元积累的阅读古典名著的方法，大致读懂课文。 （2）运用本单元积累的学习经验，探讨其中表达的情节与人物的"趣"；说说对宝玉的印象；体验文学阅读的审美乐趣，激发阅读《红楼梦》原著的兴趣，找寻阅读整本书的个性化门径。
教学重难点
教学重点： 运用本单元积累的阅读古典名著的方法，大致读懂课文。 **教学难点：** 运用本单元积累的学习经验，说说对宝玉的印象，激发阅读《红楼梦》的兴趣，找寻阅读整本书的个性化门径。
学习评价设计

8. 红楼春趣　阅读评价单

阅读方法 （能迁移运用阅读方法）	□联系上下文猜测　　□跳读、猜读 □遇到难理解的，不用反复琢磨 □借助书下注释　　　□借助文中插图 □查阅资料　　　　　□拆字组词 □……
个性化方法 （能生成个性化方法）	

教学活动设计

任务一：抓住"趣"眼，先亮阅读名著之"器"

复习导入：在古典名著单元，你掌握了哪些阅读方法？

1. 读单元导语，明阅读要素

出示单元导语：观三国烽烟，识梁山好汉，叹取经艰难，惜红楼梦断。

观：关注故事的主要情节。识：关注故事中的人物形象。

【教学意图】《红楼春趣》是本单元最后一篇课文，在导入中，引导学生回顾单元导语，明确本节课要在关注情节和人物的基础上，感受字里行间的意蕴。

2. 迁移方法，解决疑难

检验预学，将初读中筛选出的未理解词语展示以进行交流。

出示：学生的疑惑及语言支架。（我运用＿＿＿＿＿方法，解决了＿＿＿＿＿）

【教学意图】本单元的阅读要素是要学会阅读古典名著的方法，此环节一方面是为检验学生的学习效果及迁移运用的情况，另一方面也可以起到查漏补缺的作用。

续表

3. 走进文本，梳理情节
回顾前文学习中的三种情节梳理方法。
出示：梳理要素；罗列标题；提问思考。
检验预学成果：学生梳理本文情节。
【教学意图】学生有前面三篇课文的学习经验，对本单元的最后一篇文章，学生可以由自然"起点"状态进入课文初读。教师基于真实的学情放手让学生进行自主性泛读，鼓励学生梳理出自己大致读懂的内容。

任务二：寻找"趣"径，畅游阅读名著之"旅"
问题支架：故事中的哪几种"趣"是值得我们找寻的？
预设：风筝之趣，人物之趣（语言、动作），服饰之趣，建筑之趣……
（一）品风筝之趣
（1）批画风筝名。
（2）感受风筝美趣：交流感受。（预设：名字美，样子美，愿望美）
（3）读出风筝"趣"。
过渡：那时大观园一定被一种声音充斥。（预设：欢声笑语）
【教学意图】通过找寻风筝，学生在其中能直观地感受到"趣"味所在，同时也巧妙地由风筝串联了全文情节和人物。
（二）品人物之趣
1. 圈画"笑"
问题支架：循着笑声到大观园里去寻"趣"。读课文，圈画文中的"笑"。
2. 交流"笑"
（1）出示 11 个"笑"。
（2）哪些人在笑？
（3）读人名，说发现。
【补充资料】人名之趣。
（4）文中引发笑声最多的人是谁？
3. 批注宝玉之趣
（1）他是一个怎样的人？
独学：默读课文，圈画描写宝玉言行的句子，在学习单上批注印象并说明理由。
群学：小组讨论，分享批注，互相补充。
展学：组内推荐一名同学汇报。
（2）交流宝玉的人物"趣"。
①（捡风筝段落）小组展示。
资料补充：（摘自第 70 回）宝玉道："可惜不知落在那里了。若落在有人烟处，被小孩子得了还好；若落在荒郊野外无人烟处，我替他寂寞。想起来把我这个放去，教他两个作伴儿罢。"
交流总结：丰富人物形象。（善良，心肠好）
补充方法：品读原著，使我们对人物的理解更加立体、丰满。

续表

②（取风筝段落）小组展示。
资料补充：中国封建时期的等级制度。
交流总结：丰富人物形象。（率性，纯真，尊重，男女平等）
补充方法：结合时代背景理解人物，能读出文字背后的深层含蕴。
③（放风筝段落）小组展示。
追问：宝玉仅仅是一个这样的人吗？再次走进原著。
出示：贾母、贾政、王夫人、王熙凤和宝钗对其评价。
总结支架：在合作学习的过程中，是运用什么方法来品读人物之趣的？
【教学意图】学生自主品"趣"，运用阅读方法，沉浸阅读体验。这种阅读体验还不完整，或是比较浅拙的，但不需要急着去否定或者纠正，让学生充分交流和展示，在交流的过程中，学生会相互学习、协同进步。

任务三：点准"趣"穴，点燃阅读名著之"火"
出示："惜红楼梦断"和"红楼春趣"，制造认知冲突，落实思维核心素养。
支架：你对《红楼梦》的情节有怎样的猜测？对《红楼春趣》这个片段中的人物命运又有怎样的猜测？
出示：《红楼梦》的回目，锁定红楼少年的趣事，看相应的章节，用同龄人的眼光，读少年心中的红楼梦。
完成阅读单元评价单：结合今天所学内容，课下进行自评与互评，明确这既是一张评价表，也是整个单元的阅读方法总结表。
【教学意图】学生品读古典名著，依托教材作为阅读基础，鼓励学生一读再读课文，分步与同伴交流、分享自己的阅读感受，不断完善自己的阅读感受。根据学生的学情，指导学生在完成理解课文的基础目标之后，提倡多角度、个性化阅读，这些教学内容的选取会增加学生未来对阅读整本书的期待。

板书设计
红楼春趣 人物　　　　　情节 宝玉　　①（拾）风筝　　④剪风筝线（放飞风筝） 率性 纯真　　②（取）风筝　　③（放）风筝 ……

作业设计
（1）基础性作业：完成阅读评价表，根据本节课所学，填写个性化读书方法的总结。 （2）提高性作业：自主阅读课后的阅读链接，体会风筝文化，完成练习册表格。 （3）挑战性作业：开启阅读《红楼梦》原著之旅。

10 的再认识

马建军

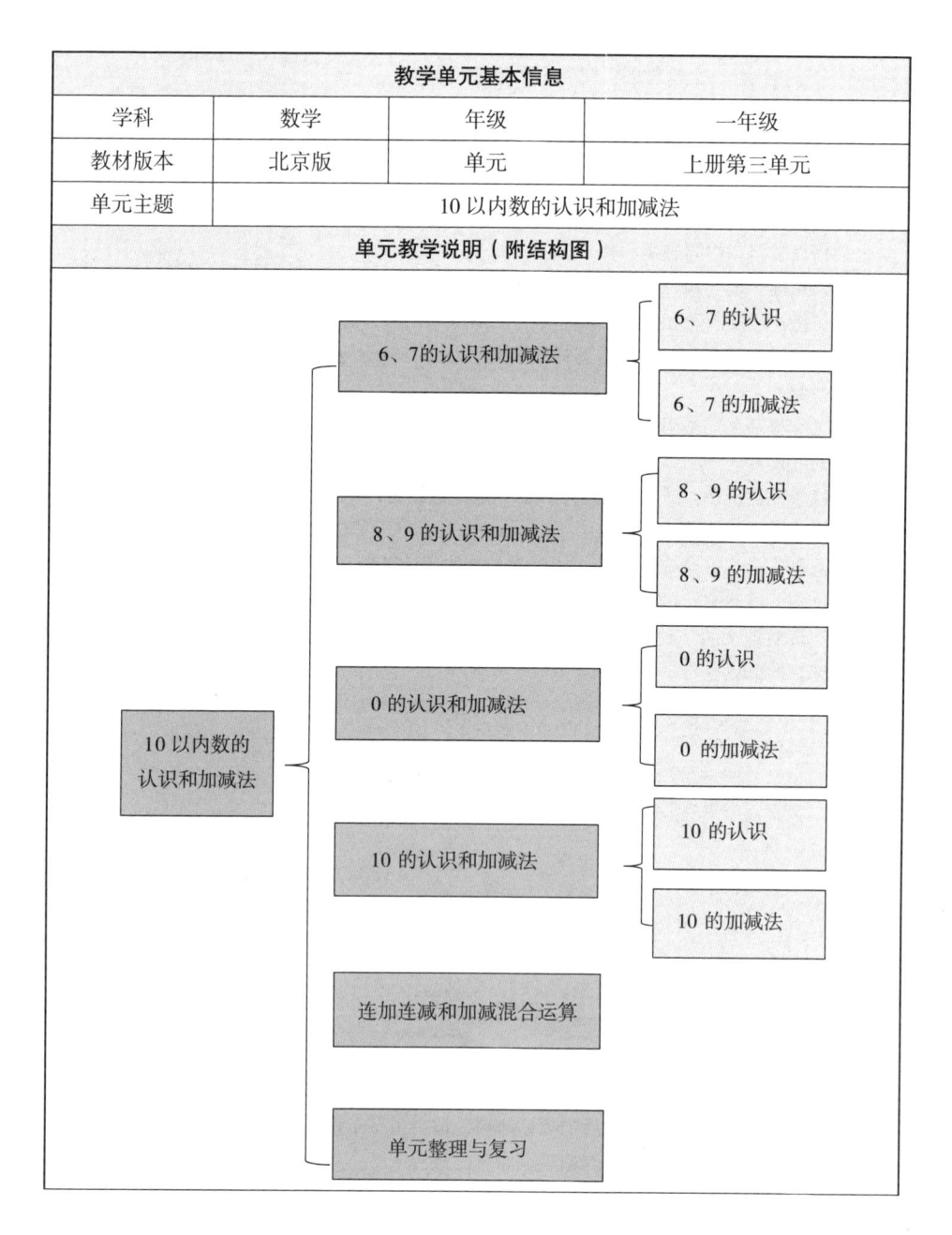

教学单元基本信息			
学科	数学	年级	一年级
教材版本	北京版	单元	上册第三单元
单元主题	10 以内数的认识和加减法		
单元教学说明（附结构图）			

```
                                        ┌── 6、7 的认识
                    ┌── 6、7 的认识和加减法 ┤
                    │                   └── 6、7 的加减法
                    │
                    │                   ┌── 8、9 的认识
                    ├── 8、9 的认识和加减法 ┤
                    │                   └── 8、9 的加减法
                    │
10 以内数的          │                   ┌── 0 的认识
认识和加减法 ────────┤── 0 的认识和加减法 ┤
                    │                   └── 0 的加减法
                    │
                    │                   ┌── 10 的认识
                    ├── 10 的认识和加减法 ┤
                    │                   └── 10 的加减法
                    │
                    ├── 连加连减和加减混合运算
                    │
                    └── 单元整理与复习
```

续表

本册教材以《义务教育数学课程标准（2022年版）》的基本理念和所规定的教学内容为依据，在总结以往多年小学数学教材研究和使用经验的基础上编写而成。本单元是在5以内数的认识和加减法的基础上编排的。从整体上认识数与运算，体现数的概念和运算的一致性。本单元共分四个小节：第一小节是6、7的认识和加减法；第二小节是8、9的认识和加减法；第三小节是0的认识和加减法；第四小节是10的认识和加减法。

第2课时教学设计

课时教学内容分析

这一课时是北京版数学教材一年级上册第三单元第四小节"10的认识和加减法"中例2的内容，这节课要求知道10个1是1个10，初步感悟十进制；认识个位和十位，能在计数器上表示10，并说出10的个位、十位上的数字及意义，初步感悟位值制。其中初步感悟十进制和位值制是本节课的重点，更是难点。同时，初步感悟十进制，这是北京版教材新增加的内容。

学生分析

学生在学习10的再认识之前，已经学习了6、7、8、9的认识和加减法，同时对于10有了初步的认识，对数有了一些初步的认识，会简单的拆和分，可以进行简单的计算。但是让学生初步感悟十进制和位值制，对于一年级的学生而言，它的内容比较抽象，离学生实际生活又相对较远，所以学生学起来可能有一些困难。因此这些内容既是教材的重难点，又是学生学习的难点，是需要重点突破的地方。

课时教学目标

（1）认识计数单位"十"，知道10个1是1个10，初步感悟十进制。
（2）认识个位和十位，能在计数器上表示10，并说出10的个位、十位上的数字及意义，初步感悟位值制。
（3）把数学和学生实际生活结合起来设计活动，通过活动了解十进制，感悟位进制。
（4）通过操作等活动，积累活动经验，感受数学与生活的联系，提高学习数学的兴趣。

教学重难点

教学重点：初步感悟十进制和位值制。
教学难点：初步感悟十进制和位值制。

学习评价设计

学习评价采取多方评价相结合的综合对标评价方式。
1.教师评价占比三分之一
（1）课上发言。（声音洪亮一颗星、吐字清楚一颗星、语言准确一颗星，最高三颗星）
（2）课上每名学生的现场作业回收评判。（优秀三颗星，良好两颗星，合格一颗星）
（3）课后作业收集上来评判。（优秀三颗星，良好两颗星，合格一颗星）

续表

2.同学评价占比三分之一
课上有同桌之间的作品交流评价,同桌打分。(优秀三颗星,良好两颗星,合格一颗星)
3.学生自评占比三分之一
课上作业自己打分,课上表现自己打分,课后作业自己打分。(优秀三颗星,良好两颗星,合格一颗星)
※ 三方面合在一起的星星总数量代表这节课的综合评价结果。

教学活动设计

一、生活引入,激发兴趣
在妈妈生日那天,小明用自己的压岁钱给妈妈买了一束玫瑰(出示鲜花实物),你们喜欢吗?猜猜一共有几枝。

学生猜测:5、7、9、15……
到底有几枝呢?咱们一起数一数。找几名学生上前面来,教师打开花束,每人发1枝,大家齐声数一数。

数到10枝玫瑰时,教师:现在有几个几?
学生:10个1或者说1个10都行。
教师把10名学生手里的玫瑰边数边收到自己手里,问:我手里有几枝玫瑰?
学生:10枝玫瑰。
教师把10枝玫瑰合在一起,用包装纸包好、系好。

续表

教师：现在有几枝玫瑰？现在这还能叫10枝玫瑰吗？准确的说法应该叫什么？
学生：一束玫瑰；一把玫瑰。
教师：一束玫瑰有几枝？它们和之前的数量相等吗？完整说一遍。
（预设）学生1：10枝玫瑰做成一束花。
　　　　学生2：10枝玫瑰等于一束玫瑰。
　　　　学生3：一束玫瑰等于10个1枝玫瑰。
　　　　学生4：10个1等于1个10。
　　　　学生5：1个10等于10个1。
【教学意图】通过将一束花拆成10枝花、10枝花重新组成一束花，激发学生兴趣，唤醒数数的经验，渗透十进制，给学生初步感知。

二、进一步放开，再度感知十进制
过了一段时间，爸爸的生日到了，小明用压岁钱给爸爸买了一个手串。
（出示图片：手串）
教师：你能看着图片带着大家数一数吗？
学生带领大家边数边读：1、2、3、4、5、6、7、8、9、10，10个1颗是一串，一串有10个1颗。（课件演示）

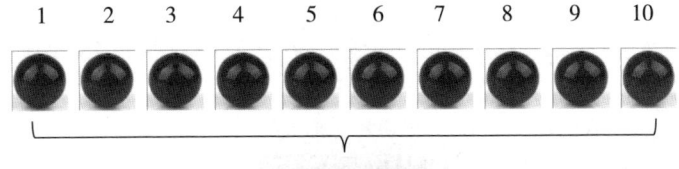

【教学意图】这一步和上一个环节相似，由于有上一次的基础，这次教师放开手脚，让学生自己练一练、说一说，再次渗透十进制。

三、动手操作，亲身感悟十进制
教师：妈妈和爸爸都得到了生日礼物，你们想知道什么？
学生：小明生日得到了什么？（出示生日礼物）
活动要求：两人一桌，数一数，摆一摆，说一说，看你发现了什么？

041

续表

（预设）学生1：10块橡皮泥可以装成一盒。
　　　　学生2：一盒可以装10块橡皮泥。
　　　　学生3：1个10里有10个1。
　　　　学生4：10个1是1个10。
除了一束花、一个手串、一盒橡皮泥，你还能举个生活中的例子吗？
学生举例，教师补充展示。

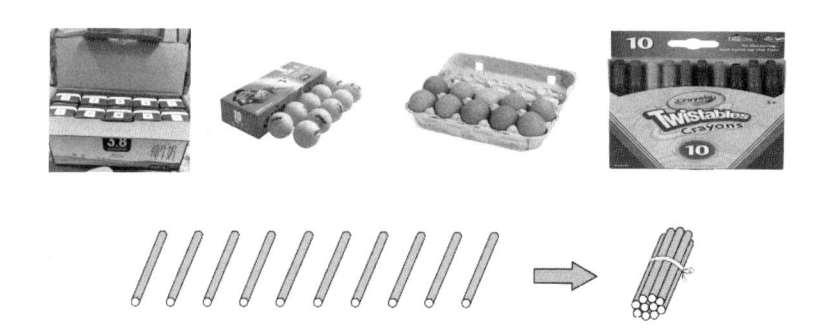

小结：生活中东西较多时，可以把10个单独的1合成1个整体的10，10个1是1个10，比如我们可以用一捆小棒表示1个10。

【教学意图】通过第三次亲身实践，经历自己把10块橡皮泥装入盒子的体验，直观感受十进制在生活中的应用，感受到十进制的作用。

四、通过计数器，感悟位值制

教师出示计数器实物，请一名学生拨一拨，说一说表示什么。
学生：拨3个，表示3个1。
　　　拨5个，表示5个1。
　　　拨8个，表示8个1……
教师：我们把这个位置叫作个位，继续数下去，10个1怎么办？
学生：在个位的左侧再拨一颗珠子，表示1个10。
教师：我们把这个位置叫作十位，10是两位数，个位是几？表示什么意思？十位是几？表示什么意思？
找个学生从头到尾完整地说一遍，同桌互相说一说。
教师教学生书写10，学生先看后写。写完后大屏幕展示，请学生说一说十位上的数字1表示什么意思，如果1在个位上表示什么意思。
小结：计数器个位表示几个1，十位表示几个10。

【教学意图】借助计数器认识个位和十位，进一步巩固十位上的1颗珠子表示1个10，个位上的1颗珠子表示1个1，10个1是1个10。进而写一写10，初步感悟位值制。

续表

五、巩固练习，发散思维
57页练一练1：

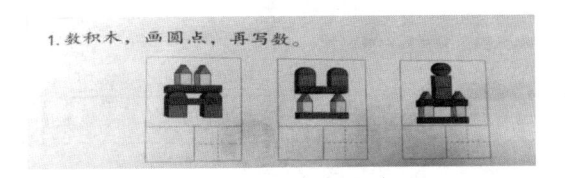

1. 数积木，画圆点，再写数。

出示计数器，请一名学生上前来拨一个自己最喜欢的数，让大家猜一猜。
说一说个位上的数字是几，表示什么意思。
说一说十位上的数字是几，表示什么意思。
介绍小知识：

刻道计数　　用实物计数　　结绳计数

六、回顾反思，谈谈收获
学生自由发言，谈收获。

板书设计

10 的再认识

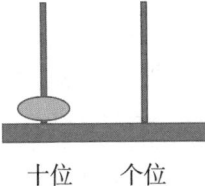

十位　个位

10 个 1 是 1 个 10

作业设计

请你找一找生活中以 10 个为一组的事物，并用你喜欢的方式记录下来。

生活中的因数问题

张硕

教学单元基本信息			
学科	数学	年级	五年级
教材版本	北京版	单元	下册第三单元
单元主题	因数和倍数		
单元教学说明（附结构图）			

单元教学设计

因数和倍数单元学习规划

大概念	从乘法运算中表达"数"与"数"的关系	
单元主题	活力校园创建中的数学问题	
学习内容	因数和倍数	2、5、3的倍数的特征	质数和合数
学习目标	理解因数和倍数的概念和关系，会找因数和倍数	经历观察—猜想—验证—结论的探究过程，掌握2、5、3的倍数的特征	经历探究质数和合数的过程，理解质数和合数的概念，会分解质因数
核心任务	1.因数和倍数的概念 2.找因数和倍数	1.2的倍数的特征 2.5的倍数的特征 3.3的倍数的特征	1.质数和合数的概念 2.分解质因数
核心活动	1.引因数和倍数 2.找因数和倍数 3.理因数和倍数	1.探究2、5、3的倍数的特征 2.为什么有这样的特征？	1.你会排方队吗？ 2.探寻方队的奥秘 3.分解质因数

第1课时教学设计

课时教学内容分析

本节课是在理解和掌握因数和倍数、分数的意义和基本性质、简单的同分母分数加减法以及初步求公因数和最大公因数的基础上进行教学的。教材以剪纸为线索，通过"正方形边长可以是几厘米，最大是几厘米"等情景，提供了丰富的数学信息。利用这些信息回顾、整理本节课所学的知识，进行合理分类，了解各种方法之间的区别与联系，并启发学生灵活运用这些方法解决实际问题，以达到深化提升的效果。

学生分析

通过前面的学习，学生已经理解和掌握了因数的含义，学会找一个数的因数，了解了公因数和最大公因数的意义，学会了找公因数和最大公因数的方法，具备一定的知识基础。由于这一内容是公因数和最大公因数在生活中的实际应用，所以在教学中引导学生将实际问题转化为数学问题是解决问题的关键，要让学生经历解决问题的过程，不只是会用公因数和最大公因数解决问题，还要明白为什么求公因数和最大公因数就能解决问题。

续表

课时教学目标
（1）理解"整块""正好铺满"的含义，会用公因数和最大公因数解决生活中的实际问题。 （2）经历获取信息、自主探究、归纳总结等数学活动，掌握解决此类问题的方法和策略，培养学生分析问题、解决问题的能力。 （3）体会数学与生活的密切联系，激发学生的学习兴趣，培养学生的应用意识。

教学重难点
教学重点：理解"整块""正好铺满"的含义，会用公因数和最大公因数解决生活中的实际问题。 **教学难点**：将实际问题转化成数学问题的能力，并灵活运用公因数、最大公因数的知识解决实际问题。

学习评价设计			
活动	活动一	活动二（生生互评）	活动三
水平一	我还不太理解题目中小正方形边长就是大正方形边长的因数，但是能够用平均分的方法去解决问题	我认为我的搭档还需多锻炼、沟通，为他加油	我还不太清楚为什么要求最大公因数并且无法正确地算出结果
水平二	我清楚小正方形边长就是大正方形边长的因数，并且在今后的生活及练习中，遇到类似的问题我能联想到用求因数的方法去解决	我和我的搭档能够互相交流想法，并且合作默契地解决问题	我清楚为什么要求最大公因数并且能够正确地算出结果

教学活动设计

Part1：解决前测学习单问题——正方形铺正方形

一、导入

师：上周发给你们一张课前预学单，里面有这样一道题，请一位同学流利地朗读一下。

师：你能快速找出并找全所铺的玻璃纸吗？它们有什么特点？

生：同样大小的正方形；边长是整数；能够全部铺满。

【教学意图】①熟悉预学题；②锻炼在长短文字中提取关键信息的能力；③清楚对所铺的玻璃纸的要求。

续表

二、展示学生作品

（一）学生作品一

师：你能读懂他的想法吗？

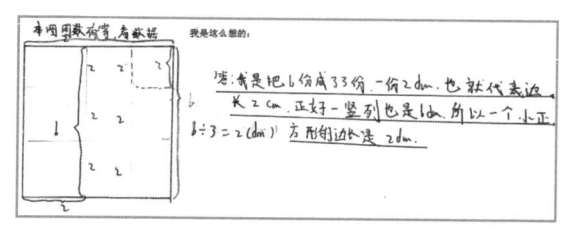

生：我是把边长 6 dm 平均分成 3 份，每份是 2 dm，所以每个小正方的边长是 2 dm。

【教学意图】学生作品一：展示大多数学生的思路：平均分。

（二）学生作品二

师：你们的答案基本上都是"平均分"，但有的同学的"分法"不太一样。

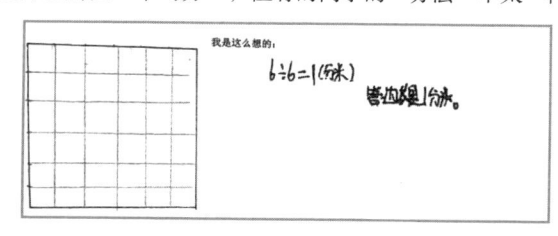

生：刚才是平均分成 3 份，这是平均分成 6 份。

【教学意图】学生作品二：平均分的其他分法。

（三）学生作品三

师：还有不一样的分法呢。

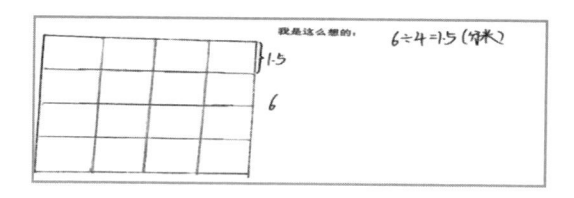

生：这种不可以，因为题目要求是整数。

提示我们要认真审题。

【教学意图】学生作品三：展示学生错例，也是平均分，但不符合题目要求。

三、引导找因数

师：看来这种平均分不行，那还有没有其他的分法呢？

生：6÷2=3（dm），6÷1=6（dm）。

师：仔细观察这些算式，你有什么发现吗？

生：其实就是在找 6 的因数。（找其他生重复，3 个）

续表

师：之前我们说见到因数想除法，因数是不断分解的过程，见到这些整数除法的算式，自然也能联想到因数。

师：而你们找的6的因数，即大正方形的因数，对应到题目中，实际上就是小正方形的边长。

【教学意图】在思维的碰撞中，学生感悟到所求"小正方形的边长"实际就是"大正方形边长的因数"，实现了思维的提升，即从"平均分"上升到"找因数"。

四、动图演示铺玻璃纸的过程

教师小结：小正方形的边长就是大正方形边长的因数，有4种可能并PPT演示。

【教学意图】展示铺的过程，形成直观形象，照顾班级后进生，加深其理解。

Part2：解决实际问题——正方形铺长方形

一、出示实际问题

师：那我们乘胜追击，继续探究。

东方小学要重新装饰楼道背景墙，准备在里面铺满学生绘画的春景作品。

师：现在要发给你们绘画的作品纸，对于纸有些要求。自己出声读一读。

（1）每幅作品必须是大小相同、边长为整分米的正方形。

（2）作品必须正好贴满宣传栏，不能有空隙和剩余部分。

引导学生对比前面那道题发现有什么不一样。生：变成长方形了。

教师给出长、宽的数据。

教师出示两种不同长度的作品纸，都是正方形，一种边长为6 dm，一种为5 dm。引导学生选择。

【教学意图】在上一环节的基础上，加大难度。背景板从正方形变成长方形，为学公因数做铺垫。

二、活动探究一

学生两两合作，一人摆、一人说，上前展示。

生：当用边长为5 dm的纸去摆的时候，长能够铺满，宽不能够铺满；当用边长为6 dm的纸去摆的时候，宽能够铺满，长不能够铺满。

师：我准备的纸都不符合题目要求。长行、宽不行，宽行、长不行。那要想全部铺满，就得长行、宽也行。那到底边长是多少才能够铺满？

学生交流，教师指导。

【教学意图】学生在活动中发现，教师所准备的两种长度的纸都不符合要求。长能铺满的时候宽不行；宽能铺满的时候长不行。由此引出，要想符合要求，长、宽都要铺满。

三、活动探究二

师：那我们开始活动二。作品纸还有可能是多少分米呢？在学习单上写下你的想法。

教师选一名同学在黑板上完成。

学生在黑板上完成：

12 的因数：①，②，3，④，6，12

20 的因数：①，②，④，5，10，20

续表

师：为什么要找共有的部分？（同桌互相说找共有部分的原因）
师：我们把两个或几个数共同含有的因数，叫作公因数。
思考：找公因数我们经历了几步？
生：三步。分别找 12、20 的因数，圈出它们都有的部分。
【教学意图】学生已经经历了前面的探究活动，清楚了只有长、宽都行的时候才可以铺满。由此联系前面的题，想到找公因数。
师：那像这样的三步，我们也可以用集合图的形式来表示。
【教学意图】通过集合图的形式更加清晰地展示是如何找到公因数的。

四、引出最大公因数
师：要想展示的作品尽可能多，选哪种？
师：在公因数中，最大的公因数叫作最大公因数。那 12 和 20 的最大公因数就是 4。这么一长段话，我们可以用数学符号来表示：

$$(12, 20) = 4$$

【教学意图】通过学生自己提要求的形式引出最大公因数，这样学生就能更理解为何要找最大公因数。

Part3：新知应用
16 cm 和 44 cm 的两根小棒，要把它们截成同样长的小棒，小棒长要整厘米数，不能有剩余，每根小棒最长是多少厘米？
【教学意图】应用新知，清楚为何找公因数及最大公因数。

板书设计

生活中的因数问题

同样大小正方形　　边长是整数　　全部铺满
平均分　　　　　　小正方形边长是多少 dm？
$6 \div 3 = 2$（dm）
$6 \div 6 = 1$（dm）　20 的因数：1，20，2，10，4，5
$6 \div 2 = 3$（dm）　12 的因数：1，12，2，6，3，4
$6 \div 1 = 6$（dm）　公因数：1，2，4
　　　　　　　　　　$(12, 20) = 4$

作业设计

【小试牛刀】
(10, 8) =　　　　(3, 5) =　　　　(2, 4) =

【大展身手】男生 48 人，女生 36 人。男、女生分别站成若干排，要使每排的人数相同，每排最多有多少人？这时男、女生分别有几排？

【拓展阅读】神奇的公因数。

目标导向下深度学习的单元教学实践研究

伟圣鑫

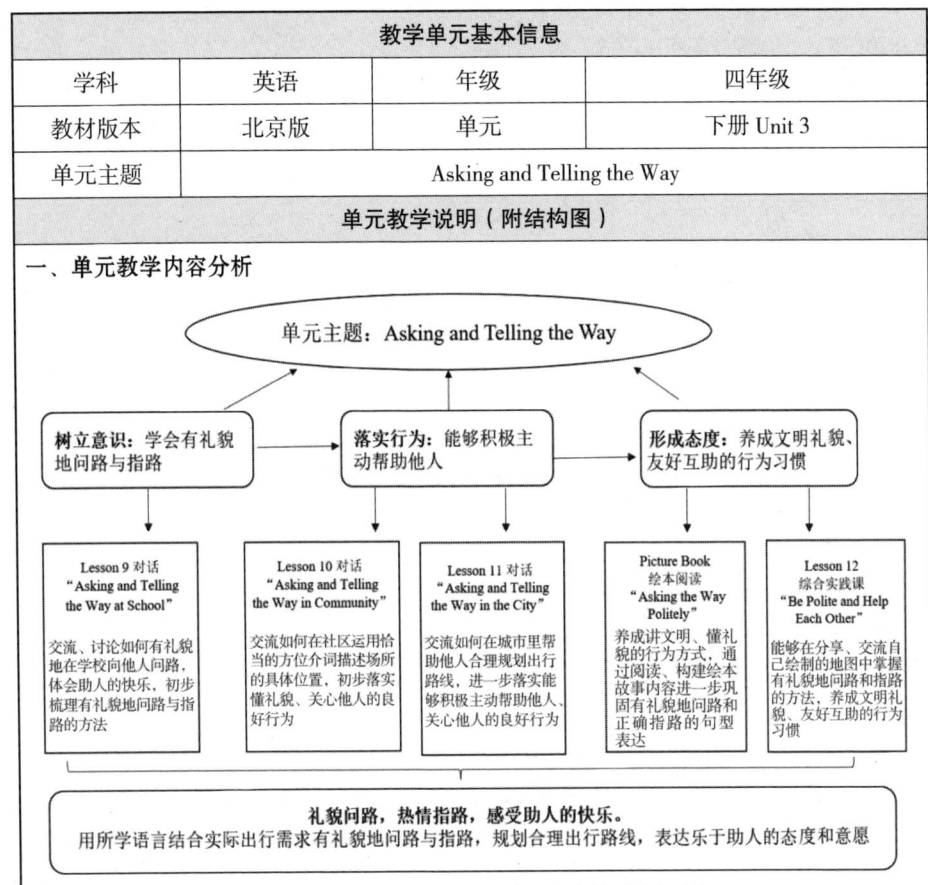

教学单元基本信息			
学科	英语	年级	四年级
教材版本	北京版	单元	下册 Unit 3
单元主题	Asking and Telling the Way		
单元教学说明（附结构图）			

一、单元教学内容分析

单元主题：Asking and Telling the Way

- **树立意识**：学会有礼貌地问路与指路
- **落实行为**：能够积极主动帮助他人
- **形成态度**：养成文明礼貌、友好互助的行为习惯

Lesson 9 对话 "Asking and Telling the Way at School"	Lesson 10 对话 "Asking and Telling the Way in Community"	Lesson 11 对话 "Asking and Telling the Way in the City"	Picture Book 绘本阅读 "Asking the Way Politely"	Lesson 12 综合实践课 "Be Polite and Help Each Other"
交流、讨论如何有礼貌地在学校向他人问路，体会助人的快乐，初步梳理有礼貌地问路与指路的方法	交流如何在社区运用恰当的方位介词描述场所的具体位置，初步落实懂礼貌、关心他人的良好行为	交流如何在城市里帮助他人合理规划出行路线，进一步落实能够积极主动帮助他人、关心他人的良好行为	养成讲文明、懂礼貌的行为方式，通过阅读、构建绘本故事内容进一步巩固有礼貌地问路和正确指路的句型表达	能够在分享、交流自己绘制的地图中掌握有礼貌地问路和指路的方法，养成文明礼貌、友好互助的行为习惯

礼貌问路，热情指路，感受助人的快乐。
用所学语言结合实际出行需求有礼貌地问路与指路，规划合理出行路线，表达乐于助人的态度和意愿

Asking and Telling the Way 单元主题内容框架图

二、单元教学目标

（1）在"我校新来的转校生在校园内迷路，寻求帮助"的语境中，创编问路和指路对话。
（2）能够依托城镇情境，在小组合作中模拟体验问路和指路。
（3）能够依托城市小志愿者服务站情境，在小组合作中模拟体验问路和指路的话题语言，逐步养成乐于助人的优秀品质。
（4）依托绘本故事情境，表演绘本故事。
（5）分享和交流自己在实际生活中问路和指路的经历，养成文明礼貌、友好互助的行为习惯。

续表

第3课时教学设计
课时教学内容分析

What：语篇内容是一位驾车的女士想去加油，但不知道加油站在哪里，Guoguo 和她的爸爸告诉了这位女士行车的路线。
  How：该对话是比较典型的学生日常生活对话，涉及问路与指路需要的场所类词汇、指路词汇、交流问路与指路的核心语言。
  Why：通过在丰富的语言环境中，体验问路与指路的情境用语，学生能够了解出行路线。通过小组合作互助学习，根据实际出行需求规划合理的出行路线，同时体会帮助他人的乐趣，逐步养成乐于助人的优秀品质。

学生分析
一、语言能力方面 四年级学生已经学过序数词，会运用常见的地点词汇，初步学习了方位介词 at、on、in、between 的用法。但对本单元新出现的建筑空间方位关系和介词的用法，还缺乏系统性认识。 二、认知背景方面 在数学课上，学生已经学过"上北下南，左西右东"的方向表达；在实际生活中，学生有过外出问路和指路的体验。但对于社区环境、方向辨识和路线描述能力还有待提高。 三、学习能力方面 四年级学生已经具备了一定的观察能力，能够描述熟悉地点的方向和位置关系；能够与同伴进行团队合作，高质量地完成学习任务，具有一定的探究能力。
课时教学目标
（1）在看、听、说的活动中，获取、梳理对话中女士驾车去加油站的路线，并能在补充语篇中获取、梳理通州区标志性建筑以及给对方指路的具体方法。（学习理解） （2）在教师的帮助下，分角色表演对话（程度较好的学生可以尝试转述、复述对话），体会帮助他人的乐趣，逐步养成乐于助人的优秀品质；并能够根据补充视频描述与阐释指路的步骤和核心语言。（应用实践） （3）能使用所给的北京环球度假区微地图，根据出行需要给导航配音，并能够依托北京环球度假区问询处的情境有礼貌地给他人指路，体验帮助他人的快乐。（迁移创新）
教学重难点
教学重点：获取、梳理对话中女士驾车去加油站的路线，并能在补充语篇中获取、梳理通州区标志性建筑以及给对方指路的具体方法。 **教学难点**：能够有逻辑、有礼貌地给他人指路。

续表

学习评价设计	
一、学习理解和应用实践活动完成情况评价	

课上评价主要为表现性评价，包括课上回答问题、小组合作表演对话。
评价工具：
（1）不同类型的地标性建筑贴纸。
（2）鼓励性评价量表。

I can say the words fluently	☆☆☆☆☆
I can use body language	☆☆☆☆☆
I am good at teamwork	☆☆☆☆☆

二、迁移创新活动完成情况评价

主要对能在所给情境中，根据出行需要给导航配音并能够有礼貌地给他人指路的情况进行评价。
评价工具：
（1）不同类型的地标性建筑贴纸。
（2）评价量表。

我的语言表达正确	☆☆☆☆☆
我的语言表达逻辑正确	☆☆☆☆☆
我的语言表达流利	☆☆☆☆☆
我的展示自信大方	☆☆☆☆☆
我能够与同学合作	☆☆☆☆☆

教学活动设计	

活动一：学生跟着视频合唱歌曲："Where is the restaurant?"
（1）出示视频。
（2）学生合唱。

活动二：学生根据歌曲内容回答："Go straight and turn right. It's on your left."
（1）自己想。
（2）指名说，教师点拨。

【设计意图】通过演唱歌曲，激活学生已有知识，为新课学习做好铺垫。

【效果评价】教师观察学生能否参与互动和交流，主动分享个人从该歌曲中获取的信息，并根据需要调整提问方式，进行追问或鼓励。

活动三：学生观察主题图，并提问。
（1）The lady also wants to go to the restaurant.
（2）Why does the lady stop her car?

续表

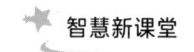

（3）What's wrong with the car?
（4）Where will the lady go?

【设计意图】学生观察主题图，根据问题预测对话内容。培养学生从图片中获取信息的能力。

【效果评价】教师观察学生能否参与互动和交流，主动分享个人对该主题已有的知识、经验，并根据需要调整提问方式，进行追问或给予鼓励。

活动四：The lady will go to the gas station.

学生在图片的帮助下，以图文结合的形式学习生词 gas station，并拼读、认读。

（1）出示图片，学生学习生词。
（2）学生拼读，认读。

【设计意图】学生在教师指导下发展拼读能力，积累并拓展词汇。

【效果评价】教师根据学生理解词汇、拼读单词和拓展词汇的情况，发现问题，及时提供帮助。

活动五：学生观看对话视频，在任务单上画出女士去往加油站的路线图，标注出加油站位置，并通过看听结合的方式，获取女士是如何确认去往加油站的路线的信息。

（1）出示对话视频，学生观看。
（2）学生画女士去往加油站的路线图。
（3）看听结合，获取女士正确去往加油站的路线。

【设计意图】培养学生通过听获取对话信息的能力。

【效果评价】教师观察学生完成的情况，根据学生表现给予指导和反馈。

活动六：学生听录音跟读对话，关注语音、语调、节奏、连读、重读等。学生分角色朗读对话，同学之间互相关注和纠正语音、语调、节奏、连读、重读等。

（1）听录音跟读，老师引导学生正确朗读。
（2）学生分角色对话，同学评价。

【设计意图】学生通过跟读和分角色朗读对话，进一步理解对话内容，内化语言，为语言输出奠定基础。

【效果评价】教师根据不同能力水平的学生朗读对话的情况，给予指导或鼓励。评价时采用学生成长性鼓励评价，分为朗读、表演、态度三方面评价。

活动七：学生在教师的指导下，就开车的女士、Guoguo 和 Guoguo 的爸爸的做法进行分析，对三位主人公的做法进行评价，体会对话语篇背后隐含的意义。

【设计意图】教师根据学生对问题的回应和反馈，引导学生进行讨论和正确评价。

【效果评价】教师观察学生能否对三位主人公的做法做出评价，根据学生回答给予指导或鼓励。

活动八：学生观看补充视频，关注通州区的标志性建筑，并借助图片和任务单挑选出通州区的标志性建筑，以图文结合的方式学习 fire station、restaurant、cinema、museum、supermarket 等场所类词汇。

【设计意图】引导学生在整合语篇的基础上，获取与梳理通州区标志性建筑信息，并在补充视频的基础上进一步获取与梳理指路的核心语言。

【效果评价】教师观察学生完成的情况，根据学生表现给予指导和反馈。

续表

活动九：学生在教师的指导下，依托北京环球度假区的情境，根据主人公 Sara 的出行需要给导航配音，并能够依托北京环球度假区问询处的情境，有礼貌地给他人指路，体验帮助他人的快乐。

【设计意图】学生在迁移的语境中，能创造性地运用所学语言给导航配音，并能够给他人指路，以及向全班进行展示。学生从课本走向现实生活，在完成任务的过程中，发展语言应用能力，初步形成对问路与指路的认识与理解。

【效果评价】教师观察学生能否借助本课时的语言支架完成角色扮演，介绍对话内容，根据学生的表现给予必要的提示和指导。评价时采用学生成长性鼓励评价，分为朗读、表演、态度三方面评价。

板书设计

Unit 3 Period 3 Asking and Telling the Way in the City
Where can I find a...?
Can you tell me the way?
Is it far?
Tell the route. Go down this street. /Please... and then...
Add the time or distance. It will take...minutes to...
Tell the place of the goal.

作业设计

作业目标	作业内容	评价内容和标准
（1）能够准确、流利地朗读 Lesson 11 对话。 （2）能够根据图片和描述写出地点类词语。 （3）能初步运用 "Can you tell me the way to...？" 向他人问路，并用 "Please... then..." 给他人指路。	（1）请你听课文对话录音，并跟读。 （2）同学们，这是一张通州区的微地图，这是 Mike 一天的旅游计划，Mike 想去以下这些地方。你能在地图上帮助 Mike 找一找、圈一圈吗？ （3）同学们，春暖花开的春天到了，你想不想周末进行北京一日游呢？自己设计一条出游路线吧。	我能按时完成作业。 ☆☆☆☆ 我的作业干净、整洁。 ☆☆☆☆ 我能用所学词汇和句型完成任务。 ☆☆☆☆ 我能用所学词汇和句型帮助主人公 Mike 指路。 ☆☆☆☆

挑战体能，趣体提质

赵金利

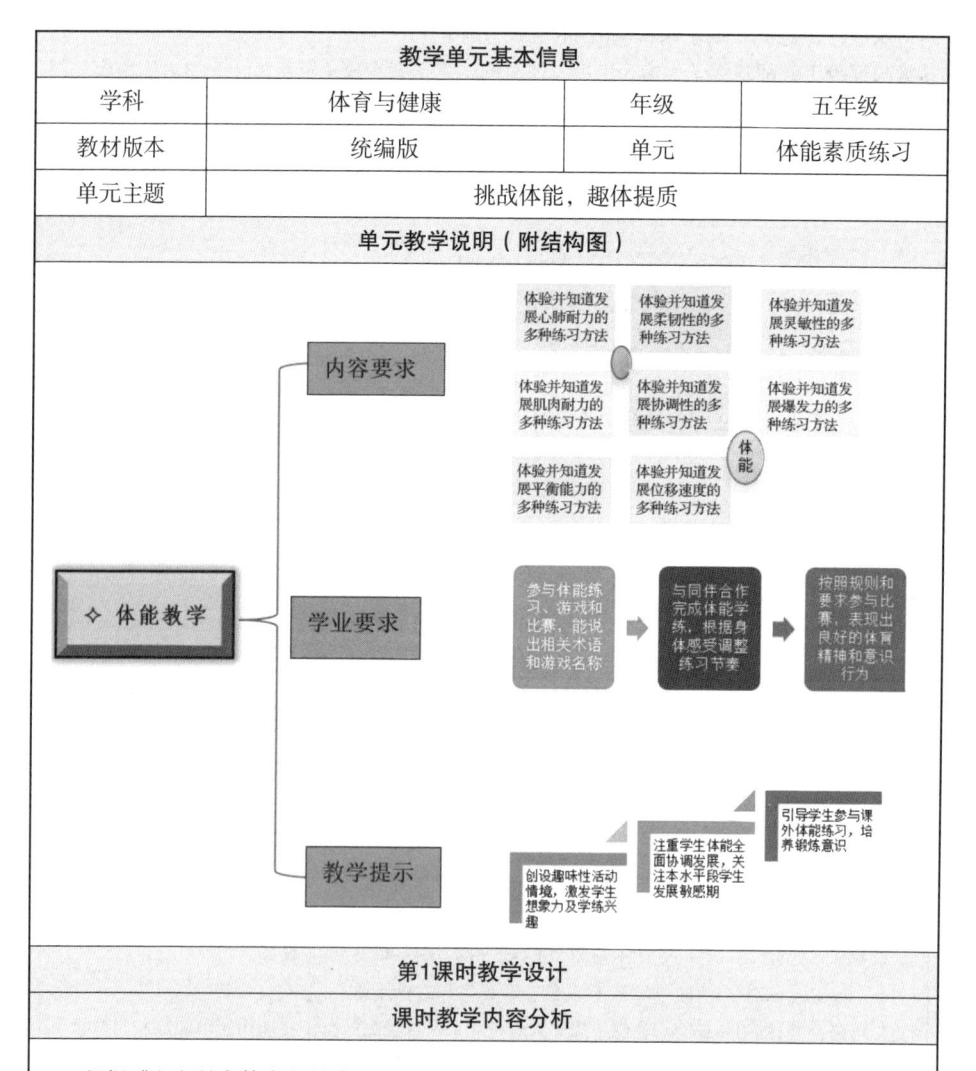

教学单元基本信息			
学科	体育与健康	年级	五年级
教材版本	统编版	单元	体能素质练习
单元主题	挑战体能，趣体提质		
单元教学说明（附结构图）			

体能教学
- 内容要求
  - 体验并知道发展心肺耐力的多种练习方法
  - 体验并知道发展柔韧性的多种练习方法
  - 体验并知道发展灵敏性的多种练习方法
  - 体验并知道发展肌肉耐力的多种练习方法
  - 体验并知道发展协调性的多种练习方法
  - 体验并知道发展爆发力的多种练习方法
  - 体验并知道发展平衡能力的多种练习方法
  - 体验并知道发展位移速度的多种练习方法
- 学业要求
  - 参与体能练习、游戏和比赛，能说出相关术语和游戏名称
  - 与同伴合作完成体能学练，根据身体感受调整练习节奏
  - 按照规则和要求参与比赛，表现出良好的体育精神和意志行为
- 教学提示
  - 创设趣味性活动情境，激发学生想象力及学练兴趣
  - 注重学生体能全面协调发展，关注本水平段学生发展敏感期
  - 引导学生参与课外体能练习，培养锻炼意识

第1课时教学设计

课时教学内容分析

根据《义务教育体育与健康课程标准（2022年版）》提出的达到水平三目标要求的体能学练内容要求、学业要求、教学提示，适应五年级学生的身心发展特点，本单元以锻炼体能的游戏和体验性练习为主，引导学生学会自主练习，体验和知道各项体能练习的方式方法，考虑到结构化教学和学练赛一体化的要求，依据运动技能发展的规律开展教学。

续表

学生分析
在发展五年级学生的体能上，以提高神经与肌肉协同能力，以及发展柔韧性、反应能力、协调性和平衡能力、心肺耐力与肌肉耐力为重点安排了相应的内容，运动负荷以中低强度为主。在练习、游戏和比赛中注重创设趣味性较强的活动情境，将练习的重点和难点融入情境中，活动内容简便易行，并具有多样性、综合性和拓展性的特点。

课时教学目标

运动能力：知道发展反应能力和灵敏性、心肺耐力与肌肉耐力、柔韧性等练习的特点和锻炼价值，初步掌握相应的练习方法，初步建立正确的动作模式。

健康行为：能够养成锻炼的习惯，在课后能进行自主练习；能运用正确的练习方法发展身体素质，增强对体能学练的兴趣和信心；能正确应对挫折和失败，能与同伴主动沟通、团结协作，具有集体荣誉感。

体育品德：遵守规则，尊重同伴、对手与裁判，具有良好的规则意识和道德规范，在合作式的学练中，体验协作的乐趣，具有较强责任意识和集体荣誉感。

教学重难点

教学重点：身体协调，动作标准，体力分配合理。
教学难点：呼吸与跑步的节奏配合。

学习评价设计

评价维度	评价内容	评价主体			
		教师评价	学生自评	生生互评	家长评价
运动能力	1. 达到五年级《国家学生体质健康标准（2014年修订）》的合格水平	√			
	2. 积极投入体能的学练赛中，柔韧性、反应能力与灵敏度、协调性与平衡能力、心肺耐力与肌肉耐力等发展均衡	√	√		
	3. 知道多种锻炼体能的学练内容，能够针对不同的体能说出3种锻炼的方式及运动术语	√	√	√	
	4. 乐于参与体育教师创设的游戏、比赛的情境，灵活运用所学技能，表现出在不同游戏情境中快速决策和运用体能的能力	√			

续表

评价维度	评价内容	评价主体			
		教师评价	学生自评	生生互评	家长评价
健康行为	1. 能做到体育课出勤率达到 90% 以上	√			
	2. 乐于参与体能的学练过程,能够积极主动地与同学、教师或家长分享运动前后自己的感受	√		√	√
	3. 认真做好准备活动和放松活动,在运动过程中能够主动识别安全风险,与他人保持安全距离,具备良好的安全运动意识	√	√	√	√
	4. 在他人的帮助下,尽快调整好自己的情绪并参与到运动中	√		√	√
	5. 能做到每周进行 3 次及以上的课外体育锻炼,主动邀约同伴或家长一同锻炼	√			√
体育品德	在集体游戏或比赛环节中,能够做到失败时不相互埋怨、不指责他人,而是相互鼓励、相互加油,表现出良好的团队精神	√	√	√	√

教学活动设计

一、开始部分

教师提出本课的学练目标,并提出课上要求。学生在教师口令下进行队列练习。

【教学意图】通过亮标,让学生了解本课努力的方向,通过队列练习和养成教育,培养学生的课堂常规意识。

二、准备部分

五组学生纵向面对标志桶后,教师讲解热身练习方法,学生跟着音乐在规定区域内进行循环跑练习,并跟随教师口令做神经激活拉伸动作。

【教学意图】借助动感音乐充分活动身体;通过趣味拉伸动作引入学练内容,激发学生的兴趣和积极性。

三、基本部分

第一关挑战:一起来跑步

学生分成五组面对标志桶站好后,跟随教师进行尝试性练习,再听音乐进行折返跑练习,听不同提示口令并及时变换相应的练习动作,循环练习。

【教学意图】通过音乐、提示口令、教师要求,使学生做出快速反应并执行,在挑战游戏任务的同时将时间延长,做动作的次数增加,不断激发学生兴趣,让学生通过挑战自我,培养坚持到底的体育精神。

续表

第二关挑战：一起来跳跃

学生分成五组面对标志桶站好后，将每组学生手中所持有的辅助器械作为道具，合作创造出属于小组练习的场景，在规定的一分半钟时间内完成跳跃练习多次挑战后，休息30秒；小组互相交换场地，再继续练习，时间为一分半钟。

【教学意图】通过跳跃的游戏让学生运用辅助器材进行场景拼凑，既可以锻炼学生的交流能力，也能锻炼学生的动手能力，以趣促练。通过教师突然发出的口令和哨声的指令，将学生吸引到课堂情境中，始终贯穿积极性于游戏练习中。

第三关挑战：大比拼

组长带领组员进行场地的布置，在组中选择四人持弹力带，到达每组所选位置进行难度升级挑战，配合场地器材，前面两人运用跪撑姿势抻拉弹力带，学生依次从弹力带下翻滚前进后，另外两名学生运用马步蹲姿势抻拉弹力带，学生依次从弹力带下爬行，再进行其他跑、跳的挑战，返回后及时与组员交换位置，每组一起进行游戏、比赛，在规定时间内进行比赛1—2次后休息。

【教学意图】通过比赛情境引入，培养学生奋勇拼搏、挑战自己的品质，增设不同难度的挑战，小组间互相合作。

四、结束部分

教师带领学生进行放松拉伸，教师引导学生进行小结，布置课后作业。

【教学意图】肢体舒展，充分放松，提高体能，养成锻炼习惯。

	作业设计	
作业	体能练习	亲子游戏类（二选一）
周一循环训练	（1）10个高抬腿+折返跑：距离自定，做3组，组间间歇1分钟。 （2）深蹲跳：20个×3组，组间间歇1分钟。 （3）波比推举：15个×2组，组间间歇2分钟	（1）钻山洞：一人俯撑为山洞，另一人为钻山洞的人，两人交替，比一比1分钟内各能做多少次钻山洞。 要求：5—8分钟，可多人参与。 （2）你追我跑：两人或三人进行追逐跑游戏。 要求：5—8分钟
周二自重训练	无绳和有绳练习： （1）直臂支撑收腹跳：20个×3组，组间间歇1分钟。 （2）单膝跪姿俯卧撑：20个×3组，组间间歇1分钟	接力跑：两人一组，以同样方式跑步，跑向对面取回一个纸杯后快速跑回与另一人接力，循环进行。 要求：8—10分钟，可多人参与

续表

作业	体能练习	亲子游戏类（二选一）
周三高强度训练	无器械练习： （1）走步式立卧撑：10个×3组，组间间歇1分钟。 （2）抱头蹲+侧抬腿：30个×3组（左右腿交替），组间间歇1分钟。 （3）静态"V"字：30秒×3组，组间间歇1分钟	投掷比远：两人相互投掷适合的器材，进行比远。 要求：10—20分钟，可多人参与
周四波比跳训练	田径场或室外： （1）第1分钟：2个波比跳。 （2）第2分钟：4个波比跳。 （3）第3分钟：6个波比跳。 （4）第4分钟：8个波比跳	平板支撑交替击掌：与家长头对头进行平板支撑，交替双人击掌。 要求：可屈腿，尽量控制身体核心稳定，每次30—40秒，3—5组
周五下肢力量训练	弹力带或跳绳： （1）直臂仰撑交替摸肩：20个×3组，组间间歇1分钟。 （2）持绳子进行弓箭步蹲起：20个×3组（换腿），组间间歇1分钟。 （3）高抬腿：50个×3组，组间间歇1分钟。 （4）跳绳：1分钟×3组，组间间歇2分钟	（1）跳绳比赛：两人在规定时间内进行跳绳比拼。 要求：1分钟计时×4组。 （2）波比跳挑战：两人在规定时间内进行波比跳比拼。 要求：40秒计时×4组
周六核心训练	静态平板：40秒×3组，组间间歇1分钟。 腹撑提膝：40秒×3组（左右腿交替）。 仰卧卷腹：20个×3组，组间间歇1分钟。 鸟狗式：30秒×2组，组间间歇1分钟	爬行比拼：两人以跪撑爬行方式相互追逐，抓到对方后交换角色。 要求：10—20分钟
周日放松拉伸	猫伸展式、顶峰式、眼镜蛇式、骑马式、前屈式	静蹲：两人靠墙静蹲练习。 要求：1分钟

跳跃马里奥

石睿

教学单元基本信息			
学科	信息科技	年级	五年级
教材版本	北京版	单元	上册第三单元
单元主题		程序设计小能手	

单元教学说明

程序设计小能手

三大任务

任务一：了解编程知识　　　任务二：熟练运用编程工具　　　任务三：熟练掌握编程过程

程序结构　　　　　变量的应用　角色的应用　背景的应用　模块库　　　设计算法　编制程序　调试优化

认识和了解：顺序结构、选择结构、循环结构

第14课 认识编程工具、第15课 开始编程程序

第16课 制作简单动画、第17课 传递角色信息

第18课 选择程序结构、第19课 灵活控制角色、第20课 优化程序结构

第21课时教学设计

课时教学内容分析

综合利用 Scratch 前期知识，能独立制作出马里奥跳跃蘑菇障碍的游戏效果。

学生分析

小学高年级学生正逐步从形象思维过渡到抽象思维，能领会一些简单的逻辑关系，对规律、模式的归纳总结能力有所提升。学生学习兴趣浓厚，渴望用编程把想象的场景具象化；开始热衷于竞技、挑战，对有难度的编程任务跃跃欲试。

编程基础：已有一定的 Scratch 学习基础，熟悉常见的积木功能，初步制作过简单动画、小游戏。

学习困难：自主解决问题能力尚缺，程序出错时，大多只会重复尝试，不懂科学排查故障；创意想法多，但转化成严谨的编程方案时，规划和组织能力跟不上。

续表

在 Scratch 中，学生已经认识了一些常用的基本命令。会用移动、转向、切换造型、重复执行、条件判断、随机选数等基本命令，并能创作简单作品。

学生差异：Scratch 中的知识从简到难，连贯性较强，学生在以往学习中对知识的理解和掌握情况差异较大，造成了学生水平参差不齐。这就要求在实践课中教师设计游戏要分层设计，让不同阶段的学生都能完成相应的任务，从而让学生获得设计游戏的成就感。

课时教学目标

（1）熟练掌握利用方向键或字母键控制角色在 X 轴和 Y 轴的正、负向运动。
（2）熟练掌握条件判断语句的应用。
（3）熟练且灵活地利用重复执行循环语句来实现马里奥的跳跃动作。

教学重难点

教学重点：能够利用流程图、思维导图或者自然语言清晰地表达出程序的逻辑；利用重复执行（　　）次的循环语句实现马里奥的跳跃动作；克隆的熟练应用。

教学难点：
（1）能体会到"重复执行"模块与"重复执行（　　）次"的区别，并能成功应用到游戏设计中。
（2）克隆"三步走"的熟练应用。

学习评价设计

学生展示（自评和他评）：
【任务1】在学生绘制的过程中选择一名学生上台摆放混乱的图形，组成马里奥移动和碰到蘑菇两组动作的流程图，并让其为大家讲述为什么这么摆放。
【任务2】学生边展示边讲解，并进行他评。比如"你觉得他的脚本哪里设计得好？""跟你的有什么不一样之处？"
利用问卷星进行全体学生本堂课重难点掌握情况的调查，充分了解学生对本堂课内容的可接受程度以及差异化程度。

教学活动设计

一、课堂导入，激趣揭题

师：同学们知道这个卡通人物吗？
生：马里奥！
师：那你们想不想试玩一下超级马里奥小游戏呢？
生：想！
师：那我们随机抽取两名同学上台试玩一下，玩过之后要和大家分享、交流整个游戏你是怎么操控的，马里奥碰到各个角色又会有什么效果。
【教学意图】吸引学生注意力，活跃课堂气氛，激发学生学习兴趣。

二、课堂讲授，独立制作

游戏内容：马里奥在吃金币的过程中困难重重，需要突破重围。
如果碰到金币，那么分数+1。
如果碰到小蘑菇，那么说"噢哦"，游戏结束。

【任务一】依据刚才的观察，利用流程图、思维导图或文字描绘出马里奥碰到蘑菇的关键环节。

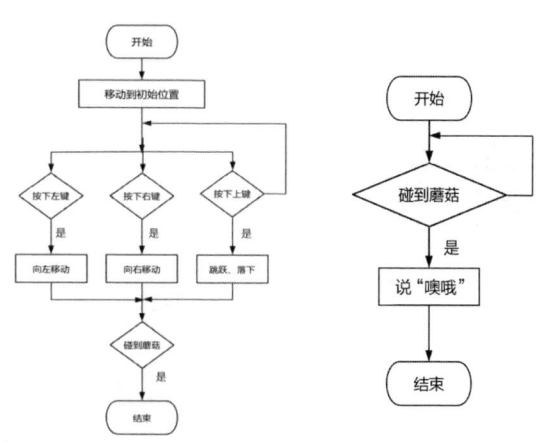

学生上台展示。

师：同学们绘制的都非常好，下面看一看老师的流程图，并且在右侧的积木块中找到关键的积木块。

学生上台贴积木块。

【教学意图】梳理思路，逻辑清晰，能在头脑中有大体的游戏设计框架。学生将 Scratch 中的积木块对应到流程图中，建立二者在编程语言当中的逻辑联系，并且为后续在 Scratch 中编写脚本做提示。

师：看来同学们对马里奥角色的关键环节已经了然于心，想必已经迫不及待、跃跃欲试了，那么接下来请一名同学为我们读一下任务二是什么。

【任务二】
（1）上传背景和马里奥角色，根据绘制的流程图和黑板上的关键积木块尝试让马里奥左右移动起来。
（2）分析马里奥跳跃和落下的动作，对以下四组积木块进行选择，并对你选中的积木块组进行实操验证。

续表

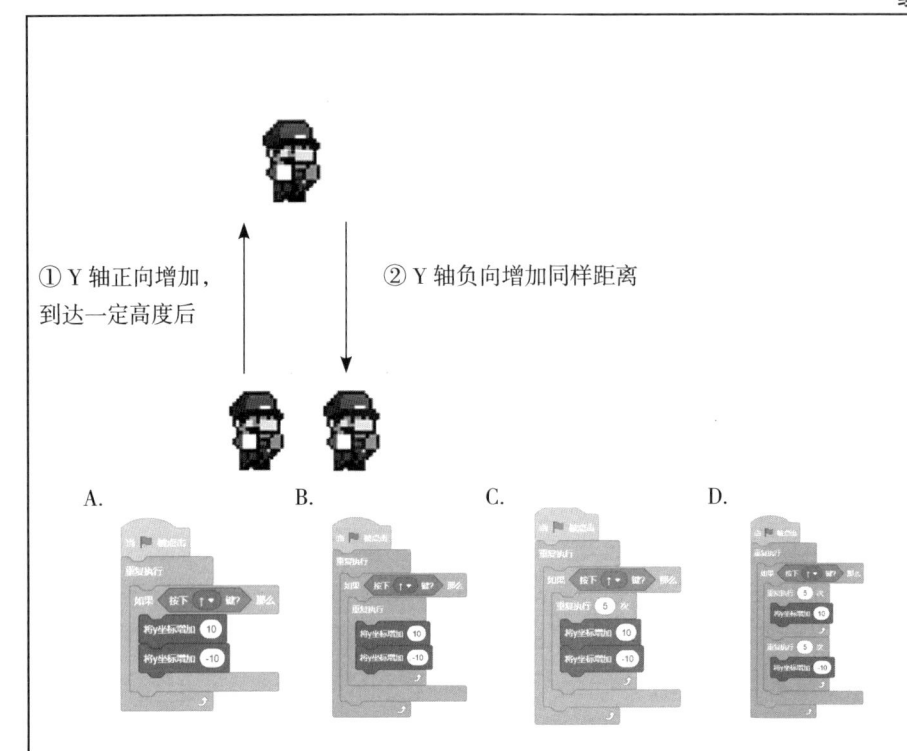

① Y 轴正向增加，到达一定高度后

② Y 轴负向增加同样距离

A.   B.   C.   D.

进行举手表决：哪一组积木块成功实现了马里奥的跳跃，并说一说成功原因。

小结："重复执行"指令是无限循环，直到停止所有脚本、游戏结束，后面不可连接其他积木块。"重复执行（ ）次"指令是有限循环，只循环指定次数，可以继续连接其他积木块，执行接下来的指令。

思考与探究：那我们只能重复执行 5 次吗？重复执行 10 次又会怎么样呢？

学生展示。

【教学意图】清楚马里奥跳跃、落下的动作路径，依据分析的动作路径对四组积木块进行选择验证。

【拓展任务三】

利用克隆的方法设置蘑菇障碍。（此任务为较难高阶任务，分层完成，有能力的学生作为拓展任务完成，完成大部分即可）（5—10 mins）

"三步走"方法（可以参考教师程序模仿完成）：

（1）什么时候开始克隆？

（预设）生：当游戏开始时。

（2）克隆体从什么位置开始运动？

（预设）生：从靠近舞台右侧的地方开始向左移动。

续表

（3）什么时候删除克隆体？
（预设）生：碰到舞台边缘的时候。（学生展示游戏作品）
【教学意图】引导学生体会到"重复执行"模块与"重复执行（　）次"的区别，并能成功应用到游戏设计中。
三、总结与评价
通过填写问卷星完成。

板书设计
跳跃马里奥

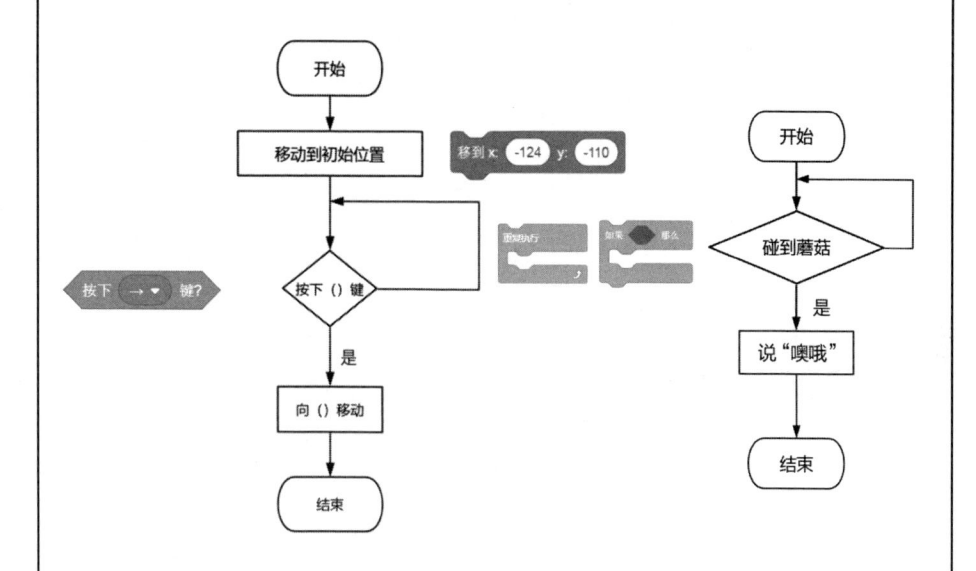

作业设计
（1）继续完善作品，在适当位置加入游戏音效。 （2）按照设置蘑菇障碍的方法尝试添加金币，实现马里奥跳跃吃金币的游戏效果。

光的反射

段然

教学单元基本信息			
学科	科学	年级	五年级
教材版本	湘教版	单元	下册第三单元
单元主题	光		
单元教学说明（附结构图）			

　　人的视觉观察离不开光，本单元从人的观察视角出发，按照"光的产生（光源）→光的传播（遇到不同介质：空气、平面镜、棱镜）→光的接收（视觉）"三个环节，依次布设了5课，共9个探究活动、1个制作活动、1个拓展活动。

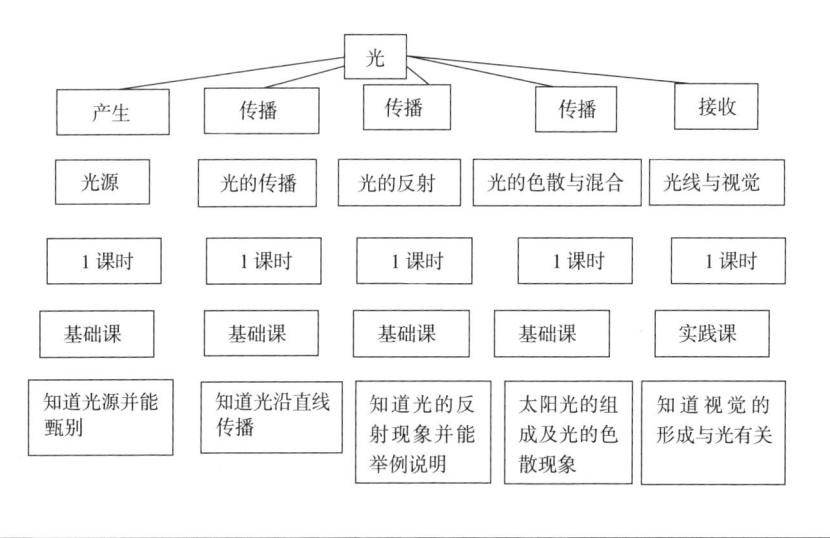

```
                        光
        ┌──────┬──────┼──────┬──────┐
       产生   传播   传播   传播   接收
        │      │      │      │      │
       光源  光的传播 光的反射 光的色散与混合 光线与视觉
        │      │      │      │      │
       1课时  1课时  1课时  1课时  1课时
        │      │      │      │      │
       基础课  基础课  基础课  基础课  实践课
        │      │      │      │      │
     知道光源  知道光沿  知道光的  太阳光的  知道视觉的
     并能甄别  直线传播  反射现象  组成及光的 形成与光有关
                      并能举例说明 色散现象
```

第3课时教学设计
课时教学内容分析

　　对"光的反射"一课，重点在构建基础概念与直观认知。从概念层面，学生要理解光在遇到物体时会改变传播方向，这是光的反射的基本含义。例如通过日常现象，如镜子里的像、月光的形成等，帮助学生初步感知反射现象。

　　在光的传播路径方面，借助简单实验，如用激光笔照射镜子、观察光线的改变方向，使学生清晰地看到光的反射过程中传播路径的变化。让学生用自己的语言描述光线如何从光源出发，遇到反射面后又如何折返。

续表

关于应用,主要是联系生活实际,引导学生在这些常见的生活场景中,阐述光从光源到反射面再到被我们感知的传播路径,从而加深对光的反射概念的理解,培养学生观察生活、用科学知识解释日常现象的意识和能力,为后续更深入的光学学习奠定初步基础。

学生分析
五年级学生正处于从具体形象思维逐步向抽象逻辑思维过渡的关键时期。他们对周围世界充满好奇心和求知欲,在日常生活中已对光的一些现象有了初步感知,例如镜子能反射影像、月光是反射太阳光等,但这些认知较为零散、表面。从学习能力来看,五年级学生具备一定的观察能力和动手操作能力,能够在教师引导下进行简单的实验探究。

课时教学目标
科学知识: (1)知道光的反射的定义,能举例说明光的反射现象。 (2)知道光返回空气中后,仍沿直线传播,能对反射光线的传播路径进行说明。 **科学探究:** (1)根据生活经验,能想办法完成"在光源不直接照射的情况下照亮遮挡物另一侧的木块"的游戏任务,从中获得有关光反射的概念并体验光反射规律;培养学生根据反射规律进行演绎和推理操作的预测能力。 (2)根据反射规律,能解释、列举光反射的事例,能应用光反射原理制作潜望镜。 **科学态度:** 通过参加反光游戏及制作潜望镜等科学活动,理解科学规律是客观存在的,可以指导我们的生产、生活活动;培养学生尊重科学、按科学规律做事的科学态度。

教学重难点
教学重点:知道光的反射现象,能举例(单次反射、多次反射);对反射光的传播路径进行说明(标清箭头方向)。 **教学难点:** (1)根据生活经验,能想办法完成"在光源不直接照射的情况下照亮词典另一侧的笔"的游戏任务,从中获得有关光反射的概念并体验光反射规律。 (2)根据反射规律,能解释、列举光反射的事例,能应用光反射原理制作潜望镜。

学习评价设计

☆	☆☆	☆☆☆
知道光的反射的定义;能够理解课上教师讲的光的反射的原理	理解光的反射的定义;能够举出光的反射的应用并画出光的传播路径图,标注清楚方向	熟练掌握光的反射的定义;能够举出光的反射的应用并画出光的传播路径图,并清晰地表达出来

我给自己评＿＿＿＿＿＿＿＿＿

续表

教学活动设计

一、课前预学

预学单：在前两个单元，我们学习了显微镜的使用方法，多次调试平面镜之后，我们从显微镜目镜才能看到比较明亮、清晰的画面，那么光到底是如何传播的呢？平面镜的作用又是什么呢？请你尝试画出光的传播路径。

（假设太阳的位置是光源）

收集预学单，进行分类、归集、整理，总结出学生画出的几种光的传播路径图。请学生说说为什么这么预测。那么光的传播路线究竟是否跟同学们想的一样呢？带着这个疑问一起学习今天的课程——光的反射。

【教学意图】联系第一单元"探究生物体的基本结构"第1课时"神奇的显微镜"的学习内容并加以延展。在先前关于显微镜的学习中，虽提及平面镜可提升目镜视野亮度，然而未深入阐释其背后是光的反射原理在起作用，以及光的具体传播路径究竟如何。借此机会对旧知识提出新疑问，巧妙地与之前所学内容构建衔接，达成承上启下之效，为本次课程的课后延伸环节筑牢根基，使知识体系更为连贯、完整，促进学生对相关知识的深入理解与融会贯通。

二、课上深学

师：我们上节课已经学习过，光是沿直线传播的（打开激光笔，照射到小木块上），光通过什么物质照射到小木块上——空气。

师：现在在激光笔和小木块中间放了一个阻挡物，想用激光笔再次照射到小木块，需要怎么做？

续表

反光游戏1：光遇到镜子是如何传播的

实验材料：激光笔、遮挡板、小木块、一面镜子。

实验要求：

（1）激光笔、遮挡物、小木块处于同一直线上。

（2）只能在桌面上水平转动激光笔。

（3）先尝试照射，成功照亮小木块之后，在学习单上将激光笔和镜子的位置画出来，并且将光的传播路径图画出来，标注好方向。（强调使用激光笔注意事项）

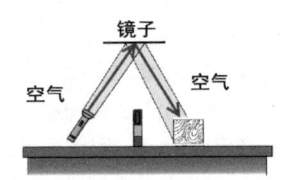

请两个小组上来展示并说一说光的传播路径。

【教学意图】借助精心设计的实验活动，使学生切实观察到并理解光在遭遇镜子时，其传播方向将会发生改变。在学生充分掌握单次反射原理与现象的基础上，巧妙地将知识体系由单次反射逐步拓展延伸至多次反射领域。

反光游戏2：光遇到镜子是如何传播的

实验材料：激光笔、遮挡板、小木块、两面镜子。

实验要求：

（1）激光笔、遮挡物、小木块处于同一直线上。

（2）只能在桌面上水平转动激光笔。

（3）利用两面镜子照射小木块，先画出激光笔和镜子的位置，再进行验证。画出光的传播路径图，标注好方向。

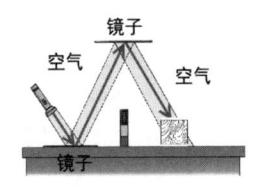

请两个小组上来展示并说一说光的传播路径。

【教学意图】在反光游戏1中，着重引导学生先进行实际尝试操作，随后再依据操作过程绘制光路图。基于此，当学生已经牢固树立"光遇到镜子方向会发生改变"这一重要基础认知后，反光游戏2则进一步提升要求，让学生先独立自主地设计实验方案，而后再按照所设计的方案付诸实践。如此安排，旨在循序渐进地培养学生运用已有知识进行创新性实验设计并实施的综合能力，助力其科学思维与实践技能协同发展。

续表

小结：选取其中两组方法，请学生找出相同点，从中找到光的反射的定义——光在两种物质的分界面上改变方向又返回原来物质的现象，叫作光的反射。

【教学意图】设计两次实验，引导学生探寻其中的共性。把光的反射定义进行拆解，依据实验所呈现的现象，逐步引导学生去归纳总结，让学生在这一过程中形成循序渐进的认知，从而更顺利地接受光的反射的定义。

思考：两种物质中必须有一种物质是镜面吗？

通过我们是如何看到皎洁的月亮引出——镜面并不是反射的必要条件，光的反射无处不在。

【教学意图】打破学生"反射必有镜"这一固有思维定式，巧妙结合此前所学的"月亮是如何发光的"相关知识展开深入探讨。月亮本身并非光源，其能被我们所见是源于它对太阳光的反射，而月亮表面实则布满了环形山等，极为粗糙，并非如镜面般光滑平整。由此引导学生类比思考，像墙壁、桌面等日常物体，虽无镜面特质，但同样能够反射光线，使我们可以看见它们。进而得出结论：镜面并非光反射的必要条件，实际上，光的反射在我们的生活环境中无处不在。

光反射的应用1：照镜子

我们是如何看到镜中的自己的？将光的传播路径画在图中，标注好箭头。

【教学意图】从生活里光的反射的常见应用切入，更利于学生理解相关知识。以照镜子这一简单的单次反射现象作为引导，能够帮助学生逐步深入，进一步依据潜望镜的观测原理与要求，自行设计并制作出简易潜望镜，成功实现多次反射的实践操作，有效提升学生对光的反射复杂应用的认知与实践能力。

光反射的应用2：设计潜望镜

设计潜望镜的内部结构并说出光的传播路径。

活动要求：设计潜望镜，将光的传播路径图画出来，标注好方向。（尽可能少地使用镜子）

【教学意图】在此环节中，并不为学生设定具体的镜子数量，以此给予他们充分的思考空间。从基础的镜面单次反射开始探索，逐步延伸至复杂的镜面多次反射，这样的教学安排形成了一个逐步递进、能力逐步提高的良好效果，有助于学生深入理解光反射的多元应用，培养其深度思考与自主探索的科学素养。

续表

三、预学单预测验证
经过本节课的学习，让学生重新画出显微镜中光的传播路径。

【教学意图】以课前完成的预学单作为基础，借助本节课的深入学习，将其与课前的预测内容进行细致的对比分析，并及时予以更正。在实际操作中发现，很多学生在光线绘制方面虽无差错，然而却存在未标注或者箭头标注方向错误的问题。而学生能否精准地完成这些更正，本身就是学习成果评价体系中的一项重要表现指标，它能够直观地反映出学生对知识的掌握程度与内化水平。

板书设计

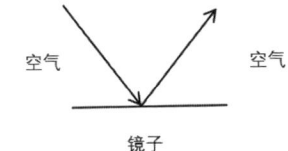

光在两种物质的分界面上改变方向又返回原来物质的现象，叫作光的反射。

作业设计

问题：为什么使用显微镜，凹面镜会比平面镜反射的光更亮吗？尝试画出在凹面镜中光的传播路径图。

作息有规律

石佳

教学单元基本信息

学科	道德与法治	年级	一年级
教材版本	统编版	单元	上册第三单元
单元主题		养成良好习惯	

续表

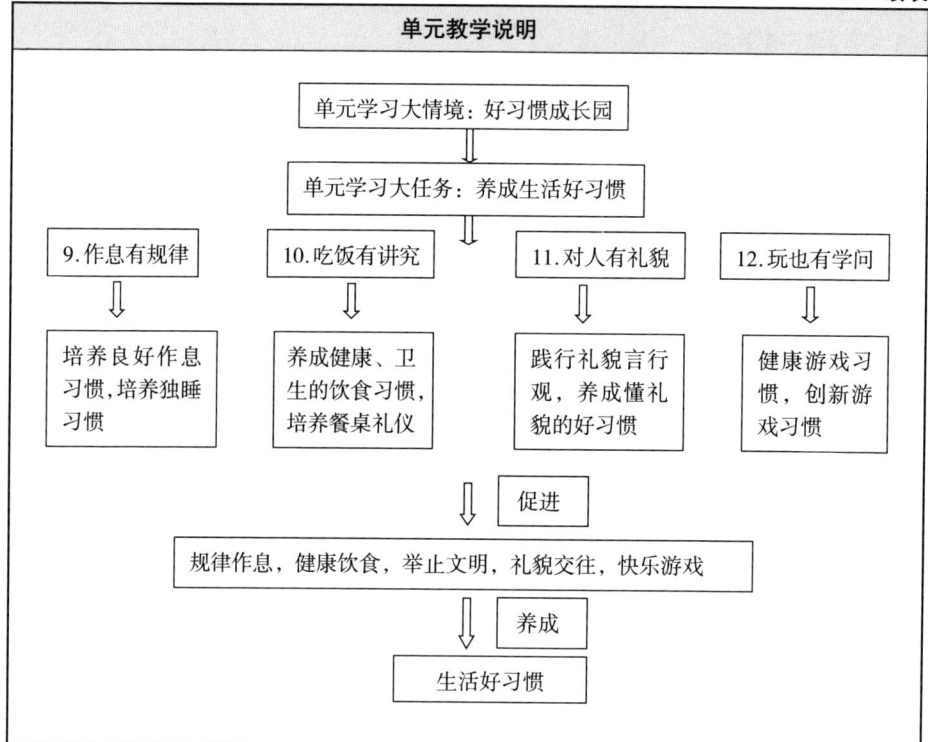

单元教学说明

```
单元学习大情境：好习惯成长园
            ↓
单元学习大任务：养成生活好习惯
```

9.作息有规律	10.吃饭有讲究	11.对人有礼貌	12.玩也有学问
↓	↓	↓	↓
培养良好作息习惯，培养独睡习惯	养成健康、卫生的饮食习惯，培养餐桌礼仪	践行礼貌言行观，养成懂礼貌的好习惯	健康游戏习惯，创新游戏习惯

↓ 促进

规律作息，健康饮食，举止文明，礼貌交往，快乐游戏

↓ 养成

生活好习惯

第1课时教学设计

课时教学内容分析

第9课"作息有规律"关注学生的作息习惯。第一板块"早睡早起好"通过主持人话中留白，展现讨论场景，提示学生描述自己每天都是怎样作息的、为什么会这样作息，引导学生回顾、反思自己的日常作息习惯，分析晚睡的原因，并通过呈现没早睡带来的后果，帮助学生从正反两方面理解早睡的好处，从而筑牢学生对有规律作息的科学认知，进而学会科学、合理地安排作息时间。

学生分析

一年级的小学生正值身心快速发展期，有规律的作息、充足的睡眠能增强他们的机体免疫力，满足他们日益旺盛的生长需求，保证他们有充沛的精力进行学与玩的各项活动。明确早睡早起精神好，并逐渐学会独立睡觉，是小学生适应有序集体生活的开始，也是他们最重要的行为习惯之一。

目前，小学生在生活作息上存在的主要问题如下：第一，对自己的时间和事情没有规划，没有时间观念；第二，不知道早睡早起身体好，晚上由着性子玩，早上不想起床。因此，需要让小学生有规律作息，确保他们有充足的睡眠时间，养成早睡早起的好习惯。

续表

课时教学目标
（1）通过交流分析、视频学习等活动，认识有规律作息的重要性，理解早睡早起是良好的生活习惯，睡眠不足会给身体带来影响和危害，培养自理自立的正确价值观。 （2）通过动手实践、交流探讨等活动，学会合理规划自己的作息时间，运用适合自己的方法做到早睡早起、生活有规律。

教学重难点
教学重点： （1）引导学生认识有规律作息的重要性，让学生意识到早睡早起对身体好、睡眠不足会给身体带来影响和危害。 （2）指导学生探索早睡早起的小妙招，养成科学的作息方式。 **教学难点：**指导学生学习管理自己的作息时间，努力坚持做到早睡早起。

学习评价设计

评价项目	评价内容	自主评价	同伴评价	教师评价
学习表现	完成睡眠时间计算单	☆☆☆	☆☆☆	☆☆☆
	在课堂上积极参与发言，分享晚睡的原因和后果	☆☆☆	☆☆☆	☆☆☆
素养发展	理解睡眠不足会给身体带来影响和危害	☆☆☆	☆☆☆	☆☆☆
	认识有规律作息的重要性，理解早睡早起是良好的生活习惯	☆☆☆	☆☆☆	☆☆☆

说明：满分是 3 颗星，请根据表现给相应星星涂色。

教学活动设计

一、导入新课——"猜一猜，交朋友"

（一）激趣揭题

师：同学们，老师今天给大家带来了一个好伙伴，请认真听一听它的声音，猜一猜它是谁。

预设：闹钟。

（二）引出主题

师：它就是小闹钟。从今天开始，让我们与它交朋友，它将帮助我们养成良好的作息习惯。我们带着它一起走进第9课"作息有规律"。（板书）

【设计意图】通过听歌猜物小游戏，吸引学生注意力，活跃课堂气氛，让学生知道与闹钟交朋友有利于良好作息习惯的养成，为接下来的学习做准备。

续表

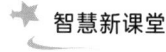

二、新课学习——"早睡早起好"

（一）环节一：作息回顾大发现

师：同学们，现在我们要完成一个睡觉时间回顾调查活动，请同学们前后4人为一小组，先回忆自己平时一般几点睡觉、几点起床，把数字填在书本第34页任务栏。然后利用大闹钟图，数一数自己睡了几个小时，再填进任务栏，不会数的可以请小组同学帮助或者请老师帮忙。

【想一想，说一说】教师组织学生说一说自己的作息情况。

师：同学们，谁来分享自己的睡觉情况？

预设：我一般晚上10点睡觉，早上7点起床，一天睡9个小时。没有睡午觉。

师：听了这么多同学的分享，你有什么发现呢？

预设1：我发现大家睡觉时间不一样。

预设2：我发现大家睡觉时间有些长、有些短。

师：同学们真是善于倾听、善于发现！老师也发现了同学们说的情况。那同学们想一想，我们小学生应该睡多少小时才够？

预设：我觉得9个小时就够了，我就是这样，感觉很精神。

播放医生讲述有关儿童睡眠知识的相关视频，明确小学生每天睡足的时间。

师：到底谁说的才是对的呢？我们来听听医生怎么说。（播放科普视频）

师：听了医生的讲解，你知道了什么？（采访活动）

预设：不同年龄的人所需要的睡眠时间是不一样的。

师：医生告诉我们，小学生每天应睡足10小时，这样才健康、有精神。

【设计意图】通过小组合作，数一数，填一填，让学生记录自己真实的生活，并在交流中发现大家睡觉时长不一样，从而思考小学生应该睡多长时间。最后带着问题出发，听医生现身说法，明确小学生每天应睡足10小时，早睡早起才是科学、健康的作息方式。

（二）环节二：晚睡原因大探索

【想一想，我发现】教师引导学生回顾刚才填写的作息情况调查表，想一想、说一说自己晚睡的原因。

师：同学们，刚才在分享自己睡眠时间时，大家发现了很多同学晚睡，你为什么那么晚才睡呢？谁来分享。

预设：我一看喜欢的书就停不下来，晚上9点半才睡觉。

师：爱看书是个好习惯，但是不能影响睡眠。老师发现很多同学有不良的生活习惯，导致晚睡。

【情境再现，我反思】教师展示学生晚睡的几种情境，引导学生反思自己是否有类似情况。

师：家里经常来客人，聊天到很晚，影响睡觉；爸爸经常加班到很晚，等待爸爸回来而晚睡；家里开店，影响休息；喜欢画画，停不下来导致晚睡；做事总是磨磨蹭蹭，洗漱完已经很晚了。

续表

【设计意图】本环节通过回顾说一说自己晚睡的原因，结合老师出示的情境图片，进一步反思自己的作息习惯，为什么会有这样的作息习惯，找出原因，明确接下来科学、合理地安排作息时间的方向。

（三）环节三：晚睡后果真严重

【绘本故事】展示小明"不早睡，很糟糕的一天"绘本故事。引导学生思考：晚睡给小明带来了哪些糟糕的经历？

预设1：小明早上起不来床，上学就要迟到了。

师：假如小明长期晚睡，没办法早起，还会发生什么事？

预设2：他就没法好好学习了，会错过很多上课内容。

师：这些可都是晚睡惹的祸，晚睡晚起实在是太糟糕了。

【分享经历，体会糟糕】教师引导学生分享自己晚睡的糟糕经历，感受晚睡带来的严重后果和危害。

师：同学们，你们有没有因为晚睡而导致比较糟糕的事情发生？

预设：有一次，我晚上睡得太迟了，第二天上课没精神，一直很想睡觉。

师：晚睡带来了很多烦恼，我们会变得没精神，生活也很糟糕。

【科普讲解，明确危害】教师播放医生讲解长期睡眠不足对生长发育造成的影响和危害的视频。

师：听了医生的讲解，你们知道了什么？

预设：睡得晚会影响我们的身高。

师：晚睡的危害实在是太大了，不仅会影响我们的日常生活、学习，还会影响我们的身体健康。

【设计意图】本环节通过绘本故事创设情境，引导学生探讨小明晚睡带来的后果，将问题切入学生的现实生活，学生结合自身经历畅所欲言，进一步思考晚睡造成的不良影响。

三、课堂总结——"早睡早起有精神"

师：同学们，今天我们回顾了自己的日常作息，反思了晚睡的原因，了解了晚睡的后果，我们一定要改正晚睡晚起的坏习惯，养成早睡早起的好习惯。

板书设计
第9课　作息有规律 晚睡晚起危害大　× 早睡早起有精神　√
作业设计
请同学们回家后在家长的帮助下学会调闹钟，并尝试早睡早起。

第二章 以大数据赋能为依托，构建智慧新课堂

总 述

王博

东方小学将教学分为课前、课中、课后三个环节，通过大数据平台收集和分析学生数据，实现精准施教。课前通过前测定位学习目标，课中利用教学工具实时调整教学策略，课后通过智能作业本进行个性化作业布置和靶向练习，形成学习闭环。同时，学校通过"三会一导加一群"形式提升教师的数据素养，以数据思维促进精准教学。

一、大数据助力课堂教学提质增效

随着"双减""双新"政策的稳步推进，构建精准高效、实现教学评一致性的课堂教学一直是我校所追求的目标。精准高效的课堂构建离不开数据的支撑，而数据的来源也离不开学生学习的全过程。于是我校以课堂为中心，对学生学习的过程进行了结构划分，分为课前预学、课中深学、课后延学三大环节，并在教学研究中引入"以评促学"教学理念，利用评价来促使教师教和学生学相互统一，从精细的评价中获取数据，实现精准施教。下页图是我校以评促学学习样态示意图。

```
学生
  ● 自主完成预学任务,          ● 明标:知晓学习目标。            ● 自主完成课后作业,      ● 针对课上内容的疑问       ● 主动预学新内容,形成
    进行自我评价,提出          ● 达标:围绕学习目标在教师引导下依次      进一步检验学习目标       或兴趣点自主延伸学习。      良好学习习惯。
    困惑。                    完成学习任务,进行深度学习。          达成情况。
                            ● 评标:通过自评、互评、师评等经历形
                              成性评价过程,逐步检验每个学习目标达成
                              情况。
                            ● 验标:对比学习总目标,进行本节课的
                              终结性评价,明确实际获得与问题。

        ┌─────────┐        ┌─────────┐                      ┌─────────┐
        │ 课前预学 │───────→│ 课中深学 │─────────────────────→│ 课后延学 │
        └─────────┘        └─────────┘                      └─────────┘

  ● 设计可评价的预学          ● 亮标:针对诊断性评价结果,明     ● 布置满足各层次学生需求的延     ● 为学生的拓展       ● 布
    任务(或前测单)。          确重点学习目标。                 学任务。                        学习搭建展示交流      置
  ● 分析学生预学作业,         ● 分标:根据目标,设计有层次的     ● 批阅作业,进一步诊断"目标达成     平台。              新
    进行诊断性评价。            活动任务。                     情况,根据作业评价结果进行个性化   ● 针对不同层次       课
                            ● 达标:引导学生依次完成学习任      辅导。                          的孩子提供个性化      的
                              务,逐步达成学习目标。          ● 反思课堂教学,做进一步改进。       辅导。              预
                            ● 验标:引导学生对照学习目标检                                                          学
                              验本课时目标达成情况。                                                               任
教师                                                                                                             务
                                                                                                                或
                                                                                                                组
                                                                                                                织
                                                                                                                前
                                                                                                                测。
```

课堂教学的三大环节都需要大量的学生数据支撑,需要教师花费大量的精力进行数据收集与整理分析工作。为了解决这一难题,我校选择与大数据公司进行深度合作,利用大数据软件帮助教师精准高效地收集、整理及分析数据,助力课堂教学实效性的有效提升。

二、大数据高度融合学生学习全过程

(一)大数据让师生做"明白人"

在课前预学阶段,教师可以在大数据题库中选择现有的或自己录入的题目进行组卷,打印出来后对学生进行前测。待学生完成后,教师可以利用数据扫描仪对前测试卷进行扫描,通过平台高效收集并分析数据,教师能够对学情实现精准把控,准确定位认知困难点,从而确定学习目标。在课堂教学中,为了让学生做学习上的"明白人",我校要求在前测出结果后,教师要"亮目标",使学生清楚这节课结束后,应该学到什么程度,引领学生带着目标去学习,在提升学生自主学习能力的同时也使课堂学习更具针对性。

（二）大数据使学习过程有迹可循

在课中深学阶段，教师如果想要在动态的学习过程中实现精准施教就需要时刻关注学生的反馈、表现，从中获取相关数据并且快速分析，以便实时调整自己的教学策略。而大数据平台中丰富的教学工具可以辅助教师实现精准施教。例如，同步投影功能可以实时抓拍学生作品，只要手机轻轻一拍，多媒体屏幕上便立即呈现，这一功能对学生起到了正向激励的作用，同时对教师合理利用学生作品生成教学资源也是大有裨益的。而且多媒体屏幕可以同时呈现多张照片，便于在反馈环节中引导学生进行对比、辨析，引领学生思维层层深入。平台的随机点名功能在增加学生学习趣味性的同时，还可以通过后台设计点名范围，实现精准提问；小组、个人加分功能在提高学生专注力的同时，还能通过按天看、按周看、按月看，对学生课堂上的表现进行动态跟踪。但在平台使用过程中，我们也发现了其不足之处，由于学生手中缺少交互设备，使平台不具备实时数据统计及反馈功能，后续我们也会继续和大数据公司进行沟通，力争加入这类实时交互功能，真正使学生的思维可视化。

在每节课临近结束时，为了验证学习目标达成度，我校教师都会设置评价任务进行验标，待学生完成任务后引导其进行自评和互评，并针对每一名学生的完成情况布置分层作业，力求布置个性化作业，实现分层教学。在该环节，我校教师也曾尝试在课上时间允许的情况下，将学生的评价任务做成大数据题卡，做完后即时录入并生成图表，使学习目标达成度一目了然。

（三）大数据助力个性化精准教学

在课后延学阶段，课后作业是精准教学中的重要一环。作业的布置应能为评价学生的达标情况提供数据支持，以便后续提供精准帮扶。而这之中，依托"优师端"提供的智能作业本，我们实现了作业优化，如下图所示。

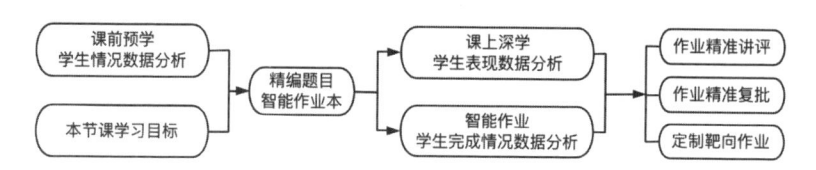

教师可以自编智能作业本中的题目，真正做到课后作业精准为学习服务。制作完成的智能作业本可以依据学生的答题情况进行数据搜集，使班级整体情况分析、学生个体情况分析一目了然，为后续实现精准讲评、复批、针对性指导提供了数据支持。不仅如此，定制靶向作业的功能也备受教师推崇，通过对学生作业的追踪，可以形成个性化错题本，平台会根据每一名学生的错题类型单独为其定制作业，其中有旧题也有变式题，利用组卷功能，便可在电脑上直接打印出来，打印出来的大数据题卡左上角就有这位学生的姓名。教师将作业交给课代表发到学生个人手里，便实现了个性化的精准巩固与复习。

（四）大数据使学习形成闭环

除了课堂教学，我校还依托大数据平台有针对性地进行单元知识整理与复习。随着学习的步步深入，大数据平台采集了越来越多的作业信息，在统计出学生个性化知识水平的同时，也统计出了班级的整体知识水平。当完成一个单元的作业后，平台会反馈对应班级在本单元不同题型及不同知识点上的优势和不足。结合这些针对性的数据分析，任课教师便可以在复习课中实现精准补漏，课后精准布置班级个性化靶向练习，促进教学评一致性的有效达成。

三、借助大数据提升教师数据素养

为了更好地利用大数据助力课堂教学实效性的提升，我校采用"三会一导加一群"的形式进行了大数据应用实践。三会即"培训会、反馈会、交流会"，引入专家资源，为教师数据素养的提升保驾护航；一导即年轻教师是年龄偏大教师的导师，形成大数据互助组；一群即"我校大数据交流群"，实现教学困境实时共研、教学经验实时互享。

不仅如此，我校在中国教育技术协会申请了"十四五"规划课题"移动网络与大数据融合背景下小学课堂教学模式的研究"，借助课题研究引领教师深入实践，促进课堂变革；利用移动网络，开展"双主体探究式"教学模式实践，实现了教师与学生互动交流；利用大数据，及时跟进、掌握学生实际的学习情况，以此来反哺课堂教学，实现课堂的精准设计，进而提高课堂实效性，在全面提高学生综合素养的同时，也提升了教师运用大数据精准施教的能力与素养。

将冰冷的数据转化为鲜活的信息资源，这需要教师具备驾驭数据、让数据说话的能力。而我校的以上所有尝试就是为了培养教师用数据说话的思维习惯，只有教师具备了数据思维才能让精准教学真实发生，才能真正点亮学生的学习之路。

露在外面的面

刘海丽

教学单元基本信息			
学科	数学	年级	五年级
教材版本	北京版	单元	上册第六单元
单元主题	数学百花园		
单元教学说明（附结构图）			

	教学内容	知识领域	解决策略	核心素养
数学百花园	露在外面的面	图形与几何	操作、观察、推理、分析	空间观念、推理意识
	剪纸中的数学问题	数与代数	数形结合	几何直观

"数学百花园"是北京版数学教材独有的单元内容，其意图在于系统而有步骤地把一些重要的数学思想方法，通过学生可以理解的、日常生活中最常见的事例呈现出来，借助一些操作等直观手段向学生进行渗透。因此，数学百花园的教学重点应放在探索和建立模型的过程及体验数学思想方法的应用上。本节学习内容"露在外面的面"隶属于图形与几何领域，空间观念和推理意识是本节课培养的核心素养点，但对于空间观念不强的学生，在没有实物的前提下，很难想象出在立体图形之上放上小正方体后的样子。本人借助平板电脑的"拖拽"功能，让学生将小正方体"真正"地摆在立体图形之上，并拍照上传至相册，学生不仅经历了摆放的过程，还保留了摆放后的印象，这使学生的学习更加直观、简洁。

续表

第1课时教学设计
课时教学内容分析
"立体图形的表面积"这一内容是探索在由小正方体摆成的立体图形上增加或减少1块小正方体时表面积所发生的变化的规律。重点是让学生通过观察、操作、分析、推理解决问题,发展学生借助几何直观地探究解决问题的能力,发展学生的空间观念,同时发展学生的分析推理能力。学生在经历探索规律的过程中,同时渗透相关的数学思想方法。   长方体和正方体的表面积、观察物体是学习本节课内容的知识基础。在以前的数学学习中,学生所获得的探索规律的方法与能力,以及借助几何直观探究解决问题的经验,是学习本节课内容的能力基础。但学生并未直接学习计算由小正方体摆成的立体图形的表面积。本课想通过操作、观察等活动,让学生不断提出问题,经历探索规律的过程,发展学生的问题解决能力,帮助学生积累数学活动经验,养成思考问题的意识。
学生分析
学习风格/习惯:学生有探索规律的方法与能力、借助几何直观探究解决问题的经验,以及小组交流合作的能力。 **学习本知识的前期知识掌握情况**:长方体和正方体的表面积、观察物体是学习本节课内容的知识基础。所有学生都能够正确地计算长方体和正方体的表面积,大多数学生能够借助立体图形的模型求出立体图形的表面积。
课时教学目标
(1)借助几何图形,在观察、想象、分析等活动中,综合运用有关知识,会计算立体图形表面积,探索增加1块小正方体时表面积发生变化的规律。 (2)经历操作、观察、分析、推理、发现、解决问题的全过程,积累数学思想方法、数学活动经验,进一步发展空间观念。 (3)在解决问题的过程中,激发探究欲望,并体验成功解决问题的愉悦。
教学重难点
教学重点:让学生经历操作、观察、分析、推理的过程,探索在由小正方体摆成的立体图形上增加或减少1块小正方体时图形表面积发生变化的规律。 **教学难点**:理解探索规律过程中所运用的分析、推理、归纳等方法。
学习评价设计
(1)从一块棱长是4厘米的正方体木块上挖去一块棱长是2厘米的小正方体,剩下的立体图形的表面积可能是多少平方厘米? (2)小华用10块棱长1厘米的小正方体摆出这个立体图形(如下图)。观察立体图形,回答下面的问题:

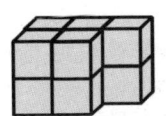

①如果再放上1块同样的小正方体,并要求它至少有1个面和已有小正方体的面完全接触,摆出的立体图形的表面积可能是多少平方厘米?

②如果从这个立体图形上拿走1块小正方体,剩下的立体图形的表面积又可能是多少平方厘米?

学生层次水平分析:

题目序号	水平一	水平二	水平三
第一题	能够读懂题目信息,找到一种挖法,正确计算新立体图形的表面积	找到多种不同挖法,并正确计算新立体图形的表面积	利用发现的规律进行分析、推理,从而分析出新立体图形的表面积
第二题	分别正确求出一种变化的表面积	能找到多种挖法,并正确计算	融会贯通,通过分析找出表面积变化的所有可能性

【意图说明】

知识方面:学生能够掌握立体图形表面积的变化规律,并用计算的方法进行验证。

能力方面:学生能够借助几何直观对立体图形的表面积进行探索,经历操作、观察、分析、推理、总结归纳的过程,对于学习方法也有了新的尝试。

兴趣方面:借助几何模型,学生乐于探索,也会因为发现规律而提高兴趣。伴随规律的应用,快速解决问题,学生对于新的挑战也乐于接受。

教学活动设计

一、联系旧知,明确方法

出示立体图形,小华用10块棱长1厘米的小正方体摆出了一个立体图形,你能说说它的表面积包含哪些面吗?

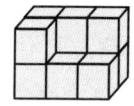

预设:上下面、前后面、左右面。

师:请你计算它的表面积。

生:上下:$1^2 \times 6 \times 2 = 12$(平方厘米);前后:$1^2 \times 6 \times 2 = 12$(平方厘米);

　　左右:$1^2 \times 4 \times 2 = 8$(平方厘米);表面积:$12 + 12 + 8 = 32$(平方厘米)。

【教学意图】规范展示表面积的计算方法,为后面增加小正方体后的表面积变化提供对比。

二、动手操作,初探规律

如果再放上1块同样的小正方体,并要求它至少有1个面和已有小正方体的面完全接触。新的立体图形表面积是多少平方厘米?

出示活动要求:

(1)四人一组,摆一摆手中的学具,确定摆法。

(2)在平板电脑上拖拽小正方体,形成新的立体图形,截屏上传至"拖拽1"文件夹。

(3)在作业纸上计算新立体图形的表面积。

续表

预设1：  表面积是36平方厘米。

预设2： 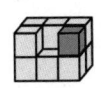 表面积是34平方厘米。

预设3：  表面积是32平方厘米。

预设4：  表面积是36平方厘米。

【教学意图】利用平板电脑的投屏功能，学生清晰地讲解自己的想法，可一题多解，展示不同的摆法和不同的表面积，为探究规律做准备。

三、对比分析，发现规律

按照表面积的计算结果，将黑板上的摆放情况分为三类：32平方厘米、34平方厘米、36平方厘米。

提出核心问题：①为什么同样是放上一个小正方体，表面积不同？②为什么摆法不同，表面积也有相同的情况？

【教学意图】利用分类、对比的形式，发现问题，提出问题。

学生分析：

（1）学生重点观察对比，表面积同为36平方厘米，虽然摆法不同，但也有共同点，即小正方体都与立体图形有1个面接触，也就是有1个面消失、5个面出现。（课件演示）

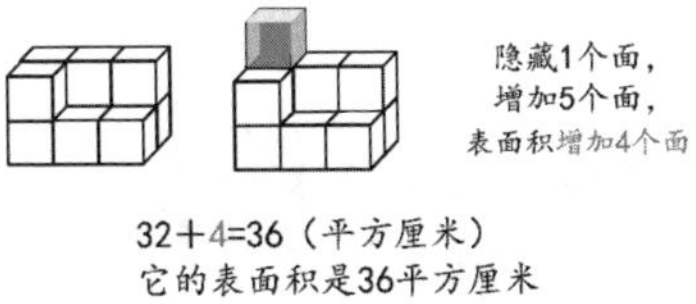

隐藏1个面，
增加5个面，
表面积增加4个面

32＋4=36（平方厘米）
它的表面积是36平方厘米

（2）讲解表面积是34平方厘米的秘密。小正方体与立体图形有2个面接触，即消失2个面、增加4个面，所以表面积增加2平方厘米。（课件演示）

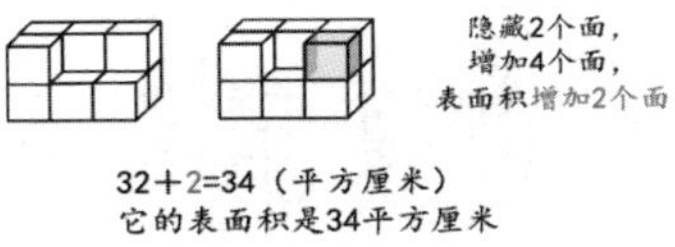

隐藏2个面，
增加4个面，
表面积增加2个面

32＋2=34（平方厘米）
它的表面积是34平方厘米

续表

（3）讲解表面积是32平方厘米的秘密。小正方体与立体图形有3个面接触，即消失3个面、增加3个面，所以表面积不变。（课件演示）

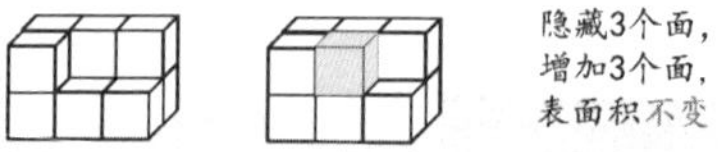

它的表面积是32平方厘米　　　隐藏3个面，增加3个面，表面积不变

小结规律：表面积的变化受面的影响，如果消失的面＝出现的面，表面积不变；如果消失的面＜出现的面，表面积增加。

【教学意图】探索表面积的变化规律。利用课件"面的颜色变化"的动画，多次体会出现的面和隐藏的面的数量关系，感受表面积变化的原因。

四、强化规律，解决问题

教师在平板电脑上发布任务：拖拽小正方体，摆在不同的位置，截图上传至"拖拽2"文件夹。

预设：

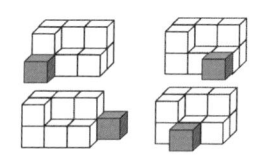

无论怎样摆放，表面积都能快速确定为36平方厘米，因为都是1个面完全接触，减少1个面，增加5个面，综合来看是增加4个面的面积。

小结：本节课的学习关注变化的面。经历猜想、验证、概括、应用这四个环节，体会隐藏的面和出现的面的关系，从而快速发现表面积的变化情况。

板书设计

露在外面的面

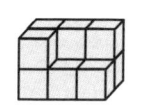

32平方厘米　　隐藏＝增加

上下：$1^2 \times 6 \times 2 = 12$（平方厘米）

左右：$1^2 \times 4 \times 2 = 8$（平方厘米）　　　34平方厘米

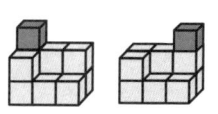

前后：$1^2 \times 6 \times 2 = 12$（平方厘米）　　　　　　　隐藏＜增加

和：$12 + 8 + 12 = 32$（平方厘米）　　　36平方厘米

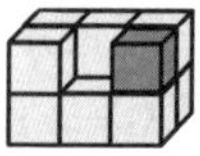

续表

作业设计

（1）下图是 27 块棱长 1 厘米的小正方体摆成的大正方体。

①求出它的表面积。
②任意拿走 1 块小正方体，新立体图形的表面积可能是多少？
（2）小华用 10 块棱长 1 厘米的小正方体摆出这个立体图形。

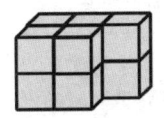

①如果再放上 1 块同样的小正方体，并要求它至少有 1 个面和已有小正方体的面完全接触。摆出的立体图形的表面积可能是多少平方厘米？
②如果从这个立体图形上拿走 1 块小正方体，剩下的立体图形的表面积又可能是多少平方厘米？

数据驱动精准教学"工程问题"

闫洪云

教学单元基本信息			
学科	数学	年级	六年级
教材版本	北京版	单元	上册第四单元
单元主题		在解决问题中，发展模型意识	
单元教学说明（附结构图）			
本单元的教学主要通过创设真实的情境，在发现、提出问题和分析、解决问题的过程中，引导学生用线段图、直观图等数学语言来理解数量关系，在学生自主探究的过程中，建立解决问题的模型，从而发展模型意识，提升核心素养。			

续表

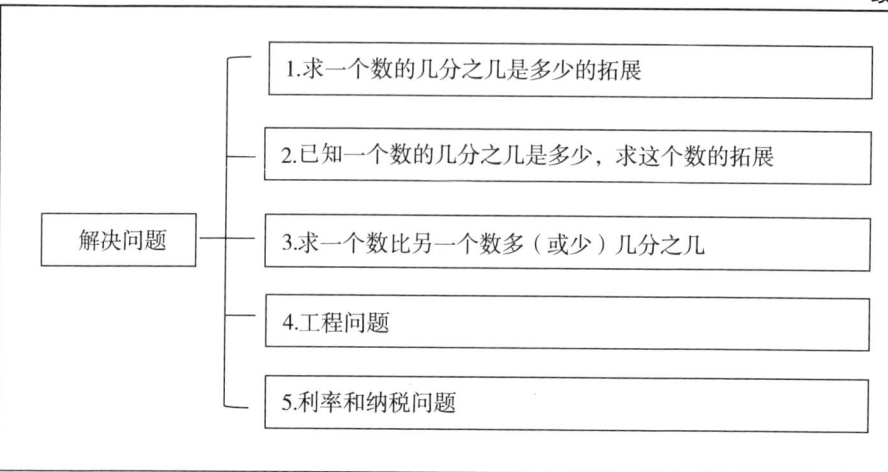

```
解决问题 ─┬─ 1.求一个数的几分之几是多少的拓展
         ├─ 2.已知一个数的几分之几是多少，求这个数的拓展
         ├─ 3.求一个数比另一个数多（或少）几分之几
         ├─ 4.工程问题
         └─ 5.利率和纳税问题
```

第4课时教学设计

课时教学内容分析

"工程问题"是北京版数学教材六上第四单元的内容。工程问题是解决问题中的一个典型问题，是较复杂分数乘除应用题的引申和发展。本节课让学生经历用假设法积累量的经验，借助直观线段图，通过对比分析，解决"为什么总长度变了，每天修的长度也变了，而合修的天数没变"这个核心问题，从而将具体的问题抽象化，学生自然地将工作总量看作单位"1"，工作效率可以用单位时间内完成工作总量的几分之一来表示。这培养了学生的概括推理能力，进而深刻地理解工程问题的结构特点，建立"工作总量÷工作效率和=合作时间"的模型，发展模型意识。

学生分析

"工程问题"这节课安排在用分数解决实际问题之后，通过前面的学习解决问题，学生已经对找单位"1"和对应率有了深刻的理解，同时也初步建立了解决分数实际问题的模型。本节课采用前置作业的方式，通过数据分析，精准地掌握了学生的学习情况。前置问题：修一条路，甲队单独修需要10天完成，乙队单独修需要15天完成，如果两队合修，需要多少天完成？教师调查了42名学生，根据他们的情况，划分为以下几个层次。

水平层次	人数	百分比
水平0：没有方法解决工程问题	25	59.5%
水平1：能用量的方法解决工程问题	3	7.1%
水平2：能用率的方法解决工程问题	12	28.6%
水平3：既能用率的方法解决，还能画出线段图	2	4.8%

续表

　　根据数据的情况，我们能精准分析出学生的学习困难点，帮助教师精准定位教学的重难点：①工程问题是比较抽象的，绝大部分学生对工程问题是不理解的，所以教学起点不宜过高；②虽然有一小部分同学能用率解决问题，但不一定理解它的含义；③学生不能够画出直观的线段图，所以在教学中要重视直观的线段图，它能帮助学生理解数量关系；④数学建模对于学生是一个富有挑战性的过程，在教学中要让学生经历自主探究、对比分析、由"量"到"率"建模的过程。

课时教学目标

（1）知识与技能：认识工程问题的结构特点，理解工程问题的数量关系，能运用多种策略解决工程问题的实际问题，体会方法多样化。
（2）过程与方法：经历发现问题、提出问题、分析问题和解决问题的过程，积累解决工程问题的思想和方法，发展模型意识。
（3）情感、态度与价值：在解决问题的过程中，培养学生独立思考、合作交流、质疑反思等学习习惯。

教学重难点

教学重点：使学生掌握工程问题的结构特点和解题方法。
教学难点：理解单位"1"的含义，建立解决工程问题的模型。

学习评价设计

修一条路，甲队单独修需要10天完成，乙队单独修需要15天完成，如果两队合修，需要多少天完成？
A. 会画图并结合图解释数量关系，正确解答。
B. 会画图并正确解答。
C. 会正确解答。
D. 不能正确解答。

教学活动设计

一、创设情境，兴趣引入
师：（出示图片）大家知道这是哪里吗？
预设生：环球影城。
师：大家去过环球影城的城市大道吗？很多同学都喜欢去。在城市大道的修建过程中发生了数学问题，我们一起来看看。
师：要铺设城市大道，甲队单独修需要10天完成，乙队单独修需要15天完成，如果两队合修，一共需要多少天完成？
师：在昨天的前测作业中，老师提前让大家思考了这个问题，也收集了几位同学的作品，让我们一起来分享一下。
【**教学意图**】在真实情境中，发现数学问题，提出问题，激发学生的探究兴趣。

续表

二、自主学习、探究发现

（一）展示交流

师：

```
假设路长900米
900÷10=90÷1=90(米)
900÷15=60(米)
60+90=150(米)
900÷150=90÷15=6(天)
答：需要6天完成
```

师：你能结合线段图，读懂他的做法吗？
生：结合线段图讲解。
师：

```
假设总长1500米
甲修：1500÷10=150(米)
乙修：1500÷15=100(米)
一天修：150+100=250(米)
需要：1500÷250=6(天)
答：一起修6天。
```

师：你能结合线段图，读懂他的做法吗？
生：结合线段图讲解。

【教学意图】根据学情，从量的方法入手，结合线段图理解数量关系，为对比分析抽象出率做了铺垫。

（二）观察发现

师：我们来对比观察这两组线段图，你们有什么发现？
生：我发现总长度变了，每天修的长度也变了，为什么合作天数却没有变？
师：你的发现太重要了，为什么合作的天数没有变？小组讨论。
（教师动画演示）

【教学意图】通过直观的线段图引导学生交流，探究出合作天数不变的原因，进而帮助学生由"量"转化为"率"建立好联系。

（三）抽象出"率"

师：我们看下一位同学是怎么做的，你能结合线段图读懂他是怎么做的吗？

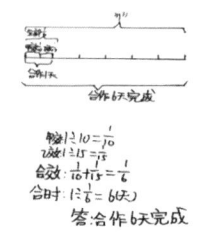

```
甲做：1÷10=1/10
乙做：1÷15=1/15
合数：1/10+1/15=1/6
合时：1÷1/6=6(天)
答：合作6天完成
```

续表

师追问：这里的"1"是怎么来的？它表示什么？（动画演示）你能列综合算式吗？
指名列算式，并交流算式的意义。
【教学意图】引导学生从具体数量逐步抽象到率，促进学生思维层次的提升。
（四）建立模型
师：同学们，对比这两种方法，它们之间有什么不同点？
生：一种是把这条路假设成一个具体的量，另一种是把这条路看作"1"。
师：但是它们之间又有什么相同点呢？
生：合作时间都是6天。
师：合作时间6天是用什么方法得到的？

$$工作总量 ÷ 工作效率之和 = 合作时间$$

【教学意图】通过对比两种方法的异同点，使学生加深对"量"与"率"区别的理解，从而建立解决工程问题的模型。

三、巩固练习
（1）做一批零件，甲单独8天完成，乙单独12天完成，如果两人同时加工，几天能够完成？
（2）一份稿件5000个字，甲单独打6天完成，乙单独打3天完成，如果两人同时合打，几天能够完成？
【教学意图】巩固工程问题的解题方法，"量"与"率"不能混淆。并通过习题的设计让学生体会到用"率"解决问题的优越性。

板书设计

工程问题

$900 ÷ (15+10) = 6（天）$

$1500 ÷ (6+4) = 6（天）$　　　　　　对应关系

$1 ÷ (\frac{1}{10} + \frac{1}{15}) = 6 天$

工作总量 ÷ 工作效率之和 = 合作时间

作业设计

一堆煤120吨，甲车单独运完需要6小时，乙车单独运完需要4小时。如果甲、乙两车合运，几小时可以运完？（选择正确的算式并说明理由）

（1）$120 ÷ (6+4)$　　　　　　　　　　（　　）

（2）$120 ÷ (120÷6 + 120÷4)$　　　　　（　　）

（3）$120 ÷ (\frac{1}{6} + \frac{1}{4})$　　　　　　　　（　　）

（4）$1 ÷ (120÷6 + 120÷4)$　　　　　　（　　）

（5）$1 ÷ (\frac{1}{6} + \frac{1}{4})$　　　　　　　　（　　）

平行四边形、梯形和三角形整理与复习

姜换

教学单元基本信息			
学科	数学	年级	五年级
教材版本	北京版	单元	上册第三单元
单元主题		平行四边形、梯形和三角形	

单元教学说明（附结构图）

平行四边形、梯形和三角形

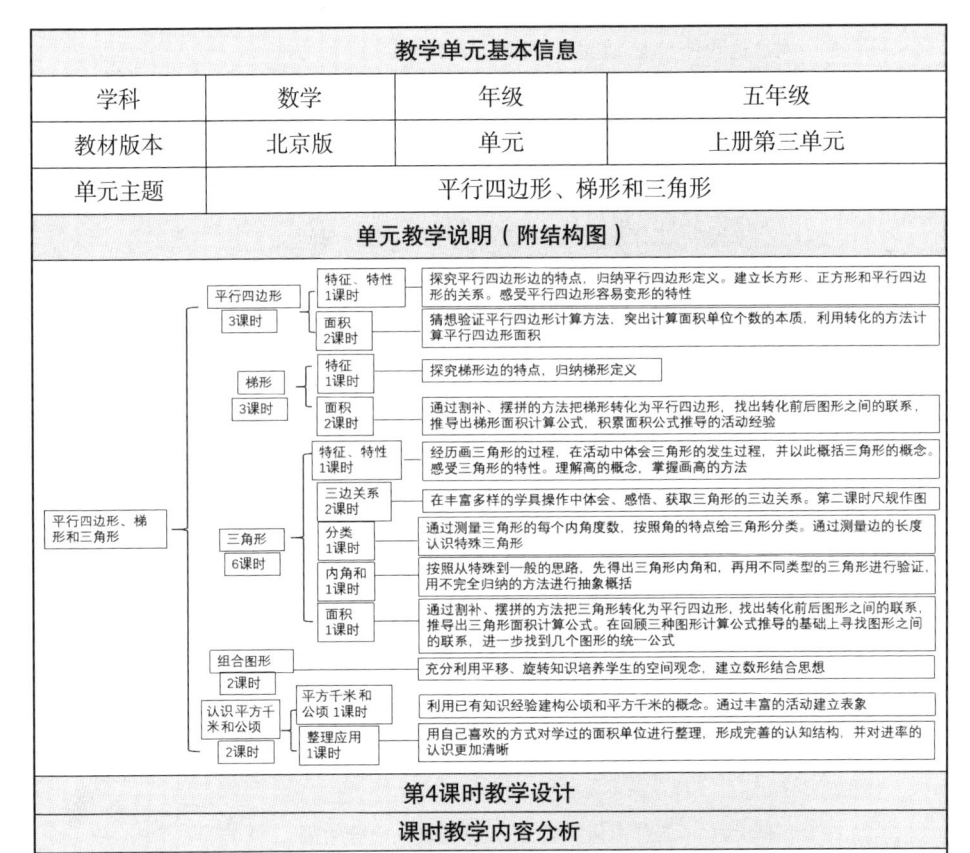

- 平行四边形 3课时
  - 特征、特性 1课时：探究平行四边形边的特点，归纳平行四边形定义。建立长方形、正方形和平行四边形的关系。感受平行四边形容易变形的特性
  - 面积 2课时：猜想验证平行四边形计算方法，突出计算面积单位个数的本质，利用转化的方法计算平行四边形面积
- 梯形 3课时
  - 特征 1课时：探究梯形边的特点，归纳梯形定义
  - 面积 2课时：通过割补、摆拼的方法把梯形转化为平行四边形，找出转化前后图形之间的联系，推导出梯形面积计算公式，积累面积公式推导的活动经验
- 三角形 6课时
  - 特征、特性 1课时：经历画三角形的过程，在活动中体会三角形的发生过程，并以此概括三角形的概念。感受三角形的特性。理解高的概念，掌握画高的方法
  - 三边关系 2课时：在丰富多样的学具操作中体会、感悟、获取三角形的三边关系。第二课时尺规作图
  - 分类 1课时：通过测量三角形的每个内角度数，按照角的特点给三角形分类。通过测量边的长度认识特殊三角形
  - 内角和 1课时：按照从特殊到一般的思路，先得出三角形内角和，再用不同类型的三角形进行验证，用不完全归纳的方法进行抽象概括
  - 面积 1课时：通过割补、摆拼的方法把三角形转化为平行四边形，找出转化前后图形之间的联系，推导出三角形面积计算公式。在回顾三种图形公式推导的基础上寻找图形之间的联系，进一步找到几个图形的统一公式
- 组合图形 2课时：充分利用平移、旋转知识培养学生的空间观念，建立数形结合思想
- 认识平方千米和公顷 2课时
  - 平方千米和公顷 1课时：利用已有知识经验建构公顷和平方千米的概念。通过丰富的活动建立表象
  - 整理应用 1课时：用自己喜欢的方式对学过的面积单位进行整理，形成完善的认知结构，并对进率的认识更加清晰

第4课时教学设计

课时教学内容分析

通过十六进制课堂的大数据作业统计功能，教师了解了整个单元作业完成情况，并选取了学生薄弱方面进行教学，整个单元作业数据中体现出学生画图能力比较弱。教师选取了出错较多的"画出面积都是8平方厘米的平行四边形、三角形、梯形"这道题目，完成此题需要比较综合性的能力，需要学生掌握的知识基础有图形面积公式以及公式逆用，另外，画图过程中需要的思考步骤比较复杂，学生容易出错。基于这个问题教师设计了本节课的教学，首先通过画图题的错例分析使学生回顾图形面积公式推导的转化过程，再通过正确案例讲解使学生明确公式逆用的画图方法，然后通过对比两种正确画法，发现图形间是有联系的，进而使学生能利用关系优化画图方法。其次，出示一道画面积数据更大的三种图形的题目，检验学生的学习效果，使学生感受到确实是利用高不变的方法更加简单。最后，再出示一道没有高的数据的画图题，只能通过三种图形底的关系来解决问题，促进学生的思维水平再次提升。

续表

学生分析
在这一单元中学生学习了平行四边形、梯形和三角形这三种图形的特征、特性、分类以及面积等相关知识,通过这一单元核心素养手册完成情况的数据发现学生对图形特征、特性和分类这些知识点的掌握情况较好,正确率都超 95%,而在按要求画图和求组合图形面积这两方面比较薄弱,正确率均低于 80%。在分析错误率高的画图题和图形面积题目时,发现学生对于逆向应用公式这一方法存在很大困难,所以本节课将在理解逆向应用的基础上,再优化高相等画图更为简便的方法,把用定量找关系的方法渗透给学生,使学生能够通过对比观察活动建构各图形间的联系,能够应用等积变形解决一些图形面积问题。
课时教学目标
(1)学生能从画图题目中发现图形间的联系,构建知识网络。 (2)通过解读不同方法、同伴交流的活动,理解等积变形的转化方法。 (3)能用定量的方法思考图形间的联系,并能正确画出给定面积的图形。
教学重难点
教学重点:通过画图题目理解等积变形这一转化方法。 **教学难点**:掌握并运用等积变形的转化方法解决问题。
学习评价设计
本课从一道正确率较低的题目出发,评价第一层次是学生从不会到会,提升题目正确率,第二层次是从用逆推方法到运用图形间的联系解决问题,促进思维进阶。 (1)画出面积是 12 平方厘米的平行四边形、三角形和梯形。 (2)不计算面积,请你画出与三角形面积相等的平行四边形和梯形。
教学活动设计

一、单元作业情况数据分析

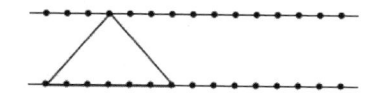

(一)概念性基础知识掌握良好

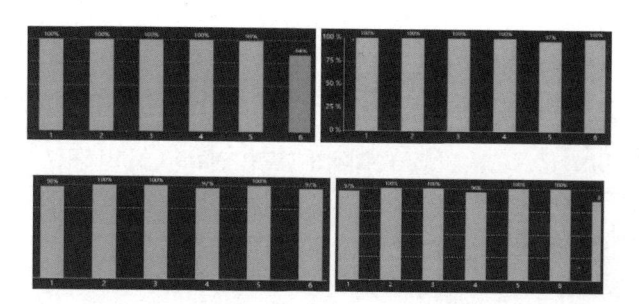

续表

（二）综合运用凸显薄弱

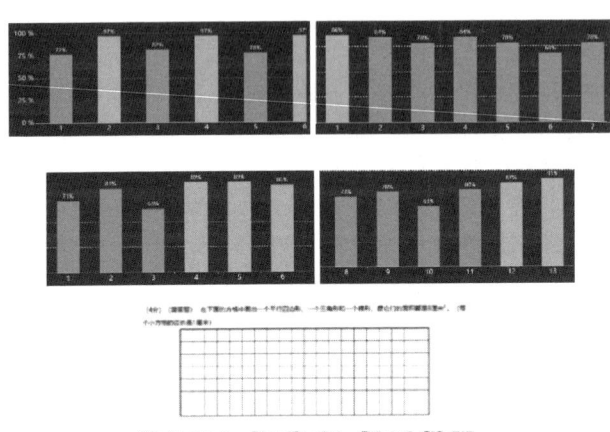

【教学意图】在单元整理与复习前，先了解自己以及班级的整体知识掌握情况。利用作业数据找出问题最大的题目，通过再次学习找到解决办法。

二、运用转化方法建构知识间的联系

（一）出示学生错题作品（哪里错了？怎么改？）

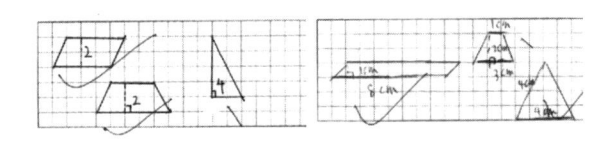

找出错因，通过回忆面积公式推导过程，找到原因，并用多种方法改正。

小结：新图形的面积公式都是通过先转化成我们学过的图形，建立联系，再推导出来的。

【教学意图】通过错例中三角形、梯形需要再除以2，分析回顾面积公式借助转化方法推导的过程。

（二）出示正确例子（怎么想到这样画的？）

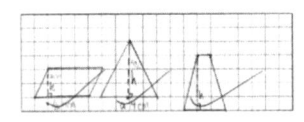

利用公式逆向思考。

【教学意图】利用转化，理解逆用公式的画图方法中三角形、梯形面积为什么乘以2。

（三）出示另一幅作品（你能发现什么？）
（提示：高不变，底的变化有什么规律？）

续表

1. 动画演示帮助理解

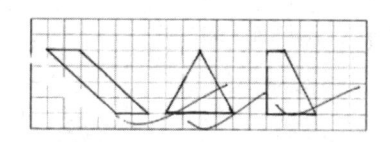

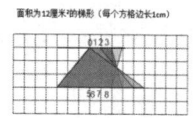

关键问题：

（1）什么变了，什么没变？

（2）怎么保证面积不变？

（3）梯形的上底呈什么样的变化趋势？

（4）如果朝这个趋势继续发展会是什么样的情况？

2. 小结

三个图形间是有联系的，当面积相等、高也相等时，三角形的底＝梯形上底加下底＝两个平行四边形的底。

【教学意图】通过观察在一组平行线间画梯形，在梯形的高不变的情况下，改变上底和下底，使梯形的面积不变，进而发现梯形面积公式和其他图形面积公式的联系。

（四）高不变的方法有什么好处（再让你画你准备怎么画？）

画出面积是12平方厘米的平行四边形、三角形和梯形。

【教学意图】以前不会做的，预期能用定高画图的经验（梯形的等积变形）正确画图；以前会做的，能够通过新方法找到图形间的联系。

三、课堂评价练习

不计算面积，请你画出与三角形面积相等的平行四边形和梯形。

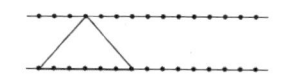

【教学意图】能利用面积相等高不变时三角形、平行四边形、梯形的底之间的联系解决问题。

板书设计

平行四边形、梯形和三角形的整理与复习

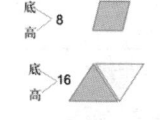

平行四边形面积 ＝ 底 × 高

三角形面积 ＝ 底 × 高 ÷ 2

梯形面积 ＝ （上底＋下底）× 高 ÷ 2

面积相等，高相等

底 × 2

底

（上底＋下底）

相等

续表

作业设计

（1）下图中三角形面积与平行四边形面积相等吗？

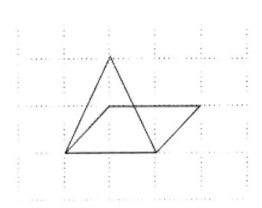

（2）你能看懂这两种方法吗？说一说各是怎样想的。

方法一：①20×18=360(cm²)
②360÷2
=180(cm²)
③360-180=180(cm²)

方法二：①18×20÷2
=360÷2
=180(cm²)

（3）求下图中阴影部分面积。

（4）下图中阴影部分面积是整个图形面积的一半吗？

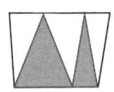

组合图形的面积

商学友

教学单元基本信息			
学科	数学	年级	五年级
教材版本	北京版	单元	上册第三单元
单元主题	平行四边形、梯形和三角形		

续表

单元教学说明			
主题　　巧用转化，发展空间观念			
具体内容	课例安排	课时安排	课程类型
平行四边形	平行四边形的认识	1	基础课
	平行四边形的面积	1	核心课
梯形	梯形的认识	1	基础课
	梯形的面积	1	核心课
三角形	三角形的认识	1	基础课
	三角形的分类	1	基础课
	三角形内角和	1	探索课
	三角形的面积	1	核心课
	练习十三	1	练习课
组合图形	组合图形	1	基础课
认识平方千米和公顷	认识平方千米和公顷	1	基础课
实际测量	实际测量	1	综合实践课

第5课时教学设计

课时教学内容分析

一、设计的指导思想与理论依据

数学课程标准的基本理念中指出：学生的数学学习内容应当是现实的、有意义的、富有挑战性的；学生的数学学习活动应当是一个生动活泼的、主动的和富有个性的过程。如何把这个基本理念应用到数学课堂教学中？在教学"组合图形的面积"时，教师针对这一理念，创设了生动的生活情境，综合运用引导式教学，采用情境导入法、直观演示法、尝试教学法，促进学生对知识的内化和建构。

二、教学背景分析

"组合图形的面积"是北京版小学数学五年级上册第三单元中的教学内容，组合图形的面积是指由几个简单图形组合成的图形的面积，在生活中有着广泛的应用。在学生已经初步掌握几个简单图形面积计算公式的基础上，本节课进一步学习组合图形的面积，理解计算组合图形面积的多种方法，能根据各种组合图形的条件，选择简单有效的计算方法并进行正确的解答。在熟悉所学图形面积计算公式的基础上，根据已知条件，通过分解法或添补法，并结合题中信息，会把组合图形分解成学过的简单图形，找准分解后图形的底、高、长和宽等量，计算出面积，在小学数学图形与几何知识模块中起到了承上启下的作用。（见下页图）

续表

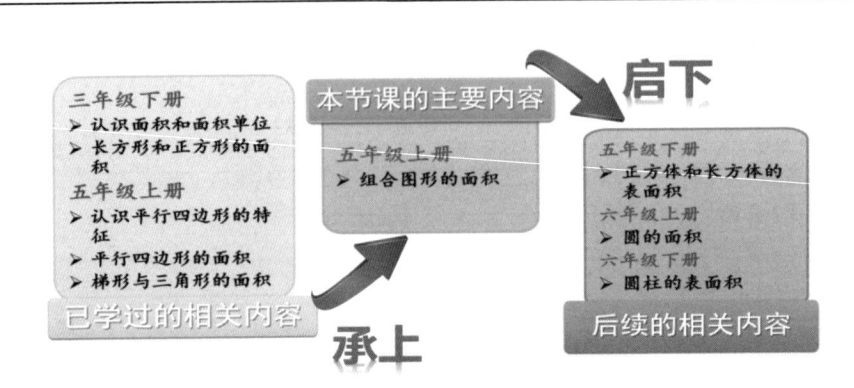

```
三年级下册                    本节课的主要内容           启下
➤ 认识面积和面积单位
➤ 长方形和正方形的面                              五年级下册
  积                         五年级上册              ➤ 正方体和长方体的
五年级上册                    ➤ 组合图形的面积            表面积
➤ 认识平行四边形的特                              六年级上册
  征                                             ➤ 圆的面积
➤ 平行四边形的面积                                六年级下册
➤ 梯形与三角形的面积                              ➤ 圆柱的表面积

    已学过的相关内容        承上                   后续的相关内容
```

三、教学技术应用分析

（一）激发学习兴趣

教师通过ClassIn平台向学生提供直观、多彩、生动的视频演示，使学生多感官同时受到刺激，新型课堂模式激发了学生的学习兴趣。

（二）培养学生的发散性思维

同班学生的思考路径往往会因本班教师的教学习惯、同班学生的学习思考习惯而被限制。但 ClassIn 教学模式引入了不同教师、不同班级的新鲜观点，使学生的思维更加发散。

学生分析
课前我对学生进行了前测： 练习一 用你喜欢的方法将这个图形转化为我们学过的几何图形 数据显示有 87.3% 的学生能将这个不规则图形转化为学习过的图形。在本单元刚刚进行完平行四边形、梯形和三角形的特征与面积教学的前提条件之下，学生有着不错的知识经验基础。所以课上在探究组合图形面积的计算方法时，教师通过自主探索、合作交流等方式，给学生充分展示的机会，重视让每一名学生都积极地参与到活动中来，让活动够开放、有实效，真正让学生在数学方法、数学思想方面得到发展，综合提升数学核心素养。但在本课时的学习过程中，学生可能会在结合不同图形的特征和数据的特点来选择有效的转化方法解决实际问题上存在困难，这也是本节课的教学难点。

课时教学目标
知识目标： （1）在自主探索的活动中，理解分割和添补两种组合图形面积的计算方法。 （2）能根据各种组合图形的条件，选择有效的计算方法并进行正确的解答。

续表

能力目标：
（1）能利用已有活动经验和所学的知识，解决生活中组合图形的实际问题。
（2）在数据的选取过程中培养学生的推理能力，在学生对图形进行分割、添补、平移、旋转的过程中培养学生的空间观念。
（3）通过图形的组合和分解培养学生分析问题、解决问题的能力及动手创新的意识，学会把复杂问题转化为简单问题。
情感与价值观目标：
（1）通过动手操作，给学生以美的享受，并能展示自我、张扬个性。
（2）让学生体验到成功的喜悦，培养学生战胜困难的决心和勇气，感受团结友爱的美好情感。

教学重难点				
教学重点：在探索活动中，可以找到图形和数据之间的联系，从而理解分割和添补两种组合图形面积计算的方法。				
教学难点：结合图形和数据的特点，选择有效的转化方法解决实际问题。				
学习评价设计				
等级	空间观念	运算能力	创新意识	推理意识
水平一	学生能将组合图形转化为学习过的几何图形	学生能根据题目中所提供数据，计算出常见几何图形的面积	学生能找到一种将组合图形转化为常见几何图形的方法	能根据计算中队旗面积的课堂活动，在教师的引导下，理解计算组合图形面积的步骤和方法
水平二	学生能结合题中所提供的数据来合理选择转化方法	学生在计算出常见几何图形面积的基础上，进一步将多个单一图形面积组合得到组合图形面积	学生能找到多种将组合图形转化为常见几何图形的方法	能根据计算中队旗面积的课堂活动，自主总结出计算组合图形面积的步骤和方法
水平三	学生能结合题中所提供的数据来选择多种方法转化图形	在水平二的基础上，学生可以利用多种方法计算出组合图形的面积	学生能找到多种将组合图形转化为常见几何图形的方法，并将多种方法进行合理的梳理和分类	能根据计算中队旗面积的课堂活动，自主总结出计算组合图形面积的步骤和方法，并应用于练习中，解决实际问题

教学活动设计

一、复习旧知，创设情境，引出定义

出示长方形、三角形、梯形、平行四边形、正方形。

师：说出这些基本图形的面积公式。

生：回忆并说出各种图形面积公式。

师：这个图形是我们学习过的图形吗？（右图一）

生：不是。

师：那在这个图形中，能找到我们学过的图形吗？

预设：

（1）这是由等腰梯形、长方形和三角形组成的。

（2）这是由直角梯形、长方形和三角形组成的。

（3）这是由直角梯形和三角形组成的。

（学生利用 ClassIn 平台的绘图功能在屏幕上进行画批）经过动手实践，理解组合图形的定义。

师：像这样的由两个或两个以上图形组合而成的图形就是组合图形。今天这节课我们就来研究组合图形的面积。（板书课题）

【教学意图】复习学过的五种基本图形的面积计算方法，唤醒学生的旧知。

引导学生利用 ClassIn 平台的画批功能在屏幕上进行转化，在动手实践中理解组合图形的概念，增加活动经验，为后续求组合图形的面积做铺垫。

二、引导学生独立探究，解决问题

出示中队旗。（右图二）

师：你们认识这面旗子？知道它的寓意吗？

师：知道了它的寓意，你们想不想了解一下它的数学秘密？

预设：少先队中队旗。

生：黄色的星星代表……

师：现在就有一件事要拜托大家。

（出示例题）工厂准备生产一批中队旗，但不知道每一面旗子需要用多少平方厘米的布，你能帮帮工人叔叔吗？（右图三）

出示要求：

（1）请你想办法求出这面中队旗的面积，并在学习单上写清你的思考过程。

（2）独立完成后，和同桌交流你的想法。

学生观察数据、转化图形、建立联系、计算面积。

完成任务单（可多种方法），完成后与同桌交流自己的想法。

【教学意图】通过中队旗的寓意对学生进行思想教育，帮助学生形成正确的价值观。放手让学生自主探索计算组合图形面积的方法，给他们更大的探索空间。在任务单中为学生提供带有数据的中队旗缩略图，意在让学生经历观察数据、转化图形、建立联系、计算面积的探究过程，从而建立数形结合的思想，提升学生的空间观念、推理意识以及创新意识。

续表

三、交流方法，总结活动经验

师：利用 ClassIn 平台的拍照上传功能，将学生作品上传到系统中，在大屏幕上进行展示，引导学生介绍自己计算面积的方法。

教师将转化方法贴到黑板上，引导学生汇报自己的解题思路，用多种解题思路来计算面积。（利用 ClassIn 画批功能对自己的作品进行批注讲解）

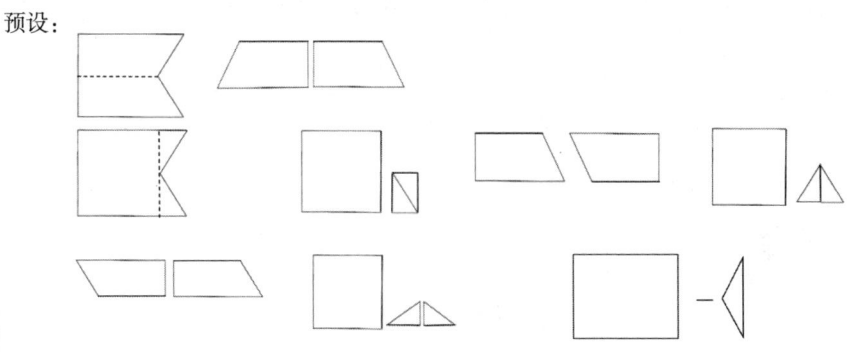

预设：

在学生汇报完所有情况后，引导学生将所有方法进行分类。（引出"分割"和"添补"两种转化方法）

【教学意图】台上同学通过介绍解题方法来发展语言表达能力，台下同学尝试理解与自己不同的方法，这使学生在不断完善认知的过程中，学会倾听、学会尊重、学会吸纳他人的意见，并提出自己的见解，享受在积极思考中进行互动所带来的快乐与收获。在此过程中，学生通过 ClassIn 平台的直播画面进行线上互动、进行评价，从而不断完善自己的解题思路，开拓思维，在强化计算能力的同时，逐步形成模型意识，提升核心素养。

四、总结提升，在反思中收获经验

小结：今天你有什么收获。

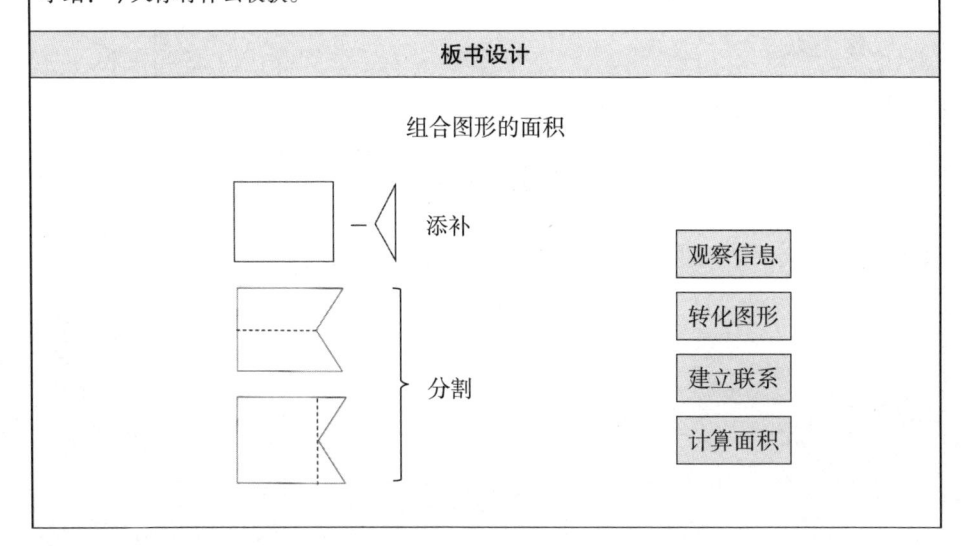

板书设计

组合图形的面积

观察信息
转化图形
建立联系
计算面积

作业设计

小试牛刀

1. 景山公园有一块绿地（右图一），求这块绿地的面积。（单位：米）

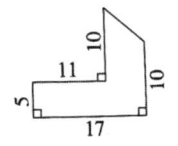

方法一：　　　　　　　方法二：　　　　　　　方法三：

大展身手

2. 求右图二中涂色部分三角形 CEF 的面积。

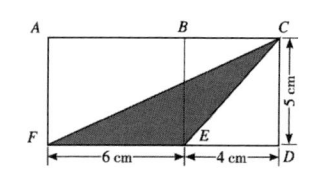

3. 求右图三的面积。（单位：厘米）

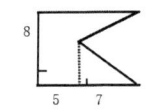

勇闯难关

4. 如右图四，两个完全相同的直角梯形重叠在一起，求阴影部分的面积。（单位：厘米）

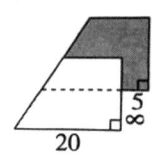

时、分的认识

马国琳

教学单元基本信息			
学科	数学	年级	二年级
教材版本	北京版	单元	下册第八单元
单元主题	时间观念立足于体验——以"时、分的认识"为例		
单元教学说明（附结构图）			

"时、分、秒的认识"是北京版数学二年级下册第八单元的内容，共3课时。这个单元属于数与代数领域中"常见的量"这一板块。苏联著名教育家斯托里亚尔曾指出：数学教学是数学活动的教学（思维活动的教学）。以基本活动经验为目标正是这句话的体现，经验离不开活动，只有亲身经历了，才能形成经验，"常见的量"教学中要利用数学活动让课堂"动"起来。

本单元的教学要注重数学源于生活，使学生通过体验不同的时间单位，初步建立时、分、秒的表象；在观察、比较、猜想、证明中，探索时、分、秒之间的关系，培养学生的推理能力。在认读时间时，联系生活实际，注重学生数"单位"的过程，发展学生的数感。回顾本单元的内容，从时间单位产生的过程出发，感受产生标准的重要性，再用本单元所学内容，设计周末安排计划表，将所学内容在生活中实践，感受数学的应用价值。

因此，时间单位时、分、秒也遵循此结构，将分解开来的"时、分的认识"和"秒的认识"进行调整，变成连续的课时，这样也遵循了知识循序渐进、螺旋上升的原则，增强了知识的整体关联度，第1课时——时、分的认识，第2课时——秒的认识。学会看钟表是对"钟面上大格、小格"的实际应用，不同的指针走过相同的大格或者小格，表示的时间不同，体现单位的价值，学生将这一学习过程融入解决实际问题中来体会，形成第3课时的教学内容。

数学书中本单元教学内容
例1：认识时间单位时和分
例2：会看钟面时间
例3：认识时间单位秒
重构后的本单元教学内容
例1：时、分的认识
例2：秒的认识
例3：解决问题
（会看钟面时间）

续表

在本单元的教学中，在体会时间长短和解决实际问题的过程中，帮助学生建立时间观念，培养学生珍惜时间、合理安排时间的好习惯。

单元教学结构图：

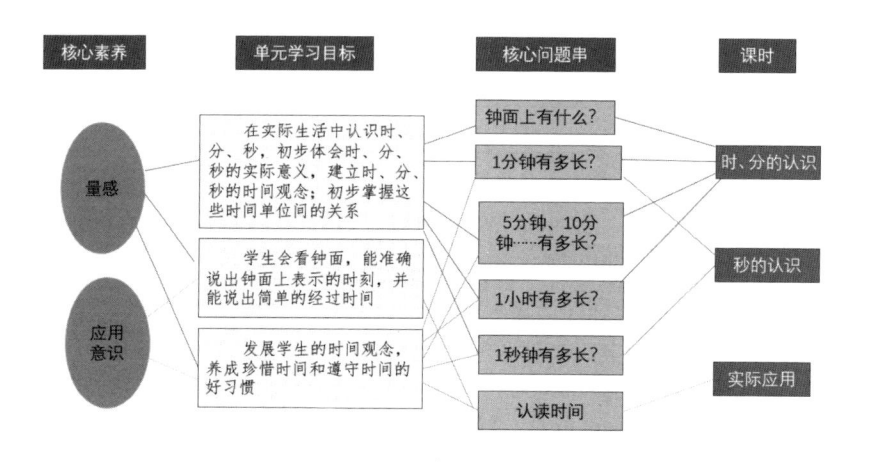

```
核心素养          单元学习目标              核心问题串              课时

                  在实际生活中认识时、      钟面上有什么？
                  分、秒，初步体会时、分、
     量感         秒的实际意义，建立时、分、   1分钟有多长？        时、分的认识
                  秒的时间观念；初步掌握这
                  些时间单位间的关系        5分钟、10分
                                          钟……有多长？          秒的认识
                  学生会看钟面，能准确
                  说出钟面上表示的时刻，并    1小时有多长？
                  能说出简单的经过时间
     应用
     意识         发展学生的时间观念，       1秒钟有多长？         实际应用
                  养成珍惜时间和遵守时间的
                  好习惯                   认读时间
```

第1课时教学设计

课时教学内容分析

"时、分、秒的认识"是北京版数学教材二年级下册第八单元的内容，根据本单元内容的整合，将"时、分的认识"规划为本单元的第1课时教学内容。"时、分"是各版本教材都有的教学内容。这部分内容看起来贴近生活、简单明了，但学起来并不轻松。

时间虽说是一种"常见的量"，但它看不见、摸不着，抽象性很强，不像长度、重量、面积等可以通过具体可感的实物表现出来，且时间单位之间的进率也比较复杂，客观上增加了学习难度。

学习时、分、秒，北京版教材将其分解成3个课时来完成。分解固然体现了循序渐进、螺旋上升的原则，但也削弱了整体关联度。从知识点来看，既要正确认识钟面，明晰"一圈""大格""小格"，辨别时针、分针、秒针，认读钟面上的时间，又要建立1小时、1分、1秒的时间观念，掌握相邻时间单位间的进率等，真有点多而乱的感觉。

由于概念比较抽象，知识点零散，应该重视学生的整体感受、过程体验和自主建构。因此，依据学生的认知特点，尝试对本单元内容进行整体性重构，将时、分安排在一节课学习，以凸显知识系统化。同时，让学生在真实情境中感知1分、1小时的时长，完整地理解时间单位之间的进率，培养结构化思维。

续表

学生分析

用写一写或者画一画的方式描述下面的时间。这道题主要考查学生对 1 秒、1 分、1 小时的感觉,用自己的生活经验来描述时间的长短。答题情况如下:

	正确率	正确举例	错误举例
1 秒	95%	1秒钟我可以眨一次眼（眼睛图）	写数
1 分	30%	我可以绕着操场跑一圈（气球图）	可以写作业
1 小时	37.5%	看一部电影	我可以下楼找朋友玩

  从学生的作答情况来看,学生对 1 秒钟的感觉还是比较准确的,学生知道 1 秒钟很短,能做的事情用的时间是比较短的,学生在描述的过程中还说出了数量,从数量的角度描述 1 秒钟能做的事情,这样是非常可贵的。1 分钟的正确率只有 30%,学生能够根据自己的生活经验用数量来描述 1 分钟能做的事情,但是很多学生只知道能做一些事情,具体能做多少,没有用数量描述出来,因此不够准确。例如学生写作业的时间,既可以用分钟描述,也可以用小时描述,取决于作业数量的多少,学生没有明确说出作业的数量,诊断为错误答案。1 小时的正确率只有 37.5%,学生知道 1 小时能够做的事情较多,持续的时间较长,学生借助生活经验认为看电影的时间比较长,所以写出了看一部电影用 1 小时。对于这三个时间单位,学生在生活中有着一定的生活经验,能够知道 1 秒钟很短、1 分钟也是较短的、1 小时比较长一些,但是学生在描述能做什么事情的时候,容易忽视数量,导致描述不清楚。因此,在课堂教学中,要培养学生严谨地描述时间单位内能做事情的数量。例如 1 分钟能做多少道题、1 小时能看多少页书。

课时教学目标

(1)通过观察、体验、推理认识时间单位时、分,知道 1 时 = 60 分。
(2)通过丰富的体验活动,建立对时间单位"分"的认识。
(3)通过 1 分钟或者几分钟能做多少事,建立时、分的时间观念,养成珍惜时间的好习惯。

教学重难点

建立时、分的时间观念。

续表

	学习评价设计			
评价内容	评价指标	赋值方法		
参与状态	认真听故事，静心体会1分钟的长短	A	B	C
	用1分钟的时间，认真、工整地画小正方形，正确数出小正方形的个数	A	B	C
	积极和同学分享自己的周末生活，用时1分钟	A	B	C
交往状态	学生与教师交流时语言流畅、自然	A	B	C
	同学间开展友好的合作	A	B	C
思维状态	学生能用自己的语言有条理地解释、表述1分钟给自己的感觉	A	B	C
	学生的表达具有自己的思想或创意	A	B	C
情绪状态	学生在学习过程中有点头、微笑等神态	A	B	C
	在教师的引导下，学生能自我调整好学习情绪	A	B	C

教学活动设计

一、在真实情境中，体会计量时间工具的价值
播放"煮饺子"的视频，你发现了什么问题？要想知道5分钟有多长，你有什么好办法？
【教学意图】通过煮饺子这个真实情境，学生遇到了饺子煮不好的问题，怎样才能把握好煮饺子的5分钟时间呢？这激发了学生探索时间长短的欲望。学生想到了用计量时间的工具来测量5分钟的时间，引出了钟表。

二、利用经验，进一步认识钟面
先想一想钟面上有什么，看着钟表指一指、说一说。
【教学意图】唤醒学生对钟表的回忆，进一步认识钟面。认识钟面上有60个小格，每个数字对应的是多少个小格。为学生学习"看钟表"做铺垫。

三、活动感知，建立时间单位
1. 初步认识5分钟
（1）5分钟有多长？
（2）经过5分钟，在钟表上分针会有什么变化？
2. 认识1分钟
（1）听故事体验1分钟，观察钟面上分针的变化。
（2）画小方格体验1分钟。

续表

（3）分享周末生活体验 1 分钟。
在刚刚的三个活动中体验了 1 分钟，你对 1 分钟有什么感觉？
按照刚才的速度，5 分钟能画多少个小方格？
在生活中，做什么事情大约用时 5 分钟？
3. 认识几分钟
还有比 5 分钟更长的时间吗？
经过 30 分钟，钟面上的时针、分针会有什么变化？
【教学意图】从 5 分钟开始建立其与 1 分钟的联系。学生在建立 1 分钟的时间观念时，经历了听故事、画小方格、分享周末生活三个活动，学生体会到 1 分钟很短，但是没事做的时候感觉 1 分钟有点长。教育学生珍惜时间，合理安排时间。在想 5 分钟有多长时，学生想到了 1 分钟有多长，5 个 1 分钟就是 5 分钟，用具体的小方格的数量来描述 5 分钟能做的事情，培养学生的量感。学生在钟表上拨时针、分针，关注这段时间是从几走到几，感受时间是走过了钟表的一段距离。另外，时间有多长，学生将新的时间、更长的时间用先前建立的较小的时间单位来解决，培养学生的量感。

四、在观察分针、时针的转动过程中，探索时、分之间的关系
观察钟面上时针、分针的变化，你有什么发现？
【教学意图】学生在观察中，感受到钟表上时针、分针的变化，进而得出 1 小时＝60 分钟。

五、关联长度单位，构建知识网络
从钟表到尺子，尺子测量什么？钟表测量什么？
【教学意图】将钟表拉直变成尺子，尺子量长度，钟表量时间。将测量时间与长度的工具进行关联，把散落的知识织成网。

板书设计
时、分的认识 时针走 1 个大格是 1 小时 分针走 60 个小格是 60 分钟

作业设计

通过今天的学习，请你想一想，1 小时、1 分钟你可以做哪些事情？10 小时、10 分钟呢？你可以试着推想一下。
【设计意图】帮助学生回顾时、分、秒时间单位的概念，检查学生对 1 小时、1 分钟是否能够建立时间的量感。通过实践，帮助学生进一步建立时间量感，建立时、分、秒时间单位的概念。

乘法结合律

李辰

教学单元基本信息			
学科	数学	年级	四年级
教材版本	北京版	单元	下册第三单元
单元主题		运算定律	
单元教学说明（附结构图）			

本单元教材的一个鲜明特点是，揭示运算定律的例题都是以实际问题来呈现的，结合学生日常生活的问题情境，帮助学生体会运算定律的现实背景。教材中不仅给出一些数值计算的实例，还让学生举出实际的例子，从矛盾的特殊性延伸到矛盾的普遍性，运用不完全归纳法，发现规律，得出结论。

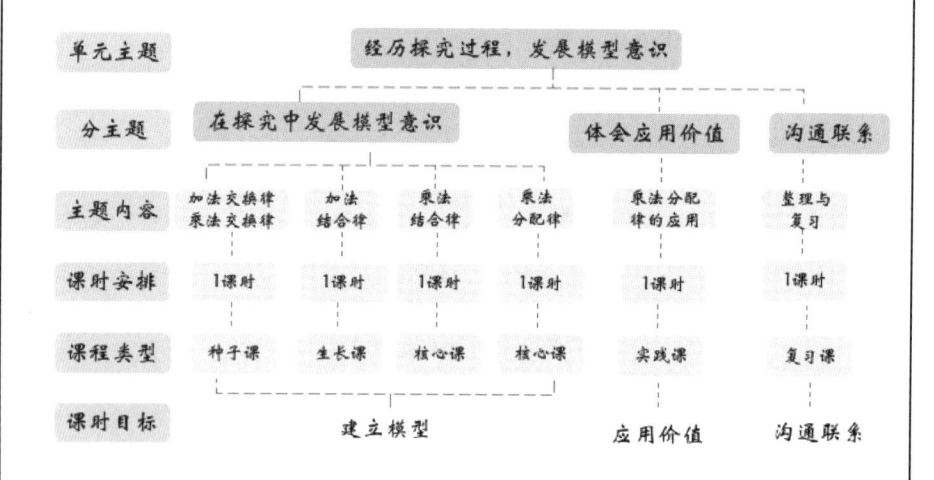

单元主题	经历探究过程，发展模型意识				
分主题	在探究中发展模型意识			体会应用价值	沟通联系
主题内容	加法交换律 乘法交换律	加法结合律	乘法结合律	乘法分配律	乘法分配律的应用	整理与复习
课时安排	1课时	1课时	1课时	1课时	1课时	1课时
课程类型	种子课	生长课	核心课	核心课	实践课	复习课
课时目标	建立模型				应用价值	沟通联系

本单元重视简便计算在现实生活中的灵活应用，改变以往简便计算以介绍算法技巧为主的倾向，因此在练习中安排了较多的实际问题，引导学生将简便计算应用于解决现实生活中的实际问题，同时注意解决问题策略的多样化。这样编排对发展学生思维的灵活性，提高学生分析问题、解决问题的能力，具有一定的促进作用。

第3课时教学设计

课时教学内容分析

本单元一共安排了两部分内容：加法运算定律和乘法运算定律。共6课时。

第一部分是加法运算定律，安排了三道例题。1课时。

第二部分是乘法运算定律，安排了五道例题。3课时。

复习整理。2课时。

学生分析

为了在课堂中实现精准教学，在授课之前，我对学生进行了前测。

前测内容：

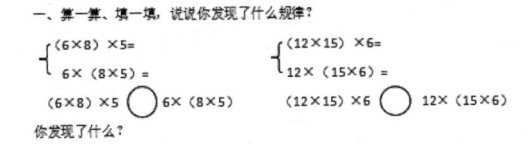

一、算一算，填一填，说说你发现了什么规律？

$$\begin{cases}(6×8)×5=\\6×(8×5)=\end{cases} \qquad \begin{cases}(12×15)×6=\\12×(15×6)=\end{cases}$$

$(6×8)×5 \;\bigcirc\; 6×(8×5) \qquad (12×15)×6 \;\bigcirc\; 12×(15×6)$

你发现了什么？

二、听听说：

$(7×2)×5=7×(2×5)$

你同意明明的说法吗？说明你的理由，也可以结合生活中的事举例，或者画图解释你的想法。

三、用你喜欢的方式表示上面等式的规律。

根据前测情况，反映出36.8%的学生可以达到水平1，对于乘法结合律已经有了初步的感知，能通过计算找到它们之间的关系，但是并不能正确解释规律，或者无法正确表达规律。28.9%的学生能达到水平2，能结合实际情境或用直观图解释运算律的意义，但绝大部分同学在结合律的意义理解上有很大困难。26.4%的学生达到水平3，能用符号或字母提炼和概括规律。将近80%的学生不能从例子中抽象出规律，不能建立模型，缺乏模型意识和推理意识。我根据这个前测数据，确定了教学目标和教学重难点。

课时教学目标

（1）从意义的角度理解运算律。

（2）模型意识和推理意识的发展。

教学重难点

教学重点： 能结合具体情境，理解并掌握运算定律，并能用字母表示运算定律，能运用运算定律进行一些简便运算，发展运算能力。

教学难点： 结合生活情境，理解运算定律的本质，能从举例中发现规律、总结规律，建立模型思想。并能用所学知识解决简单的实际问题，发展应用意识，建立运算定律的模型意识

续表

学习评价设计
通过本节课的学习,我现在达到了_____级水平。 0级:我找不到算式的规律,不能解释等式为什么相等,不能用自己的方式表示运算定律。(前测:3人,7.9%) 1级:我能找到算式的规律并说出自己的发现,但不会解释等式为什么相等,不能用自己的方式表示运算定律。(前测:14人,36.8%) 2级:我能找到算式的规律并说出自己的发现,会解释等式为什么相等,但不能用自己的方式表示运算定律。(前测:11人,28.9%) 3级:我能找到算式的规律并说出自己的发现,会解释等式为什么相等,并能用自己的方式表示运算定律。(前测:10人,26.4%)

教学活动设计

一、生活情景导入

(一)创设情境,导入新课

师:新学期,学校为了保证同学们的健康,新买了一些洗手液。请同学们看大屏幕,你都找到了哪些数学信息?能提出什么数学问题?

学生活动:(预设)

1. 信息

生:一瓶洗手液12元,每箱有25瓶,买了这样的4箱。

2. 问题

(1)一共要花多少元?

(2)一箱洗手液多少元?

(3)有多少箱洗手液?

(4)支付1000元够吗?……

(二)通过已有认知来解决问题

我们今天先来解决"一共要花多少元"的问题。完整地读一读这道题。

师:你能自己解决这个问题吗?请你按要求在任务单中列式计算,写完后和同桌交流你的想法。

续表

（预设）
生1：12×25=300（元），300×4=1200（元）。
生2：25×4=100（瓶），12×100=1200（元）。
生3：12×25×4=1200（元）。
生4：25×4×12=1200（元）。

【教学意图】学生在三年级时已经学习过用连乘解决实际问题，从学生已有的知识经验出发，为乘法结合律的学习做铺垫。
找学生汇报交流（两种思路），谁来说说你的问题是怎么解决的?
（1）先求一箱洗手液多少元，再求这样的4箱多少元。
（2）先求一共有多少瓶洗手液，再求一共多少元。
师：无论哪种方法，都是求一共要花多少元钱，所以这两个算式是相等的。
学生讲解之后板书：（12×25）×4=12×（25×4）。
【教学意图】借助生活事例，初步感知乘法结合律的模型。

二、利用立体图形构建乘法结合律模型
师：你知道这两个同学是怎么想的吗？

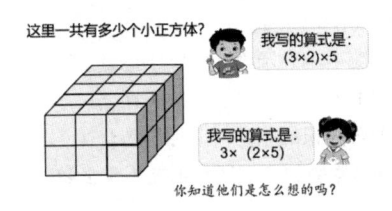

这里一共有多少个小正方体？
我写的算式是：(3×2)×5
我写的算式是：3×(2×5)
你知道他们是怎么想的吗？

（预设）
男生的方法：
（1）先求的是正面，横着看，正面有2个3，就是3×2，像这样的有5组。
（2）先求正面，竖着看，正面有这样的3个2，像这样的是5组。
女生的方法：
（1）先求的是侧面，横着看，一行有5块，有这样的2行，就是2个5，有这样的3组。
（2）先求侧面，竖着看，一列有2块，有这样5列，就是5个2，有这样的3组。
师：出示动画，演示同学们说的方法。
师：经过刚才的学习过程，我们知道这两个算式是相等的。（板书）

$$(3×2)×5=3×(2×5)$$

【教学意图】为学生搭建一个立体图形的构架，让学生深入理解乘法结合律的本质，就是算多个计数单位的累加，只是累加的顺序不一样，结果都相等，进一步建立乘法结合律的模型。

续表

三、建立乘法结合律模型

师：观察黑板上的两组等式，它们有什么相同之处？有什么不同之处？

生：都是三个数相乘，先将前两个数相乘，再乘第三个数，和先乘后两个数，再乘第一个数，结果都是一样的。

这是同学们的发现。（发现）

我们不妨做一个大胆的猜测，像这样的等式里是不是都藏着这样的规律呢？（猜测）

光凭借两组算式就能得出这样的规律吗？我们还要进行验证！（验证）

你想怎么验证？和周围同学先说说你的想法。

（预设）

（1）可以再写出这样的等式，看看结果是否相等。

（2）说一个数学故事来验证。

我们现在来亲自验证一下。

【教学意图】让学生经历"发现问题—提出猜测—再想办法验证自己的猜测"这一学习过程，从而为后面建立乘法结合律的模型做好准备。

学生汇报自己的验证过程，用自己的方式表示出自己得到的规律。

（1）语言描述。

（2）用图形符号描述。

（3）用字母符号描述：$(a \times b) \times c = a \times (b \times c)$。

我们对比来看，你们更喜欢哪一种表示方法？（字母表示更加简洁）

这个规律就是今天我们学习的乘法结合律。（揭示课题）

看到这个规律，你有没有似曾相识的感觉？（加法结合律）

今天我们看到的 a、b、c 都是整数，它们还有可能是什么数？

（预设）小数，分数。

【教学意图】启发学生思考，在数学中，用字母表示更加简洁，感受数字的简便性，触类旁通，与加法结合律进行联结，与分数、小数进行互动。这个规律不仅适用于整数，也适用于小数和分数的运算。

四、应用乘法结合律

你更喜欢哪种计算方法？说说你的理由？

（预设）

（1）喜欢第一种方法，按运算顺序计算，每一步都很清晰。

（2）喜欢第二种方法，让计算变得更加简单。

【教学意图】学习了乘法结合律之后，学生可以应用运算定律进行简便计算，体会乘法结合律在运算中的应用。

算法一：
$98 \times 20 \times 5$
$= 1960 \times 5$
$= 9800$

算法二：
$98 \times 20 \times 5$
$= 98 \times (20 \times 5)$
$= 98 \times 100$
$= 9800$

板书设计
乘法结合律 发现　　（12×25）×4 = 12×（25×4） 猜想　　（3×2）×5 = 3×（2×5） 验证　　机动选择几组学生验证所写等式 小结　　（a×b）×c = a×（b×c） 应用

作业设计
试着用简便方法计算： 25×125×8×4

说明方法的复习与运用

高杨

教学单元基本信息			
学科	语文	年级	五年级
教材版本	统编版	单元	上册第五单元
单元主题	登上百科大讲堂，争做金牌小讲师		
单元教学说明（附结构图）			
五年级语文上册第五单元是习作单元，指向阅读的语文要素"阅读简单的说明性文章，了解基本的说明方法"和指向习作的语文要素"搜集资料，用恰当的说明方法，把一种事物介绍清楚"都服务于学生习作"介绍一种事物"的完成。同时，教材精心编排的精读课文《太阳》《松鼠》、习作例文《鲸》《风向袋的制作》等学习资源，都为学生完成这篇单元习作提供了优秀的表达范例，利于学生体会使用说明方法的好处，感受说明性文章与现实生活的紧密联系，为他们在习作中进行语言实践打下扎实的基础。			

续表

学习主题	登上百科大讲堂，争做金牌小讲师		
学习任务	阅读简单的说明性文章，了解基本的说明方法，搜集资料，用恰当的说明方法，介绍某一种事物		
学习活动	学习活动一 启百科讲堂筹备会	学习活动二 品缤纷世界之奥秘	学习活动三 秀金牌小讲师之彩
活动环节	环节1：概览，说明文体统观 环节2：甄选，心爱之物备写 环节3：谋划，活动计划商定	环节1：太阳空间站 环节2：松鼠宣讲会 环节3：讲堂PK擂台	环节1：介绍事物有妙招 环节2：身边好物我介绍 环节3：百科讲堂齐分享
学习内容	《太阳》《松鼠》 《鲸》《风向袋的制作》 《交流平台》《初试身手》 习作、语文园地七词句	《太阳》 《松鼠》 《鲸》《白鹭》 《初试身手1》《初试身手2》	《鲸》《风向袋的制作》 《交流平台》 《说明方法的复习与运用》 习作
课时安排	1课时	5课时	3课时
学习作业	"登上百科大讲堂，争做金牌小讲师"单元整组作业		
学习评价	表现性评价量表+分项等级评价量表		展示性评价量表

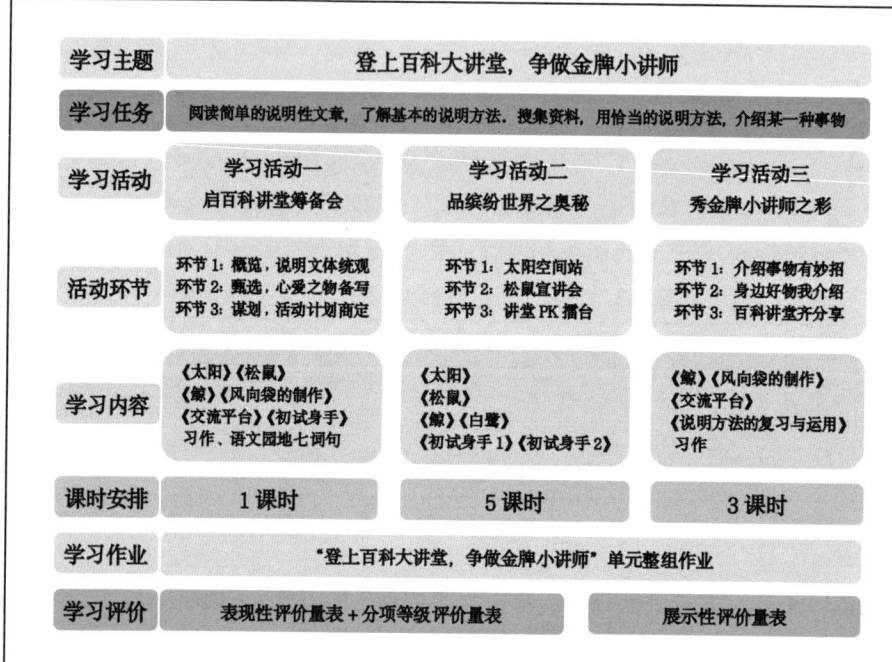

第3课时教学设计

课时教学内容分析

以往的试卷讲评，教师习惯于传统的教法，机械地按照试题顺序逐一讲评，同时辅以详细的板书。这种沿袭了多年的讲评方法对教师而言简单实用，对学生来说却有些枯燥无味，因而实效性不强。

在五单元学习后，通过本单元的习题数据综合来看，正确率最低的习题基本都指向说明方法相关的题，其中包括辨别、理解说明方法的定义和作用，以及恰当运用说明方法说明事物的特点这两方面。这既是本单元的教学重点，也是学生的难点。本节课我将借助大数据对学生的学情进行分析，从而进行精准教学。以"说明方法的复习与运用"为题，带领学生对说明方法相关知识进行复习、巩固。

学生分析

通过后台数据得知，学生在辨别、理解说明方法的定义和作用，以及恰当运用说明方法说明事物的特点这两方面有困难。课前，我在通州区教学评一体化云平台上将做题错误率高的学生分为一组，在课堂上检验这些学生是否理解时，设置分层点名，这既维护了学生的自尊心，又有效地检验了出错学生的学习成果。

课时教学目标

（1）学生能知道说明方法的定义并说出说明方法的作用。
（2）学生能利用资料恰当运用说明方法说明事物的特点。

续表

教学重难点			
学生能利用资料恰当运用说明方法说明事物的特点。			
学习评价设计			
闯关	要求	得星	
第一关	我能准确书写说明方法	☆	
第二关	我能辨别、理解说明方法	☆	
第三关	我能恰当运用说明方法	☆	
教学活动设计			

一、出示数据回顾所学

（1）出示大数据平台显示的本单元习题正确率的数据，正确率最低的习题基本都指向与说明方法相关的题，其中包括辨别、理解说明方法的定义和作用，以及恰当运用说明方法说明事物的特点这两方面。

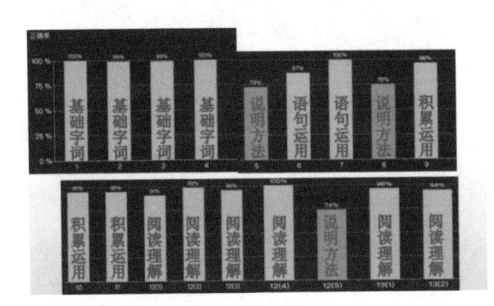

（2）齐读课题。

（3）回顾一下最常用的四种说明方法，指名说、同桌查，教师板书。

【教学意图】明确本节课教学目标，复习常用的说明方法。

二、辨别、理解说明方法

说明方法不仅要写对，还要做到能辨别、理解。

（1）请你以小组为单位，拿出信封里的纸条，把这些关于说明方法的信息，在彩色卡纸上归类摆一摆，并说一说理由。（倒计时5分钟）

（2）交流展示。

（3）出示两道错误率高的习题。

①其实，太阳离我们约有一亿五千万千米远。（列数字）

②实际上太阳大得很，约一百三十万个地球的体积才能抵得上一个太阳。（列数字、做比较）

此题错误率较高，对前后数据进行对比，了解学生学习成果。

（4）出示两道教师出的习题。

①地球是一个半径只有6300多千米的星球，在群星璀璨的宇宙中，就像一叶扁舟。（列数字、打比方）

续表

②这种笨重的书使用起来当然是极不方便的。据说秦始皇每天批阅文书，那些竹简和木片有一百二十斤重。西汉的时候，东方朔给汉武帝写了一篇文章，用了三千片竹简。（列数字、举例子）

【教学意图】能准确地辨别、理解说明方法。

三、恰当运用说明方法

（1）借助信息，运用恰当的说明方法介绍黄山高的特点。
①运用列数字的说明方法介绍黄山高的特点。
②运用列数字、做比较的说明方法介绍黄山高的特点。
③运用列数字、做比较和举例子的说明方法介绍黄山高的特点。

（2）结合资料，提炼海王星的特点，运用恰当的说明方法介绍海王星。
①自己结合资料，提炼特点。
②小组交流，互相评价。
③指名交流。
④全班交流。

【教学意图】通过学习，引导学生能恰当运用说明方法说明海王星的特点，并明白运用说明方法的好处。

四、总结

恰当运用说明方法介绍一种事物。

续表

板书设计
说明方法的复习与运用 列数字　科学准确 举例子　具体直观 打比方　生动形象 做比较　突出强调

作业设计

列习作提纲：
（1）习作要求：①运用恰当的说明方法；②从不同方面介绍事物；③把事物的主要特点写清楚。根据你要介绍的事物，填写下表来厘清习作思路吧。

题目：			
部分		内容	说明方法
开头			
中间	特点1		
	特点2		
	特点3		
结尾			

（2）通过对本单元课文的学习，我们掌握了许多说明事物特点的方法，常见的说明方法有_____、_____、_____、_____……在习作中我们可以根据需要，灵活地使用它们。我打算运用_____的说明方法来介绍事物，体现这个事物_____的特点。

磁铁的性质

宗杉

教学单元基本信息				
学科	科学	年级	四年级	
教材版本	首师大版	单元	上册第四单元	
单元主题	磁与生活			

续表

单元教学说明（附结构图）

本单元属于小学科学课程物质科学领域，衔接低年级简单物体特性认知，开启电磁学启蒙，为后续中学电磁知识奠基，是培养学生观察、思考、实践能力及科学兴趣的重要载体，更助力生活观察与问题解决能力提升。本单元旨在通过对磁铁的性质研究，让学生体验科学发现的过程，了解磁铁有两极、同名极相斥、异名极相吸的性质，并培养学生的探究精神与分析推理能力。

教材通过实验和探究活动，帮助学生理解磁铁的性质及其在日常生活中的应用，如指南针的制作和使用，以及磁悬浮列车的基本原理。教材内容涵盖了磁铁的性质、指南针的使用以及电磁铁的制作和应用，旨在让学生通过实践活动深入理解磁现象。

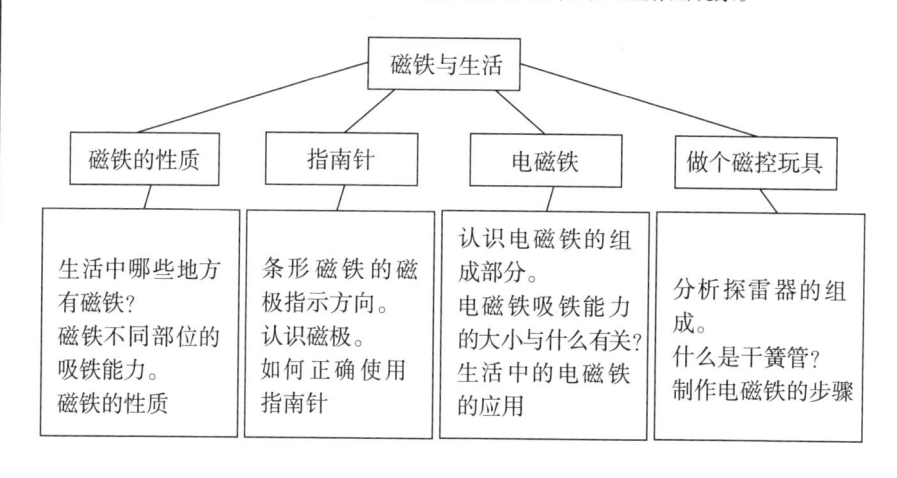

```
                        磁铁与生活
          ┌──────────┬──────────┬──────────┐
       磁铁的性质    指南针      电磁铁    做个磁控玩具
       ┌──────┐   ┌──────┐   ┌──────┐   ┌──────┐
       生活中哪些地方  条形磁铁的磁  认识电磁铁的组  分析探雷器的组
       有磁铁？      极指示方向。   成部分。      成。
       磁铁不同部位的  认识磁极。    电磁铁吸铁能力  什么是干簧管？
       吸铁能力。     如何正确使用   的大小与什么有关？ 制作电磁铁的步骤
       磁铁的性质    指南针        生活中的电磁铁
                                 的应用
```

第1课时教学设计

课时教学内容分析

"磁铁的性质"是首师大版《科学》四年级上册第四单元第一课，这一课主要通过学生的观察、实验、分析和总结，认识磁铁的性质；通过学生的猜想、实验来探究磁铁各部分磁性的强弱，建立"磁铁两端磁性最强""磁铁有两个磁极"的科学概念；通过玩磁铁小车，发现两个磁铁之间有同名极相斥、异名极相吸的性质。本节课着重培养了学生自然观察智能和逻辑数学智能，会做探究磁铁性质的实验，能够从实验现象中分析和归纳出实验结论。使学生能对磁铁性质的研究产生兴趣，了解磁铁在生活中的应用。

学生分析

四年级学生对科学课已经有了更进一步的认识，大部分学生具备了初步的实验探究能力。他们喜欢在自己的探索中获取知识，喜欢在玩中学、做中学、想中学、用中学。但孩子经常只是凭自己的兴趣边玩边做，导致观察不仔细、实验无目的，缺乏与同伴的合作学习。本课基于学生的学情分析，帮助学生发展其观察能力、思维能力、语言表达能力，以及与同伴分工合作的能力。

续表

课时教学目标
知识目标：知道磁铁两极磁性强，具有同名极相斥、异名极相吸的性质。 技能目标：会做探究磁铁性质的实验，能够分析实验现象并归纳、概括科学概念。 情感目标：通过对磁铁性质的研究，能够与同伴合作交流，具有认真、细致的科学态度。
教学重难点
教学重点：知道磁铁两极磁性强，具有同名极相斥、异名极相吸的性质。 教学难点：通过对实验现象分析，能归纳、概括出磁铁两极磁性强的科学概念。
学习评价设计

评价方式：从以下三个维度评价学生的探究性学习水平。
（1）学生对科学概念的建构和理解。
（2）学生在科学探究中的参与、交流及思维状态。
（3）学生在课堂中的情绪状态及持续状态。
评价量规：

维度	初级水平	中级水平	高级水平
科学概念（知道磁铁两极磁性强，同名极相斥、异名极相吸的性质）	不能在教师的引导和同学的帮助下，理解和归纳概括出磁铁两极磁性强，同名极相斥、异名极相吸的科学概念	能在教师的引导下，理解并尝试归纳、概括出磁铁两极磁性强，同名极相斥、异名极相斥的科学概念	能正确理解，尝试自己归纳、概括出磁铁两极磁性强，同名极相斥、异名极相吸的科学概念
科学探究（通过记录单、小组活动及汇报交流的情况进行评价）	在教师的引导下能够实事求是地观察、记录实验现象，但不能根据实验现象进行分析归纳，举一反三	在教师引导下能参与到探究活动中，在小组同学的帮助下能比较真实地观察、记录实验现象，并根据事实进行分析归纳，能举一反三	主动参与到探究活动中，并能够认真、实事求是地观察、记录实验现象，根据事实进行分析归纳，能举一反三
情感态度（通过观察课堂表现进行评价）	不敢提出自己的见解；不能与同学合作交流，不具有认真、细致的科学态度	在教师和同学的鼓励下敢于提出自己的见解；能与同学交流，具有比较认真、细致的科学态度	敢于提出自己不同的见解；主动与同学合作交流；积极参与小组及全班的讨论交流，认真倾听并思考他人发言，能做出评价，发表自己的见解，并具有认真、细致的科学态度
个人			
小组			
教师			

续表

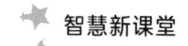

教学活动设计

一、导入

提出问题，创设问题情境。

师：同学们，老师不小心把大头针掉到了水槽里，你能在不触碰水面、不使水溢出的情况下，帮我取出来吗？（预设：用吸铁石）

请学生到前面来用磁铁试一试。

师：磁铁帮了我大忙，今天我们就来玩一玩磁铁，找一找里面蕴藏的科学奥秘！

【教学意图】利用平板电脑投影，展示学生演示操作，帮助其他学生从观察的角度真切地看到实验现象，增强了学生的参与感与学习兴趣。

二、新授

1. 探究磁铁能吸铁的性质

（1）师：老师这有一些不同材料的物体，你觉得磁铁"喜欢"谁？（截屏发送到平板电脑）学生在平板电脑上填写自己的猜想。

（预设：曲别针、钉子、露露易拉罐）

（2）推送实验视频，学生观察实验现象。

（3）师：通过刚才的实验，你有什么发现？（预设：磁铁能吸引曲别针、钉子和露露易拉罐）

师：这些物体有什么共性？（预设：都含有铁）

小结：磁铁能吸引铁，这种性质叫作磁性。

【教学意图】通过观察实验现象，分析、归纳出磁铁能吸引铁的性质。利用平板电脑进行截屏推送和对比讲解，实现学生个性化学习与互动性教学，激发学生的学习兴趣。

2. 探究同一块磁铁上，不同部位的吸铁能力不同

（1）师：磁铁上有很多不同的部位，用A、B、C、D、E表示磁铁上5个不同的部位，它们的吸铁能力一样吗？（预设：不一样；A最强，B其次，逐渐变弱）

（2）出示实验要求，学生进行验证，教师巡视指导。（截屏发送记录单）

（3）组织汇报交流，对比记录单。

师：你们发现这几组同学的实验结果有什么共同规律吗？（预设：都是A、E最强，B、D其次，C最弱）

师：我们能得出什么结论？

磁铁的两端吸铁能力强，即两端磁性强；磁铁的中间部位吸铁能力弱，即中间磁性弱。

小结：我们把磁铁上磁性较强的部分叫作磁极。

磁铁上有两个磁极，分别用字母N（北极）、S（南极）作为标记。

【教学意图】利用平板电脑发送实验记录单，学生将实验现象及时填写与记录，并通过对比交流，更高效、直观地看到其他同学的思考结果，便于对比、总结和归纳出"磁铁的两端磁性强、中间磁性弱"的实验结论。

3. 探究磁铁同名极相斥、异名极相吸的性质

（1）教师出示磁铁小车，玩一玩磁铁小车，出示实验要求。

续表

（2）学生实验，教师巡视指导。
（3）组织汇报、交流。
师：通过这几组同学的汇报，你们有什么发现吗？（预设：相同的磁极是相斥的，不同的磁极是相吸的）
小结：同名极相斥，异名极相吸。
4.总结磁铁的性质
【教学意图】出示课件图片及文字说明，帮助学生明确实验目的和要求，开展实验"同名极相斥、异名极相吸"性质的探究。
三、应用
（1）磁铁在我们的生活中有哪些应用？（出示图片）
（2）出示思考题，利用今天所学的知识来解决。
【教学意图】学以致用，巩固科学概念。结合图片丰富学生的认知，感知科学与生活的密切联系。

板书设计
磁铁的性质 磁铁能吸引铁——磁性 两端吸铁能力强——磁性强 中间吸铁能力弱——磁性弱 同名极相斥，异名极相吸

作业设计
课后思考题： 小明捡到一块磁铁，但他不知道哪端是南极、哪端是北极，你有什么办法吗？

第三章　以研磨学习单为依托，构建智慧新课堂

总　述

侯杰

《义务教育英语课程标准（2022年版）》明确提出，基础英语教学的任务不仅仅是传授知识，更重要的是让学生掌握学习方法，形成有效的学习策略。然而，我国学生长期以来习惯于被动地接受、背记知识。因此，在当前的教改中更加需要强调鼓励学生通过体验自主学习，主动发现知识。但是，小学生的自我管理能力差，对待学习有好奇心却缺乏恒心。

"双减"落地，新课标伊始。教育之路不断改革创新，我们英语团队的创新就是实现以英语"学习单"为载体，以评促学，将评价贯穿于整个英语学习过程，寻求在预学、深学、延学中打造具有"东方"特色的英语课堂。

学习单在英语教学中的应用，使学生发展学习自主性成为可能，它是依据学情分析，为达成学习目标而设计的课堂学习活动的载体。它具有导向性、支架性、合作性等基本特征，有着明确的学习要求、学习内容、学习方式等，对学生的学习具有方向指引、方法指导、资源提供等作用，可以激发学生学习的主动性与参与性，全方位影响着课堂内的师生活动，使学生在达成学习目标的过程中，提高学习兴趣，掌握学习方法，养成学习习惯，提升学习能力，从而实现变"课堂"为"学堂"的转型学习单。根据其介入时机可以分成三种：预习单、任务单、作业单。这三种学习单各有侧重、相互联系，将英语学习的学、思、练、用几个环节统一起来，形成一个知识内化的系统。

反观我们现今的英语学习现状，课时紧、任务重，学生没有语言环境，家长在家无时间辅导或不知如何辅导，学生自主学习能力严重欠缺，这一切都制约了学生英语素养的提升。为此，我们积极研学新课标，不断学习新理

念,在学习和思考、思考与实践、实践与反思中,探索着实现高效课堂的好方法。为了通过预学让学生对新课有初步认知,来提高课上的专注度,带着思考,我们设计了课前预学单。课堂是深度学习的主阵地,我们又思考如何通过适当的任务单和作业单,最大限度提高英语课堂的教学效率,学习单就这样诞生了。

预学单的设计,是通过教师有目的地为学生自主学习搭建框架,学生通过初读、再读、深读完成预学任务,在不断的自主预学过程中,帮助学生形成良好的自主学习习惯,为之后的学习打好基础。

课堂任务单是"三单"的主要组成部分,在主题立意、素养提升的导向下,如何结合文本、学情设计使用任务单,如何通过任务单诊断评价功能促进教学目标的进一步达成,是我们一直以来不断思考和实践的问题。任务单的使用目的是开发学生的思维,使学生厘清学习内容的脉络,因此,"善导"是设计任务单的主旨。任务单的使用可以让学生清晰明了地知道学习目标,教师精准定位学生的学习效果,在孩子们自主预习的基础上,在任务单的引领下,使学生思维活动更加活跃,减少碎片化提问,进而达到深学的效果,实现思维的进阶,让英语深度学习真正发生。

在不断尝试和探索中,在题型的设计上,我们大胆改进,每道题的设计更注重结构性:从新授知识点的学习理解环节,到应用实践,到最后的迁移创新环节,使学生把浅显的语言逐渐串联起来,难度逐步增加,语言应用由点到线、再到面,使学生最后的语言输出能水到渠成,为学生语言能力的实现搭建了学习的支架。

同时,任务单的引用和设计得到了很多专家的认可和好评,一位教研员曾这样点评我们的任务设计:"本节课任务单的设计让我感觉眼前一亮,纵观版面,可以直观地感到情境和结构并线。另外,借助任务单,学生在回答每个问题时都有了落脚点,教师抛出问题后,没有让学生去胡思乱想,而是让学生在思考问题或是语言输出时都有路可依,适当的引导实现了带动班内绝大多数学生小步前进的效果。有了任务单的支撑学生更愿意参与课堂,敢于主动表达,一举多得。"通过一段时间的实践,孩子们在一张张任务单中的帮助下，既能了解每节课学习的知识，又能借助任务单一步步逐渐输出语言，教师的教转化为学生的学，让课堂有质、有量、有抓手，力争使每名学生都能有收获。

作业单的介入帮助英语学习总结归纳、查漏补缺、综合实践，目的是让学生能够学以致用，完全消化吸收。为此，我们的设计摒弃了原有传统作业的弊端，如机械重复、形式单一、可评价性差等，增加了趣味性、层次性、可选择性、可评可测性。

助力教学评一致性，多维度设计评价。为了让学习单更好地服务于课堂，我们把评价与反馈做得更详细、更具体可行了，学习单慢慢走向了成熟。学习单的使用和评价的结合，主要体现在学生自评更加真实、生生互评更加客观、教师评价更加精准，实现了评价贯穿整个英语课堂。首先，学习单可以作为学生自我评价的工具。在完成学习任务后，学生可以对照学习单上的目标和要求，检查自己是否已经掌握了相应的知识和技能。例如，学习单上要求学生能够用英语写一篇简单的自我介绍，学生写完后可以自己检查是否包含了基本信息（姓名、年龄、爱好等）、句子结构是否正确等。这种自我评价可以帮助学生发现自己的优点和不足，及时进行自我调整和改进。其次，对于教师来说，学习单是重要的评价依据。教师可以通过查看学生完成学习单的情况，了解学生对知识的掌握程度。例如，从学生在学习单上回答问题的准确性、书写的规范性、任务完成的完整性等方面，对学生进行全面的评价。而且，学习单上记录的学生学习过程中的表现，如小组讨论中的参与度等，也可以为教师提供更多维度的评价信息，帮助教师更科学地评估学生的学习效果，从而为后续的教学策略调整提供参考。

此外，学习单对学生的自主学习具有分层指导的作用。学生的英语学习水平存在着差异性，而且随着年龄的增长，学生之间的差异性也越来越明显，课堂上如何兼顾不同水平的学生，让每一名学生都能学有所得呢？为学生量身定制的学习单便应运而生。对于基础弱、需要帮助的学生，我们可以让他们完成学习单上最基本的、最容易达成的学习任务。而对于能力强的学生，则可以给予一些有挑战性、有难度的任务。因此，英语学习单可以针对不同学生的学习实际提供指导,以保证学生都能得到发展。

我们的英语学习单就是在这样不断结合课堂实践、思考与反思、推翻与重建的过程中,才逐渐成长、完善起来的。它改进并创新着我们的英语课堂;学生能力提升,自信从容有目标;教师钻研进取,勇于创新敢担当!我们的英语课堂体现出了英语学习真样态。

"长风破浪会有时,直挂云帆济沧海。"学习单道路远且长,为了孩子们的成长,我们会继续不忘初心、潜心研讨!

Unit 7 Explore Nature

姬艳艳

教学单元基本信息					
学科	英语	年级		四年级	
教材版本	北京版	单元		上册 Unit 7	
单元主题		Explore Nature			
单元教学说明(附结构图)					

Explore Nature

子主题1:认识雨雪天气 感受自然变化

子主题2:享受居住环境 亲近自然

子主题3:理解人与自然的关系 热爱自然

Period 1
Feel nature —
Changeable Weather

Period 2
Live in nature —
Different places

Period 3
Define nature —What we need is nature

Period 4
More about nature —
Water cycle

内容:对话教学

内容:对话教学

内容:对话教学

内容:绘本故事

探索大自然
运用所学语言谈论自然现象,树立热爱自然的意识

续表

第1课时教学设计
课时教学内容分析

　　What：本课语篇为日常对话，内容围绕天气变化展开。学生在户外活动的场景中了解雨雪的变化，不同城市、国家的不同天气状况。

　　How：该语篇由图片和对话文本组成，在一个下雪天，Lala、Maomao、Mike 在户外玩，Lala 询问 Maomao 为什么夏天不下雪。（It doesn't snow in summer. Why?）和 Maomao 一起探讨雨、雪的变化；Mike 接了一个电话，和远在悉尼的朋友 Eric 谈论不同地区的温度和天气状况。

　　Why：通过不同季节雨雪的变化、不同地区天气的变化，使学生了解天气的多变，初步感受大自然。

学生分析

一、起点

话题与生活经验起点：本单元授课对象为四年级学生，他们拥有浓厚的英语学习兴趣，乐于表达，具有较好的英语听、说、读、写能力和学习习惯，整体英语水平相对较高。学生在二、三年级已经接触过了关于季节的话题，因此对于本单元涵盖的教学内容而言，他们已经熟知部分词汇短语知识，对于雨雪的变化、不同半球季节不同的相关知识，学生有一定的了解。但是对于英文表达，还需要在教学过程中进一步感知和理解语言意义及需要在教师的引导下多在具体情境中操练。

思维起点：四年级的学生学习积极性高，有很强的理解和表达能力，对于有趣的活动、图片或感兴趣的问题有主动探究的意向和能力。但在分析、推断、批判、评价、创造等方面还处于低阶。此阶段的学生正在脱离低、中年级的懵懂期，向高年级迈进，大脑进入高速的发展期，是提升高阶思维的关键阶段。因此活动设计要明确、有趣，但是要直指主题。多搭建支架，引导学生自主探究、发现、总结。教师在深入解读文本内容和了解学情的基础上，需要精心设计能够启发学生思考的问题，不仅要注意问题的开放性和层次性，还要关联学生的生活实际，既要考虑学生已有的认知水平，又要具有一定的挑战性，问题由浅入深、层层递进，引领学生慢慢感悟主题。

语言起点：学生在二下、三上和三下分别学过季节和温度的相关话题，能够就不同的季节、温度的变化、不同衣物的选择进行对话。

二、困难点

本课语篇内容学生比较容易理解，语篇中温度的表达、雨雪的变化都需要学生进行反复记忆和背诵，这是本课教师会重点关注和需要攻克的难题，遇到时及时纠正。

三、生长点

通过本课的学习，学生基本能够运用所学语言介绍天气状况。

续表

课时教学目标

通过本课时的学习，学生能够：
（1）在看、听、说的活动中，获取 Mike 朋友的基本信息（Name、Live、Weather、Temperature），梳理对话内容，学习新语言。（学习理解）
（2）在教师的帮助下，准确朗读对话，分角色朗读对话，有能力的同学尝试复述对话。（应用实践）
（3）在"我是天气预报员"的活动中，运用所学语言介绍天气状况。（迁移创新）
完成核心目标的核心语言如下。
核心短语：hot, become, clever, ice, Sydney, Kunming, Alaska。
核心句型：How's the weather in...? Bad/Fine/Cold. It's raining/shining/snowing.

教学重难点

教学重点：
在看、听、说的活动中，获取 Mike 朋友的基本信息，梳理对话内容。
教学难点：
运用所学语言介绍不同城市的天气。

学习评价设计

一、课堂评价
（1）教师评价：教师观察学生能否参与互动和交流，主动分享个人对该主题已有的知识、经验，并根据需要调整提问方式，进行追问或给予鼓励。
（2）生生互评：学生之间的互评也贯穿课堂教学始终，生生互评有利于学生在自我反思和彼此欣赏中发现他人的优点与自身的不足。同时，还能培养学生的倾听意识，避免在其他人展示时，自己无事可做。
（3）任务单评价：教师通过巡视学生的任务单完成情况，针对学生出现的问题及时指导。三个任务层层递进，学生在学习理解、应用实践的过程中，最终实现迁移创新，逐步完成教学目标。同时，每个任务都设计了与任务相关的学生自我评价，三个任务都完成后学生通过自主统计自己获星的数量了解自己是否达成本课的学习目标。
二、作业评价
作业设计针对学习目标发现和诊断学生的学习问题，作业评价采取集体讲评，学生自评书写技能情况。教师给出书写的三个等级标准：第一等级，书写干净整洁，练习完全正确；第二等级，书写干净整洁，练习正确率高；第三等级，书写不够干净整洁，练习出错较多。学生自主完成练习，教师讲评之后，学生根据自己的完成情况及评价标准进行自评。

续表

教学活动设计

一、在看、听、说的活动中，获取、梳理对话内容，学习新语言（学习理解）

（1）学生基于已有经验，与教师进行 free talk，激活关于天气、季节的已知信息。同时通过观看视频等方式初步感受 become、below、degree 的含义，形成在不同的季节对不同的天气的认识。

（2）学生基于已有经验，在教师的启发下，回答如"Lala wants to know..." "Do you know why?" "Does Lala know that?"等问题。

（3）学生通过观察图片，获取非文本信息，提升学生的观察能力。在听取信息的活动中，完成任务一，获取 Mike's friend 的基本信息（如 Name、Live、Weather、Temperature），梳理文本的基本信息，认读有关温度的表达。

任务一：Listen and do.
Find some information about Mike's friend.

Name	☐ Maomao ☐ Eric
City（城市）	☐ Sydney ☐ Beijing
Weather	Draw（画） Write（写）
Temperature（温度）	Color

I know the name. ☆   I know the city. ☆   I can draw the weather. ☆
I can write the weather. ☆☆   I know the temperature. ☆☆
I got _____. ☆

学生通过听获取信息，以选择、画或写的形式完成表格。

【教学意图】 本阶段学习活动旨在帮助学生在语境中理解对话内容，学习对话中的词汇和核心语言。学生在教师的指导下，通过听取信息、自主阅读等活动，从大意到细节逐步理解对话内容。学生通过跟读和分角色朗读对话，进一步理解对话内容、内化语言，为语言输出奠定基础。

续表

二、在教师的帮助下，准确朗读对话，分角色表演对话，有能力的同学尝试复述对话（应用实践）

（1）学生听录音跟读、分角色朗读对话，关注语音、语调、节奏、连读、重读等。
（2）学生在教师的指导下，梳理对话核心内容，并尝试根据板书进行复述，形成对不同国家的天气状况的不同认识。

参考语言：Mike is in Beijing, it's snowing, it's five below zero.

任务二：Watch, listen, and do.

In different cities the same country, the weather is changeable.

City	Weather	Temperature	Do

Word bank
Harbin, Kunming, Sanya, sunny, snowing, cloudy, go to parks, play in the snow, go swimming

This is Beijing. It's snowing. It's five below zero. I can play in the snow.

I know these three cities. ☆☆☆   I can talk about the cities. ☆☆☆

学生通过观看教师自制的天气预报视频，了解中国不同城市的天气状况，并通过 Word Bank 的单词支撑完成表格，尝试运用简单的语言介绍某个城市的天气状况，为最后的终极任务做铺垫。

【教学意图】本阶段学习活动引导学生在整理核心语言的基础上，通过分角色朗读深入角色，运用语言理解意义。程度好的同学还可以尝试复述对话内容，促进语言内化，从学习理解过渡到应用实践，为之后的真实表达做准备。

三、在"我是天气预报员"的活动中，运用所学语言介绍天气状况（迁移创新）

（1）学生通过观看天气预报视频，完成任务二，梳理在同一个国家三个不同城市 Harbin、Kunming、Sanya 的不同天气状况、温度，以及可以做的事情，了解在相同的国家的不同城市天气状况也是不同的。

续表

（2）学生通过小组合作，或者自己选择不同的城市进行第二天的天气预报播报，达到初步运用语言的目的。

任务三：我是天气预报员。

Sanya	Kunming	Harbin
☀	☁	☁
30 ℃	17 ℃	−10 ℃

Hello, everyone.（Welcome to the weather forecast.）This is Sanya, it will be a <u>sunny</u> day tomorrow. It's <u>thirty degrees</u>. You can go <u>swimming</u>. Have a nice day!

我能播报三亚明天的天气情况。☆
我能播报两个城市的天气情况。☆☆
我能播报三个城市的天气情况。☆☆☆

学生通过前面的学习，并根据任务中的例文支撑，尝试介绍三个城市中的一个或者多个的天气。

【教学意图】本阶段学习活动旨在帮助学生在迁移的语境中，创造性地运用所学语言，通过介绍不同国家、相同国家不同城市的天气状况，从课文语境逐步走向现实生活，发展语言能力，感受变化的天气，形成天气随季节、地区的变化而变化的观念。

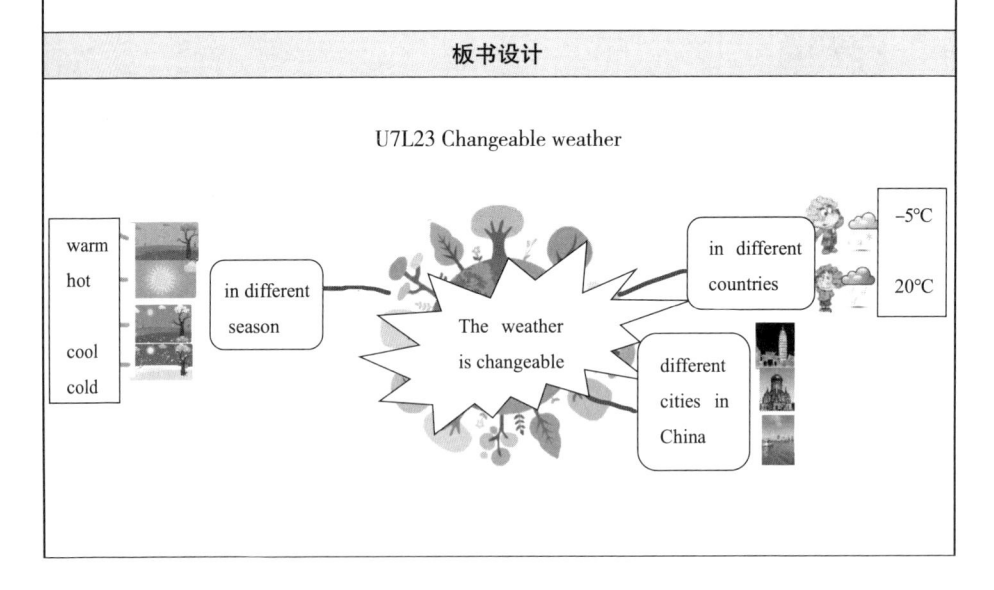

板书设计

U7L23 Changeable weather

warm
hot
cool
cold

in different season

The weather is changeable

in different countries
−5℃
20℃

different cities in China

续表

作业设计

作业单

Unit 7 Lesson 23 课后练习　　Name_____　Class_____　Grade_____

一、Think and write. 请你根据思维导图写出不同季节中的天气，以及雨、雪、冰、水的变化。

In _____, it's cold.

In summer, it's _____.

water　can become　→

I can think: ☆☆☆　I can write: ☆☆☆

二、Write and speak. 下图是 12 月 25 日这天，四个城市的天气情况。请根据例句介绍不同城市的天气，并作为天气预报员向大家介绍四个城市的天气情况。

Beijing	Sydney	Kunming	Alaska
−5℃	20℃	16℃	−25℃

例：–How's the weather in Beijing?　–Bad. It's snowing. It's five below zero.

1. –How's the_____ in Sydney? –Bad. It's_____. It's 20 degrees.
2. –How's the_____ in _____? –Great. It's_____. It's_____.
3. –_____?
   –_____.

I can write: ☆☆☆　I can speak: ☆☆☆

三、Read and order. 你了解自然界中水循环的过程吗？阅读下面的科普短文，并将图片排序。

There is a lot of water in the sea, rivers, and lakes. When the sun shines on the sea, rivers, and lakes, the water can go up into the air and becomes part of it. We call the water in the air water vapour（蒸汽）.

续表

A lot of water vapour makes clouds. Then clouds become rain and the rain comes down to the ground. Water goes down the mountain to the river first, and then goes into the sea.

I can read: ☆☆☆   I can order: ☆☆☆

My dream job

王研

教学单元基本信息			
学科	英语	年级	五年级
教材版本	北京版	单元	下册第六单元
单元主题		Unit 6 My dream job	
单元教学说明（附结构图）			

My dream job

- 树立自己的职业理想
  - 第1课时 了解生活中不同职业
  - Lesson19+语篇资源
  - 通过学习Baobao和Mike在公园里玩航模，互相询问和谈论将来要做什么的对话，尝试运用一般将来时谈论自己和朋友未来从事的职业

- 了解未来职业选择的因素
  - 第2课时 父母职业对自己职业选择的影响
  - Lesson20+语篇资源
  - 通过学习Guoguo和Mike两人谈论各自爸爸的工作和将来要打算从事的职业的对话，了解未来职业选择的因素有哪些，思考自己选择理想职业的原因

  - 第3课时 兴趣爱好对自己职业选择的影响
  - Lesson21+语篇资源
  - 通过学习Mike和Lingling谈论自己的兴趣爱好和将来要从事的职业，以及在哪些方面需要努力的对话，学会用陈述句表达实现理想的途径

- 探讨实现自己职业理想的方法
  - 第4课时 综合表达自己的职业理想
  - Lesson22+综合实践
  - 借助思维导图，和同伴交流自己的职业理想，说明原因，深入思考和交流怎么做才能实现自己的职业梦想

深入对职业的认知，进一步了解职业的特点，初步具有职业规划意识

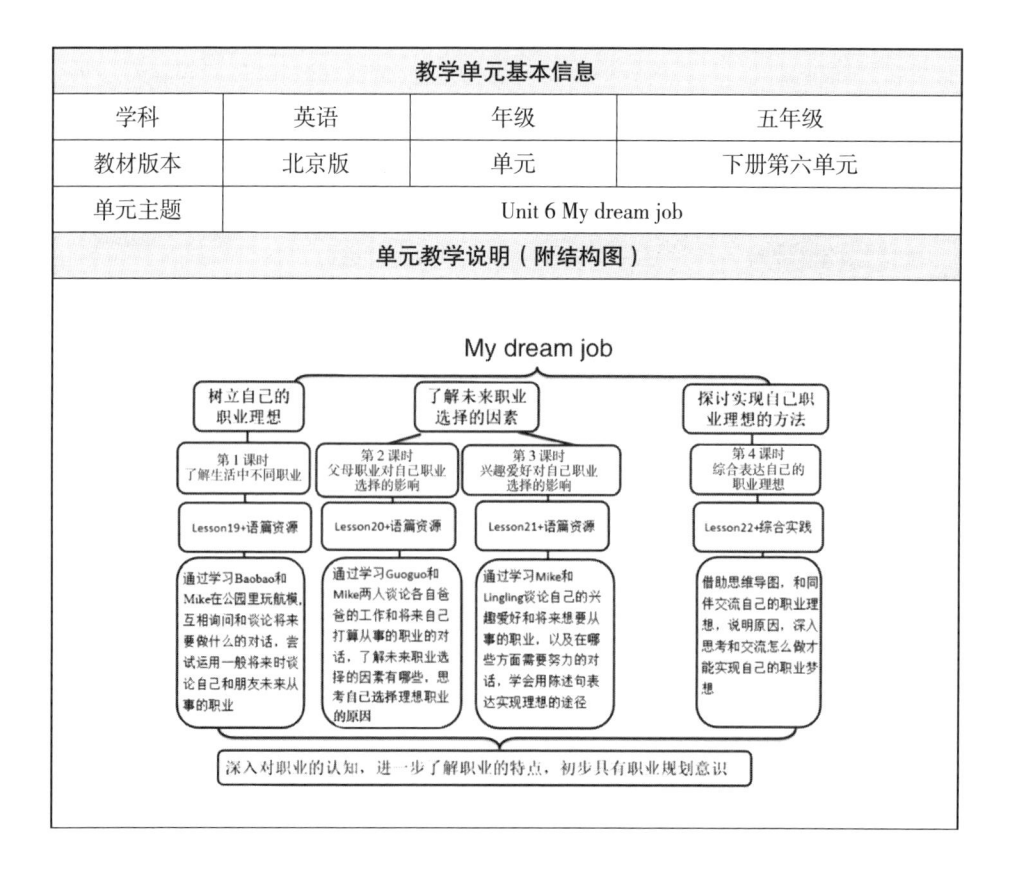

续表

第3课时教学设计
课时教学内容分析

What：通过 Mike 和 Lingling 参观机械制造厂时的谈话，表明因为爱好而确定理想职业，并明确努力方向。
  Why：确定理想职业并决定努力方向，传达给学生正确的职业选择方式和职业发展方向。这有助于学生从小树立理想，意识到要想实现自己的理想，必须具备相应的知识和技能，从现在做起。
  How：了解身边常见的一些职业，询问他人是否喜欢做某事。学习将要从事相关职业的交际用语："Do you enjoy... ?"及其回答："Yes, I do. I want to be a..."

学生分析

语言能力：学生在三年级已经接触过"职业"相关话题，并初步从兴趣爱好出发探讨了职业理想以及家人的职业。在三年级的基础上，学生已经掌握 Writer、Doctor、Dentist、Singer 等职业种类词语，并了解相应的职业特点。学生能够运用"What do you want to be?"及"I want to be..."来询问职业，能用"What does your father do? He is a..."与同伴交流家庭成员的职业信息。学生对将来时态"I will..."的用法有一定的基础。
  文化意识：大部分学生通过三年级对"职业"话题的学习，树立了正确的职业观，并能够合理规划自己未来的职业。
  思维品质：五年级学生思维活跃、模仿能力强，拥有较强的独立思考能力，但批判能力还较弱。学生可以在课堂中保持专注性，并能积极而活跃地参与活动，具有一定自主学习以及创新的能力。针对本单元"理想职业"的主题，五年级学生已经具备思考自己与未来社会的关系的能力。
  学习能力：五年级学生能够根据教师的指令或学习单的引导进行模仿和分析，并完成相应课堂任务。学生对小组合作模式和分工十分明确，愿意进行小组交流和讨论，并且能够通过小组合作完成任务。学生对于新知识接受能力较强，并且愿意就感兴趣的话题进行深入的思考和讨论，通过独立思考或课堂讨论表达个人观点。

课时教学目标

通过本课时的学习，学生能够：
（1）在看、听、说的活动中，获取、梳理对话中 Mike 和 Lingling 的理想职业和需要为之付出的努力。（学习理解）
（2）在教师的帮助下，分角色表演对话，在学习单的辅助下，转述对话。（应用实践）
（3）根据听力录音，完成新词学习，对同伴的爱好和理想职业进行问答和描述。（应用实践）
（4）通过绘制并介绍自己职业理想的梦想卡，谈论如何为之付出努力，初步形成为理想努力奋斗的意识。（迁移创新）
核心短语：making things, making clothes, writing stories, playing the piano, an engineer, a writer, a tailor, a pianist

续表

核心句型：	– Do you enjoy making things? – Yes, I do. I want to be an engineer. – What do you need to do to become a pilot? – I need to be strong and fit to be a pilot.

教学重难点

教学重点：
能够运用 enjoy 描述爱好，want to be 描述职业梦想，should、need to、have to+动词原形的形式表达要求和建议。

教学难点：
有逻辑地表达自己的职业想法，为自己或他人实现职业理想提出合理的要求或建议。

学习评价设计

结合课时教学目标、教学重难点和学情，在整个授课过程中利用任务单贯穿学生学习评价，引导学生及时了解自己的学习成果。

（1）问题引领，学生通过听获取信息并完成任务单的 Task1，给问题选出适当的答案，答对记一星。

（2）在学习第二幅主题图时，学生通过自读课文，完成有关 Lingling 职业梦想的思维导图 Task2，获取信息每一点记一星。

（3）在课程的拓展运用环节，学生通过对话框架完成对话创编 Task3，对话内容丰富记一星，对话内容无语言表达错误记一星，不借助框架自主会话记一星。

（4）最后在 dream job 环节，学生通过完成 dream job card 向他人介绍自己的梦想职业，记一星。

教学活动设计

（1）通过 job song 以及对个人爱好和梦想工作的调查，师生展开自由谈论。

T: What words do you hear about jobs in this song?

S: They are teachers, doctors, fire fighters and …

（2）观察主题图，预测对话内容。

We know Mike will be a pilot. So he wants to know more about this job. So he comes to the factory.

（3）视听对话，初步获取对话大意。

Q1: S: What are they talking about?

S: They are talking about their jobs.

（4）再听对话音频，深入理解对话内容。

Q1: Why does Mike want to be a pilot?

Q2: What does Mike need to do?

学生完成任务单 Task1 的听力测试及圈出正确答案。

S: Number 1, I choose A. Because he enjoys making model plane.

  Number 2, I choose B and C. He has to exercise a lot and be strong and fit.

教师出示图片，观察对比，讲解 strong and fit。

续表

（5）师生构建 Mike's dream job 的思维导图并尝试复述相关内容。
S: Mike wants to be a pilot. Because he enjoys making model plane. He needs to be strong and fit and do exercise a lot.
（6）细读对话，深入理解对话内容。
Q: What will Lingling be in the future? Why?
学生自读课文，根据表格完成信息提取。（学习单 Task2）
学生组内分享学习成果。
Lingling wants to be an engineer. Because she enjoys making things. She should study hard. And she is good at math and drawing.
【教学意图】本阶段学习活动旨在帮助学生在语境中理解对话内容，学习对话中的词汇和核心语言。学生在教师指导下，观察主题图，自主探究并预测课文大意，通过观看对话视频，从大意到细节逐步理解对话内容，与此同时提升学生提取主要信息、概括总结的能力。
（7）学生听录音跟读、分角色朗读对话，关注语音、语调、节奏、连读、重读等。
（8）基于对话内容，学生进行角色扮演。
（9）借助板书，在教师指导下，进行对话复述。
【教学意图】本阶段学习活动旨在引导学生在归纳和整理核心语言的基础上，通过角色扮演使每名学生都能深入角色，运用语言理解意义。程度较好的学生可以尝试使用连续话语介绍对话中 Mike 和 Lingling 的理想职业和需要为之付出的努力，为后面的真实表达做准备。
（10）创设 Maomao 和 Guoguo 进行梦想职业的对话。通过听力练习学习新词和进一步操练巩固语言，并使用目标语言进行转述。
Maomao: It's a person who makes clothes for people.（学习 tailor）
Guoguo: It's a person who is good at playing the piano.（学习 pianist）
强调字母在单词中的发音。
（11）看视频，了解 There are many famous people in our country. Do you know them? What do they do? 引导学生了解不同职业的不同意义。并尝试利用本课功能句完成小组对话。（学习单 Task3）
对话支撑：
– Hi, ××. What do you want to be in the future?
– I want to be a/an...
– Why? / Do you enjoy...?
– Because....
– What do you need to do?
– I should/need to....
（12）Let's make a card. 创设班级"梦想职业分享会"的情境，绘制关于你的爱好、职业理想和做法的梦想卡。
Step1: 通过介绍 Candy's dream card，了解介绍自己职业理想的方式。
Step2: 小组讨论 My dream job。运用所学语言，向同伴介绍自己的职业理想。

续表

Step3: 完成 dream card 的语篇书写。

Step4: 全班展示。

【教学意图】本阶段学习活动旨在帮助学生在迁移的语境中，创造性地运用所学语言，交流个人的爱好、职业理想及想为之付出的努力。学生在介绍职业理想的过程中，发展语言能力，初步形成为理想而努力奋斗的意识。

（13）Homework：熟练阅读 L21 课文，完成课后任务单。

板书设计

Unit 6 Lesson 21 Working hard for your dream

Who	What	Why	How
	a pilot	enjoys making model planes	• be strong and fit • exercise a lot

Who	What	Why	How
	an engineer	enjoys making things	• study hard • be good at maths and drawing

作业设计

Read and judge（T/F）

1. Mike and Lingling go to the factory with friend. （   ）

2. Mike wants to be a writer in the future. （   ）

3. Lingling enjoys singing. （   ）

4. Mike has to exercise a lot. （   ）

5. Lingling should be good at English. （   ）

Choose the correct words

study   pilot   exercise   should   engineer

I want to be a _____ and I will fly a plane.

I want to be a football player. I _____ _____ every day.

I want to be an _____. I will design the most wonderful spaceship in the world.

We should all _____ hard.

Talk about your dream job（Job ☆ Reason ☆☆ Need to ☆☆☆）

Hi, I'm _____. I want to be a/an _____ in the future. Because _____. I should/ need to _____. Hope my dream will come true.

Unit 6 May I take your order?

张晓凝

教学单元基本信息			
学科	英语	年级	四年级
教材版本	北京版	单元	上册第六单元
单元主题	Order healthy food and have a healthy life		
单元教学说明（附结构图）			

  本单元是基于英语学习活动观、教材单元主题意义的探究和学情分析后的单元整体教学设计，关联学生的实际生活，以"Order healthy food and have a healthy life"为主题展开的一系列活动的参与和交流，让学生有意识地用英语与身边的朋友进行在不同餐厅的点餐交流，树立均衡饮食和健康饮食的意识，了解中西方饮食文化的差异，具备跨文化交际意识。

  通过上述分析，我发现本单元的主题是"人与自我"范畴下的"生活与学习、做人与做事"，因此，我将本单元的主题定为"Order healthy food and have a healthy life"，构建了以下单元整体框架：

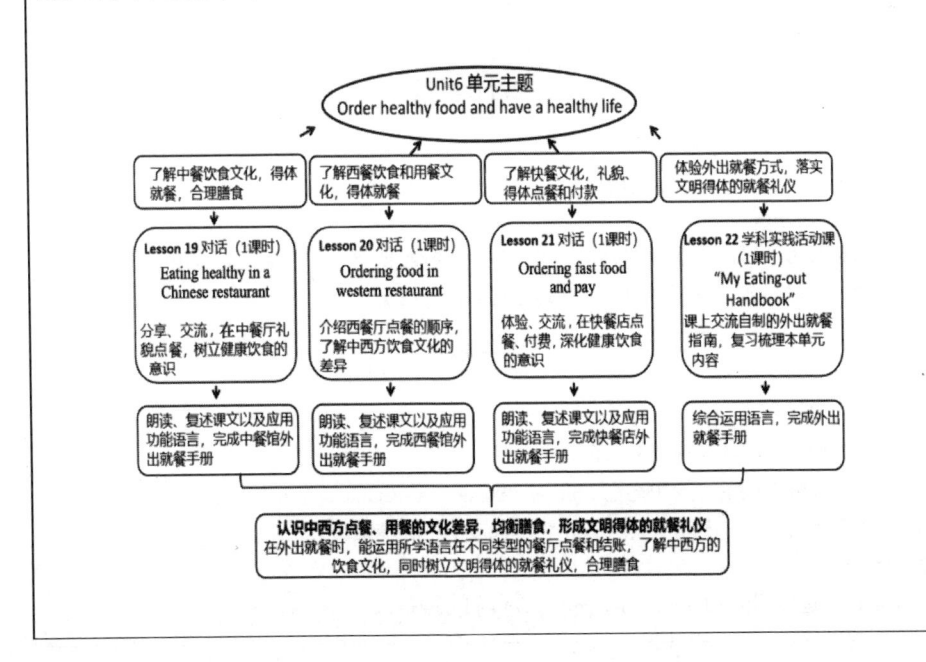

Unit6 单元主题
Order healthy food and have a healthy life

- 了解中餐饮食文化，得体就餐，合理膳食
- 了解西餐饮食和用餐文化，得体就餐
- 了解快餐文化，礼貌、得体点餐和付款
- 体验外出就餐方式，落实文明得体的就餐礼仪

Lesson 19 对话（1课时）
Eating healthy in a Chinese restaurant
分享、交流，在中餐厅礼貌点餐，树立健康饮食的意识

Lesson 20 对话（1课时）
Ordering food in western restaurant
介绍西餐厅点餐的顺序，了解中西方饮食文化的差异

Lesson 21 对话（1课时）
Ordering fast food and pay
体验、交流，在快餐店点餐、付费，深化健康饮食的意识

Lesson 22 学科实践活动课（1课时）
"My Eating-out Handbook"
课上交流自制的外出就餐指南，复习梳理本单元内容

朗读、复述课文以及应用功能语言，完成中餐馆外出就餐手册

朗读、复述课文以及应用功能语言，完成西餐馆外出就餐手册

朗读、复述课文以及应用功能语言，完成快餐店外出就餐手册

综合运用语言，完成外出就餐手册

认识中西方点餐、用餐的文化差异，均衡膳食，形成文明得体的就餐礼仪
在外出就餐时，能运用所学语言在不同类型的餐厅点餐和结账，了解中西方的饮食文化，同时树立文明得体的就餐礼仪，合理膳食

续表

第1课时教学设计

课时教学内容分析

What：本课语篇情境为中餐厅，内容围绕 Mike 与家人点餐而展开。通过 Mike 的爸爸询问其家人想要吃的食物以及服务员点餐，妈妈和 Mike 针对菜式和口味进行了回答，主要涉及一级子主题中的个人喜好与情感表达、饮食与健康。

How：本对话分为两个话题，话题1是 Mike 爸爸询问家人喜爱的食物，话题2是服务员点餐，其中涉及中餐食物词汇，如 sweet and sour fish、meatballs、Chinese cabbage、soy milk、Peking Duck 等。

Why：通过点餐及 Mike 妈妈对口味的选择，引导学生学会礼貌点餐，感知膳食均衡，初步树立健康饮食的意识。

学生分析

一、语言能力

学生在二年级英语下册第二单元学习了关于食物的词汇及句型，并能够运用句型"What's for breakfast? We have..."简单交流一日三餐，在三年级上册第三单元进一步学习了食物词汇，并能用句型"What's your favourite food? It's..."交流自己最喜爱的食物，为本课的深入拓展学习奠定了坚实的基础。

二、学习能力

学生思维活跃，接受能力较强，具备一定的理解、分析、判断、评价、创造能力，能够有秩序地与同学进行交流与合作，也能按要求参与课堂学习活动，但语言能力出现了分层现象。

第1课时教学目标

通过本课时学习，学生能够：

（1）在看、听、读、说的活动中，获取、梳理对话中 Mike 及其家人所点的菜式和口味的信息。（学习理解）

（2）分角色表演对话，并在情境中运用功能句进行表达。（学习理解 & 应用实践）

（3）综合运用语言，分享、交流，礼貌点餐，树立健康饮食的意识。（迁移创新）

教学重难点

教学重点：

（1）正确理解、朗读对话，分角色表演对话。

（2）正确理解、认读、运用词汇 Chinese cabbage、sweet and sour fish、salty、healthy。

（3）综合运用语言，分享、交流，礼貌点餐，树立健康饮食的意识。

教学难点：

正确认读、运用词汇 Chinese cabbage、sweet and sour fish、salty、healthy

续表

学习评价设计

一、教师评价

语言技能评价：在表达性技能方面，教师侧重于观察学生能否大声朗读所学对话，能否在教师的指导下，借助板书上的语言支撑复述对话。在教学过程中，教师及时用激励性语言评价学生，引领学生不断体验英语学习的成功及乐趣。

学习策略评价：在学习策略方面，教师侧重于观察学生能否在学习中积极思考在不同餐厅中如何礼貌点餐并进行交流，根据学生情况进行及时反馈和帮助，激励学生保持对英语学习的积极态度和自信心。

二、学生评价

在实践应用环节，引导其他学生对进行对话表演的同学的表现进行语言和肢体语言相结合的鼓励及对他人的表演提出针对性的建议，学生之间的互动能促进彼此更好地参与课堂活动。

三、学生自我评价

学生自我评价量规	
1. 我能够准确、流利、声音洪亮地朗读对话内容	☆☆☆
2. 我能够有意识地让自己的语调有升有降，能够断句，能够有意识地进行连续	☆☆☆
3. 我能够有感情地表演对话，代入角色所在情境，并辅以适当的肢体动作	☆☆☆
4. 围绕"Order healthy food and have a healthy life"主题，在语境中，简单表达自己如何选择健康食物的态度和观点	☆☆☆
5. 乐于与他人合作共同完成学习任务	☆☆☆
6. 乐于与他人分享、交流，礼貌点餐，形成健康饮食的态度	☆☆☆

教学活动设计

一、在看、听、读、说的活动中，获取、梳理对话中 Mike 及其家人所点的菜式和口味的信息（学习理解）

Activity 1：Free Talk

谈论自己最喜爱的食物，明确本课主题。

【效果评价】教师观察学生能否用完整句子说出自己最喜爱的食物，并引导学生大胆表达，根据需要给予鼓励。

续表

Activity 2：学习对话

1. 感知对话大意

➢ 观察主题图回答："Who are they? What are they looking at?"引出菜单，并引导学生猜测："What would they like to eat?"

【效果评价】教师观察学生是否能够结合对话主题图和视频，获取相关信息，并根据学生表现给予指导、反馈和评价。

2. 理解对话内容

➢ 完整听音频一遍，并回答："What would they like to eat?"

➢ 分图听音频，以问题链"What would mum like to eat? What would Mike like to eat? What would dad like to eat?"获取、梳理信息，学习 Chinese cabbage、sweet and sour fish、salty、healthy，总结谈论喜爱的食物以及点餐语言。

【效果评价】教师观察学生是否能够结合对话音频、视频获取对话信息，是否能够梳理、总结喜爱的食物和点餐语言，对学生的表现进行及时的引导和评价激励。

Activity 3：体验语言表达

学生听录音并跟读课文，注意语音语调。

【效果评价】教师根据不同能力水平的学生跟读、朗读对话的情况，给予适当的正音指导。

【教学意图】帮助学生理解对话内容，学习对话中的核心词汇和语言，学生通过观看视频、听音频等形式从大意到细节逐步理解对话内容、内化语言，为语言的输出做好铺垫。

二、分角色表演对话，并在情境中运用功能句进行表达（学习理解＆应用实践）

Activity 4：表演对话

以小组为单位进行对话表演。

【效果评价】教师观察学生能否进行对话表演，引导学生互评。

Activity 5：情境表达

➢ 借助视频资源，了解膳食均衡的方式方法，引发学生讨论 Mike 一家的饮食选择是否健康。

【效果评价】教师根据学生对视频资源中"我的健康餐盘"概念的回应和反馈，引导学生开展如何做到膳食均衡的讨论，并给予评价。

➢ 创设为 Mike 一家继续选择健康菜式的情境，使用 soy milk、Peking Duck 等词汇及主要功能句型进行小组合作练习，体验如何合理搭配健康食物。

【效果评价】教师观察学生能否运用核心词汇和功能句进行小组问答交流，根据学生表现给予评价。

【教学意图】本阶段学习活动旨在梳理、学习和内化主要功能句型和核心语言，为进一步在现实生活中运用所学做好铺垫。

三、综合运用语言，分享、交流，礼貌点餐，树立健康饮食的意识（迁移创新）

Activity 6：拓展延伸

➢ 使用学习单引出北京的三个老字号餐馆，设置情境，激发学生的学习兴趣，为后续小组合作点餐做准备。

续表

Unit6 Period 1 Eating healthy in a Chinese restaurant.
Worksheet

Talk:
---What would you like to eat?
---I'd like…
Because it's/they're…(yummy/ healthy.)
Order:
---May I take your order now?
---Yes…

	Standards	Stars
	Order healthy food（点健康的食物）	☆☆
	Use the new language（使用新语言）	☆☆
	Good team work（团结协作）	☆☆

学生自我评价量观

1. 我能够准确、流利地、声音洪亮地朗读对话内容。		☆☆☆
2. 我能够有意识地让自己的语调有升降变化，能够断句，有意识地进行连读。		☆☆☆
3. 我能够有感情地表演对话，代入角色所在情境，并辅以适当的肢体动作。		☆☆☆
4. 围绕"Order healthy food and have a healthy life"主题，在语境中，简单表述自己如何选择健康食物的态度和观点。		☆☆☆
5. 乐于与他人合作共同完成学习任务。		☆☆☆
6. 乐于与他人分享、交流礼貌点餐，形成健康饮食的态度。		☆☆☆

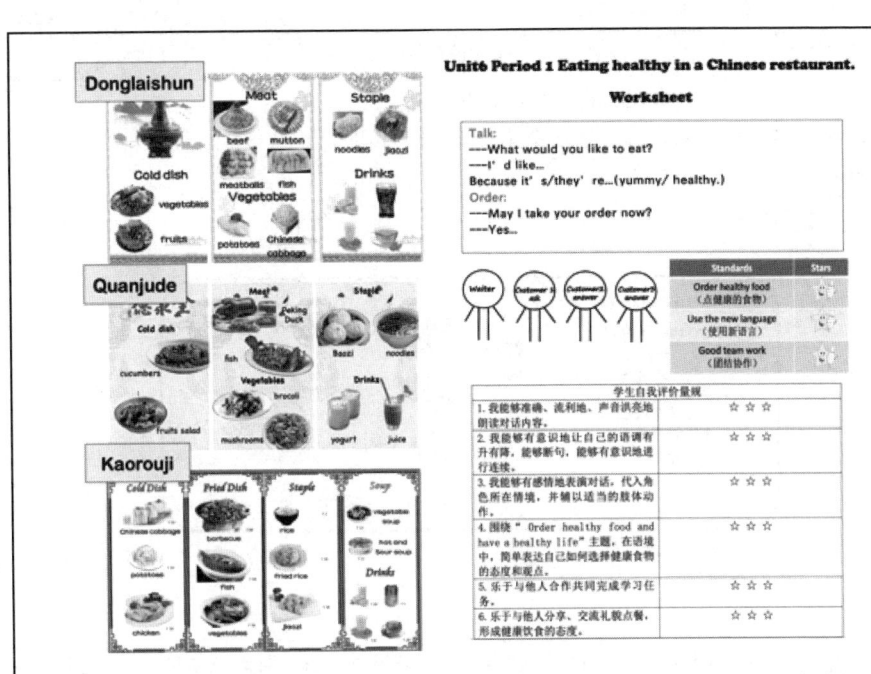

【效果评价】教师根据学生借助图片激活已有生活经验的情况，及时给予学生交流和反馈。

➢ 学生自主选感兴趣的中餐厅，在思考饮食均衡性的前提下，结合相应的菜单进行选择，运用所学语言进行综合表达，引导学生分享、交流，礼貌点餐。

【效果评价】教师观察学生在小组讨论和展示中能否综合运用语言表达对健康饮食和礼貌点餐的态度和观点，根据需要给予指导和反馈。

【教学意图】本阶段学习活动旨在引导学生超越语篇，联系实际生活，创造性地运用所学语言。学生从课本走向现实生活，在分享、交流的过程中，发展语言能力，初步形成对健康饮食、健康生活的认识与理解。

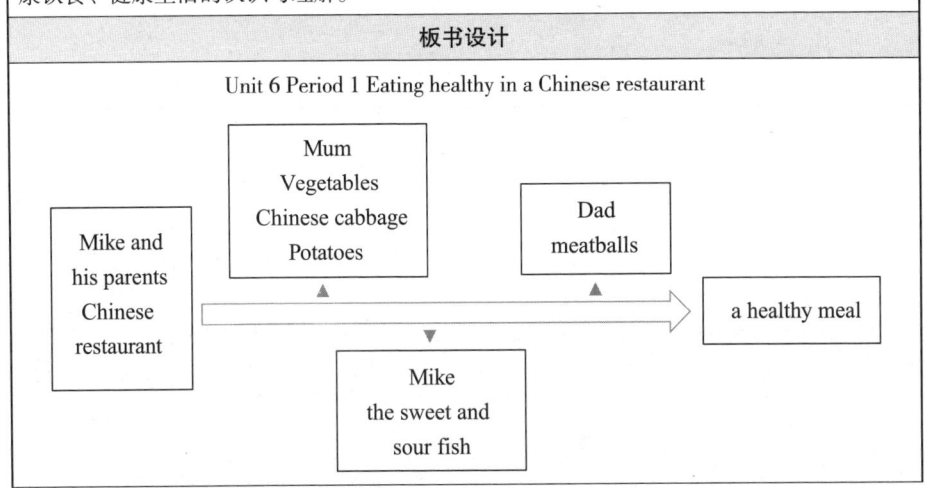

板书设计

Unit 6 Period 1 Eating healthy in a Chinese restaurant

Mike and his parents Chinese restaurant →
- Mum Vegetables Chinese cabbage Potatoes
- Mike the sweet and sour fish
- Dad meatballs
→ a healthy meal

137

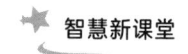

作业设计

Unit 6 Period 1 Eating healthy in a Chinese restaurant

基础作业一：Listen, read or retell.（听课文录音，朗读两遍或复述）

I can read Lesson 19.（教材 p42）

I can retell Lesson 19.

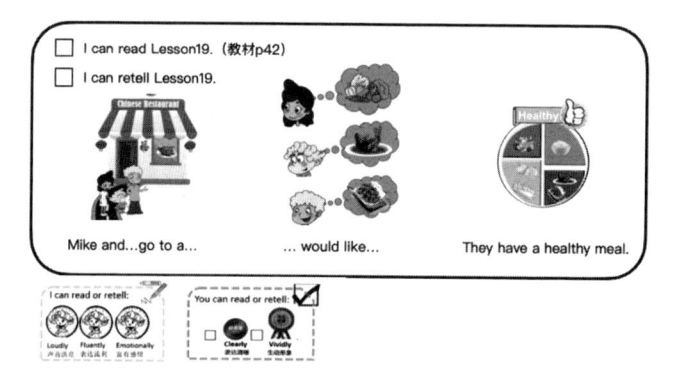

应用作业二：Make your healthy meals. 设计自己营养均衡的一日三餐健康菜单，可以选择用英文，也可以进行图画创作。

Meals	Grains	Protein	Vegetables	Fruits	Drinks
Breakfast					
Lunch					
Supper					

第二部分

成果篇

第一章　小学古诗文关联化教学策略的研究

浅谈小学古诗文关联化教学的策略

宋庆捷

中国古诗词博大精深，是中华民族的瑰宝。在小学语文教学中，切实提高古诗文教学的有效性会使学生受益终身。但在小学语文各板块的教学中，古诗文教学容易枯燥无味。那如何提高古诗文的教学质量呢？我认为巧妙地利用关联因子，构建立体古诗文教学体系尤为重要。

一、以文构建文本层面的混合式关联

众所周知，文指的是古诗作品本身。在文本基础之上，建立作品之间的关联、作品与典故之间的关联、作品与生活之间的关联。

（一）寻找作品与作品间的相通点，激荡诗情

在古诗文教学中，如果要完整地认识一类诗，必须跳出所学古诗本身，横向看一类诗之间的相通点，掌握这类诗的特点。比如，我在讲《赠汪伦》这首诗中"桃花潭水深千尺，不及汪伦送我情"这一句时，让学生认识到桃花潭水的水深与作者和好友间的情深对比是运用了夸张手法。再让学生关联李白其他运用夸张手法的诗，学生自然联想到《早发白帝城》中"轻舟已过万重山"的"万"字，既是数词，又是夸张的手法，说明路已行得很远，尤其是在与"轻"字的比较中得出这条船的行驶速度很快等。在横向关联的过程中，学生理解了李白诗歌的语言特点，使原本枯燥的古诗文课堂生动起来。

（二）寻找作品与典故间的内隐点，妙趣横生

在古诗文教学中，教师让学生大量引经据典可以把诗读厚、读深、读远，有助于发挥学生的想象力，找准作品和典故间的内隐点，提高古诗教学趣味。如学习《寻隐者不遇》这首诗时，为了更好地让学生认识贾岛，我引导学生关联他的另外一首诗《题李凝幽居》，讲述"推敲"的典故，理解古诗创作的严谨和艰辛，以此激发学生懂得"无论做什么事，要想成功就得严谨"的道理。

（三）寻找课内与课外的契合点，化碎为整

1.重背景关联深度探究

古诗很容易让人和文有距离感。要想更好地理解古诗，自然离不开对古诗的背景挖掘。在教学中，我经常采用背景关联的方式，组织学生深度探究诗文背后的故事。比如，我在讲《示儿》这首诗时，不仅让学生了解它是爱国情怀的经典之作，还引导学生以时光轴的形式把诗和诗人大量的创作背景资料进行关联，探究诗人的创作意图。学生在创作背景的情境还原中，与诗人产生情感共鸣，感受到诗人的爱国之情。在小学古诗文教学中，背景关联可帮助学生深入地挖掘作者当时的内心情感，帮助学生的理解升华。

2.重写作关联学以致用

在古诗文教学的过程中，注重写作关联，可以让学生更好地掌握古诗的内涵和外延。教师可引导学生利用课堂上所学的知识进行古诗再创作，根据自己的日常生活模拟写诗。在大量研读和反复尝试的基础上，学生的兴趣会逐渐被激发，创作出高质量的古体诗。比如，在学习柳宗元的《江雪》这首诗时，我让学生知道诗人通过写老渔翁凄清独钓的情景，展现了他怀才不遇的凄怨而迷离的意境，给人忧伤和惆怅之感，再引导学生模仿写诗。学生在选择写诗素材时，聚焦选择了符合自己所写诗歌意境和情感的景物，既熟悉又容易找到两者间的相似点，再以咏物为题表达自己的情感，使学生兴趣盎然。比如有的学生以《咏梅》为题，暗示自己如同在困境中生长的梅花，表达了自己无论遇到怎样的境遇都努力奋斗的精神等。

在课堂上，教师注重写作关联，一定会让学生对于古诗文学习不再单纯地停留在古诗文表象，而是能读懂古诗文背后的故事。

3.重生活关联尽显内涵

课堂上的古为今用给古诗文披上了神秘的面纱，并赋予了古诗文在当今时代同样重要的意义。我在教学《凉州词》这首诗时，不仅让学生体会边塞战士思念家乡的复杂情感，还采用关联生活的方法，让学生尝试联系自己的学习和生活感受战士们思念家乡的情感，并引导他们换位成战士身份，关联课外积累的诗，深切感受到战士们叙不尽、道不完的思乡情。

总之，教学中的古为今用能更好地展现古诗文的时代张力，让学生感受到古诗文的现代魅力，进而激发他们学习古诗文的兴趣。

二、以人构建人本层面的对比式关联

古诗中的人自然让我们想到读者和作者，他们之间既有相似点，又有不同点，发现规律，建立人本层面的对比式关联，更能读懂诗中的内涵，提高课堂实效。

（一）对比找相似，打通读者与作者间的界限

在古诗文中让作者与读者产生关联，进行时空对话，引发共鸣，从而增进读者对诗人作品的理解，有助于提升古诗文的教学效果。比如，在教《村居》这首诗中"儿童散学归来早，忙趁东风放纸鸢"这句时，我便引导学生想象孩子们当时放学后竞相放飞风筝的热闹场景，并关联他们自己放风筝时的心情。学生找到与这首诗的共同点后兴趣盎然，进一步激发了他们学习古诗的兴趣。相仿的年龄、相似的经历、相同的心情都会让学生在学习过程中拉近与古人的距离，备感亲切。

（二）对比找异同，联结作者与作者间的情谊

在教学中，老师巧妙引导学生对各类风格的古诗加以区别和联系，也很容易激发学生学习古诗的兴趣。分类化整的学习方式，学生乐于接受，兴趣

浓厚。如教学《早发白帝城》时，我便引导学生理解诗中的"朝辞白帝彩云间，千里江陵一日还"中"白帝"和"彩云"两种颜色和事物的对比，"千里"可以"一日还"，越发显示出作者豪迈与洒脱的特点。李白是"诗仙"，语言风格以洒脱见长，和他同一朝代的"诗圣"杜甫是现实主义诗人，一生忧国忧民，忧郁一生，两人风格截然不同。课上，为了便于学生了解两个人的诗风特点，我还引导学生关联了杜甫的《春望》，让他们知道诗中"感时花溅泪，恨别鸟惊心"的"花"与"鸟"表达了诗人的亡国之痛、离别之悲、亲人之思。见了"花"会"溅泪"，"鸟"也会"惊心"。让学生在两首古诗的对比中，感受到两位诗人虽然所处朝代相同，但诗歌特点不同。

教学中古诗文的对比式关联，可让学生进一步了解作品、理解作者，从而能更好地把握古诗文背后的隐性知识，提高学生的文化修养和底蕴。

三、以情构建情境层面的纵深式关联

古诗中的"情"分为作者通过作品所表达出的感情，及借此激发出的学生感情。教师通过入情入境地建立情境关联立体模式，激发学生学习古诗的兴趣。

比如，寻找古诗与绘画的互动点，可让课堂活起来、动起来。教师采取诗配画的关联形式进行教学互动，可调动学生学习古诗的积极性，挖掘他们的创作因子，拓展思维。在教学杨万里的《小池》时，我让学生知道诗人围绕小池，以泉眼、树荫、小荷、蜻蜓等景物为绘画元素，构建了一种清新、活力的氛围，描述了一幅静谧中富有生机的夏日荷花图。然后再引导学生利用手中美妙的画笔，发挥想象描绘出他们心目中的夏日小池景，学生在美妙的古曲声中，作画入情入境，既理解了诗意，揣摩到诗人的情感，又发挥了惊人的想象力，画得形象生动。可见，诗配画既能进一步加深学生对古诗的理解，强化诗文在学生心目中的记忆，还能培养学生的审美情趣。

综上所述，关联教学不仅是一种引导学生学习古诗文的方法，更是一种激发学生学习古诗文的有效媒介。在课堂上巧妙地建立起作者、作品与现实社会生活体验等多层面的立体关联，可以让古诗文教学熠熠生辉！

关联视角下的小学古诗词教学

朱敬华

古诗词以其精练的语言、优美的意境和深邃的寓意，承载着中华民族数千年的文化内涵。在小学阶段，古诗词教学是培养学生语文素养、传承中华优秀传统文化的重要途径。然而，由于小学生知识面较窄、生活阅历尚浅，对古诗词中描绘的时代背景、人物情感和风土人情往往难以理解，使得古诗词教学成为教学难点。关联视角下的古诗词教学，通过寻找诗词之间的内在联系，如季节、情感、主题等方面的关联，能够帮助学生构建知识网络，加深对古诗词的理解与感悟，从而有效提升教学效果。

一、以季节为关联的古诗词教学

（一）春季关联诗词——《咏柳》与《村居》的教学整合

在教学伊始，我通过播放展现柳树婀娜姿态的视频，引入贺知章的《咏柳》。引导学生细致观察柳树的形态，启发他们思考诗人是如何运用形象的比喻，将柳树比作碧玉，把柳枝形容为绿丝绦。在学生深入理解诗句后，组织学生讨论诗人对春天柳树的喜爱与赞美之情是如何通过字词表达出来的。例如，"碧玉妆成一树高"中的"妆"字，赋予柳树以人的美感，生动地描绘出柳树的高大与翠绿。

接着引入《村居》。在学生对春天景色有了初步感知的基础上，让他们诵读"草长莺飞二月天，拂堤杨柳醉春烟"，引导学生对比两首诗中对柳树描写的异同。同时，关注诗中的儿童活动"儿童散学归来早，忙趁东风放纸鸢"，组织学生分享自己在春天放风筝或参与其他户外活动的经历，讨论春天除了美景之外，还带给人们怎样的活力与欢乐。通过这样的关联教学，学生能够更加全面地感受春天在古诗词中的多元呈现，加深对春季特点以及诗人借景抒情手法的理解。

（二）秋季关联诗词——《山行》与《枫桥夜泊》的协同教学

对于杜牧的《山行》，课上，我带领学生展开想象，描绘"远上寒山石径斜，白云生处有人家"所展现的画面，引导学生感受诗人在登山途中所见秋景的层次感。重点赏析"停车坐爱枫林晚，霜叶红于二月花"，让学生体会诗人对秋天枫叶的独特喜爱之情。通过与春天花朵的对比，理解诗人对秋天的生机与艳丽的别样赞美，思考诗人为何将霜叶与二月花作比，这种对比对表达情感有何作用。

在教授张继的《枫桥夜泊》时，先让学生聆听寒山寺悠扬的钟声音频，营造出诗中的氛围。然后引导学生理解"月落乌啼霜满天，江枫渔火对愁眠"中"江枫"所代表的秋意，与《山行》中的枫叶相呼应，同时体会诗人在秋夜旅途中的孤独与忧愁。通过对比两首诗中秋天景色所烘托出的不同情感，学生能够深入理解秋季在古诗词中既可以是充满诗意与豪情的，也可以是清冷孤寂、引发愁思的，从而丰富他们对秋季意象与情感内涵的认知。

二、以诗人情感为关联的古诗词教学

（一）思乡之情关联诗词——《静夜思》与《泊船瓜洲》的情感共鸣教学

教学李白的《静夜思》时，我为学生创设静谧的夜晚情境，调暗教室灯光，让学生在安静的氛围中诵读古诗。引导学生回忆自己离开家思念亲人的经历，将自身情感与诗人的情感相联系，感受诗人在异乡独处时，因明月而触发的浓烈的思乡之情。提问学生："你们在看到明月时，是否也会想起远方的家人？诗人为什么会在看到月光时就思念故乡呢？"通过这样的问题引导学生深入理解诗人的情感。

引入王安石的《泊船瓜洲》，让学生在地图上找出京口、瓜洲和钟山的位置，理解诗人所处的地理位置与家乡的关系。在诵读古诗的过程中，引导学生体会诗人虽离家不远却不能归的惆怅。对比两首诗中诗人借明月表达思乡之情的异同，例如，两首诗都以明月为情感寄托，但《静夜思》更侧重于直接表达思乡的愁绪，而《泊船瓜洲》则在思乡中融入了对归期的期盼和对政治前途的忧虑。使学生深刻理解思乡这一情感主题在不同情境和表达手法下的展现，提高他们对古诗词情感内涵的感悟能力。

（二）爱国情怀关联诗词——《示儿》与《过零丁洋》的精神传承教学

在教授陆游的《示儿》时，我先讲述陆游所处的南宋时期，国家面临北方政权威胁的历史背景，介绍陆游一生的爱国事迹和他对国家统一的执着追求。让学生在理解诗句的过程中，感受陆游临终前对国家统一的深切期盼和至死不渝的爱国情怀。组织学生讨论："陆游在临死前还念念不忘国家统一，这体现了他怎样的精神？如果你们处于那个时代，会有怎样的感受？"

再引入文天祥的《过零丁洋》，介绍文天祥在南宋末年的抗元经历，以及他被俘后的心境。引导学生分析"辛苦遭逢起一经，干戈寥落四周星。山河破碎风飘絮，身世浮沉雨打萍。惶恐滩头说惶恐，零丁洋里叹零丁。人生自古谁无死？留取丹心照汗青"中诗人对国家命运的忧虑和以死明志的决心。通过关联这两首诗，让学生体会不同诗人在国家危亡时刻共同的爱国精神，传承这种伟大的民族气节，增强学生的民族自豪感和文化认同感。

三、以送别为关联的古诗词教学

（一）《送元二使安西》与《别董大二首·其一》的对比教学

在教学王维的《送元二使安西》时，通过角色扮演，让学生模拟送别场景，体会诗中诗人对友人远行的担忧与不舍。引导学生关注诗中的环境描写对送别情感的烘托作用，如"朝雨""客舍""柳色"等意象营造出的清新而又略带忧伤的氛围，以及"酒"这一意象在送别文化中的特殊意义，探讨为什么诗人要劝友人再饮一杯酒。

对于高适的《别董大二首·其一》，我先展示塞外风沙的视频，营造出诗中的恶劣环境氛围。让学生诵读"千里黄云白日曛，北风吹雁雪纷纷。莫愁前路无知己，天下谁人不识君"，引导学生对比两首诗送别情感的差异，前一首情感低沉婉转，后一首则豪迈豁达。通过分析这种差异产生的原因，如送别对象的不同、送别地点与情境的不同等，让学生深入理解送别主题在古诗词中的丰富内涵，以及诗人如何根据不同情况运用不同的表达方式来传达送别之情。例如，让学生思考王维的诗是在中原地区送别友人前往安西，路途遥远且环境陌生，而高适的诗是在塞外送别友人，虽环境恶劣但对友人的未来充满信心，这两种不同的情境如何影响了诗人的情感表达。

通过关联视角下的古诗词教学实践，我发现学生对古诗词的学习兴趣明显提高。他们不再孤立地看待一首首古诗词，而是能够主动寻找诗词之间的联系，构建起自己的知识网络。在课堂上，学生能够积极参与讨论，分享自己对古诗词的理解和感悟，并且能够运用所学关联方法自主学习新古诗词，提高自主学习能力。

关联视角下的小学古诗词教学为提高教学质量、传承中华优秀传统文化提供了有效途径。教师应不断探索和创新教学方法，引导学生在古诗词的海洋中畅游，感受其独特魅力，促进学生语文素养和文化底蕴的全面提升。

关联想象赋能思维提升

米莹

习近平总书记在党的二十大报告中指出"要传承中华优秀传统文化"。中华文化源远流长、灿烂辉煌。2022年版《义务教育语文课程标准》中提出：语文学科核心素养包括文化自信，即热爱中华文化，继承和弘扬中华优秀传统文化。统编版小学语文教材较以前的人教版，古诗文增幅高达80%，这正是落实党的二十大精神和培养语文核心素养的重要载体。古诗因其篇幅短小、词句对仗、合辙押韵、诵读起来朗朗上口等特点，易于学生朗读、背诵。但是，对于古诗的含义、诗中所描绘的画面，学生理解起来有困难。笔者就自己执教的统编版教材二年级下册《晓出净慈寺送林子方》一课，说说如何运用关联想象和支架，落实单元语文要素，提升学生的思维能力。

一、运用想象关联画面，理解诗句含义

低年级的学生（6—7岁）处于皮亚杰认知发展阶段理论中的"前运算阶段"。这一阶段的儿童通过语言、模仿、想象、符号游戏和符号绘画来发展符号化的表征图式。他们的知识仍然在很大程度上取决于自身的知觉。因此，运用学习支架，通过观看视频、图片，引导学生将具体形象的画面与诗句结合起来，从而理解诗句含义是行之有效的方法。

学习任务就是教师基于学生立场设计的，围绕教学目标，以问题为中心，让学习得以发生的载体和支架。问题作为学习任务的重要元素，是促使学生进行有意义学习的关键，也是促使学生思维逐步提升的关键。

《晓出净慈寺送林子方》是杨万里早晨出门送别友人时即景起兴而作。作者先发感慨，再写实景，虚实结合，表现手法独特。全诗语言浅近明白，生动描绘了六月西湖独有的美景，色彩明丽，意境开阔，由衷地表达了诗人对西湖的赞美之情。课后习题要求学生读"接天莲叶无穷碧，映日荷花别样红"，说说看到了怎样的画面。

本课的教学目标是：

（1）认识"晓，慈"等五个生字，书写"湖，莲，荷，穷"四个生字。

（2）正确、流利地朗读诗句，背诵古诗。初步感知古诗的吟诵方法。

（3）能初步了解诗句的意思，用自己的话说出诗句描写的画面。

本课教学环节如下：

    看图激趣，导入课题
    一读古诗，读准字音
    二读古诗，读出韵律
    三读古诗，读出画面
    学习生字，规范书写

串联旧知，理解运用

总结延伸，拓展积累

因本课生字较少，笔者采取随文识字和在语境中识字的教学策略。在"一读古诗，读准字音；二读古诗，读出韵律"的过程中，学生掌握了"晓、慈"等五个生字的读音，理解了意思。

"三读古诗，读出画面"是为了突破读诗句、说画面这一教学难点的。在这里主要运用关联想象。

1.接天莲叶无穷碧

人们都说"诗中有画，画中有诗"，读这句，你从诗中看到了什么样的莲叶？

预设：接天的莲叶

引导：是啊，站在西湖边，低头看到莲叶一层一层。这就是——（女生读）

往远处看，这还是——（男生读）

再往远处看，一直看到视线的尽头，都是——（齐读）

远远望过去，就与天相接了！齐读体会：那是多么壮观啊！满湖的莲叶，满眼的绿色，远远地伸向天边，与蓝天相接！

在这一环节中，笔者提出让学生在读后说说看到什么样的莲叶的学习任务，引导学生找到本句中的关键词"接天""无穷""碧"。并根据学生的回答，顺学而导。当学生提到"接天的莲叶"时，利用引读引导学生感受荷叶由近及远、又密又多的特点。

层层递进的图片和导语将学生引入情境，视觉的直观感受和诗句相关联，使学生理解了"接天莲叶无穷碧"。进而让学生说一说脑海中出现怎样的画面，通过学生的表达，将感受带入对诗句的理解中，最终形成对画面的描述。

2.映日荷花别样红

刚才，我们用"想象"的方法，将诗中之景用自己的语言描述了出来。现在，我们还用这样的方法，想象下一句的画面。请四个人一小组，先读读诗句，然后说一说你想象的画面。

预设：想象有特别红的荷花。

根据回答引导：怎样的红？和其他荷花相比，不一样在什么地方？（特别红）板书：红

为什么这么红？（在阳光照射下）你是怎么知道的？（映日）

映日——在阳光的照射下！这是什么时候的太阳？（早晨的太阳）

你是怎么知道的？（晓）评价：你会用联系诗题理解古诗意思的方法，为你点赞！

还有什么原因，你能联系上一句看看荷花为什么别样红吗？（在荷叶的映衬下）评价：是的，在翠绿的莲叶映衬下才显得这么红的！

有了绿的映衬，红更红了，有了红的点缀，绿也就更绿了！颜色多么鲜艳，对比多么强烈，男女生对读！

在这一大环节设计中，运用画图支架，通过完成想象画面的任务，利用图片帮助学生理解"映日荷花别样红"，当学生看到阳光照耀下的荷花变得红艳艳时，自然理解了诗句的意思。而从"红"与"绿"的对比中，也感受到了色彩艳丽、红绿相配的美丽景色。

二、运用模拟关联情境，感受美好画面

"模拟情境"既是学习任务，也是学习支架。模拟情境是让学生扮演情景角色，模拟情境过程，使学生在高度仿真的情境中获取知识和提高能力。在理解诗句的含义之后，我创设了如下情境：

好朋友林子方就要远赴福州去做官了，一大早，杨万里就赶来为他送行。两人漫步在西湖边，边聊着这些日子相处的点点滴滴，边欣赏着西湖盛夏的美景。如果你是杨万里，请把这美景告诉你的好朋友吧！

并出示两人漫步西湖边的图片，将学生引入古诗中描绘的情境，将自己想象成作者在送别友人，两人一组再现当时的画面。学生在"情感支架"中，仿佛穿越回古代，体会了杨万里的情感，表达了对西湖美景的赞美和对友人的依依不舍之情。

三、运用背景学习关联诗人，了解结构特征

"背景学习"指对诗人所处的时代背景、诗人的经历、诗中涉及的地点等信息进行搜集整理后，以简单介绍、将故事提炼成关键内容、进行配对游戏等方式，将与古诗学习有关的资料提供给学生，利于他们对古诗的深入学习和对诗人情感的体会。

学生在一年级学过写景诗的结构都是先写景再抒情，但本首诗的结构却是先抒情再写景。也正是因为前两句的强烈抒情，使得其成为千古名句。为了让学生理解本诗的结构特点，我运用"背景学习"设计了如下环节：

大多数写景的古诗都是一开始就写景，比如《春晓》《村居》，而这首诗为什么一上来就先发出赞叹？其实杨万里在送别林子方时一共写了两首诗。（引导学生齐读第一首诗：出得西湖月尚残，荷花荡里柳行间。红香世界清凉国，行了南山却北山）

清晨走出西湖时天上还挂着残月，杨万里陪着林子方穿过荷塘，走在杨柳依依的小道上。一路上看到西湖美景，回想两人相处的历历往事，杨万里恋恋不舍，不禁发出赞叹。（配乐吟诵本诗）

正因为有了前一首诗的写实，才使作者在本诗开始就强烈地抒发情感。有了这样的"背景学习"，学生在理解古诗结构特点上也更加简单易懂。

本节课的教学根据学生现有的学习水平，完成"想象关联画面"和"模拟关联情境"，帮助学生了解古诗所描绘的画面，感受作者心情；通过完成"背景学习关联诗人"，感知本首古诗与第一首古诗的结构特点。

在教学时，教师要面向学生，在了解学生现有知识经验、能力水平、学习兴趣、学习方式偏好的基础上，尽力从学生的实际生活中寻找关联点，从学生脑海中提取画面，努力在古诗和学生已有知识经验中创造情境，设计学习任务，调动学生的积极性和主动性，引导学生理解古诗的意思，提升学生学习古诗的能力。在任务驱动下，不断加深对古诗的理解，进而提升思维品质。同时让学生具有一定的文化底蕴，落实语文核心素养和立德树人的根本任务，从而真正走进我们的传统文化，进而学以致用，使古诗的生命活力和人文精神重新发扬光大。

古诗之美，在关联中绽放

侯雪媛

古诗词是中华文化的瑰宝，它以其独特的艺术魅力和丰富的文化内涵，成为小学语文教学不可或缺的内容。然而，在实际教学中，小学生由于年龄较小，古诗词积累有限，加之古诗语言简练、意境深远，往往难以理解和掌握。因此，探索一种有效的小学古诗教学方法显得尤为重要。关联教学可以帮助学生更好地理解和掌握所学内容，加深学生对古诗的理解和感悟，提升审美素养。

一、关联多种手段，启发想象，领悟古诗的意境美

诗的思想感情和艺术境界的统一就是诗的意境。小语课本中诗歌构成的一个个意境真是五彩缤纷：有《望庐山瀑布》的壮美，有《暮江吟》的那种江南水乡的秀美，有《蚕妇》中喷发的悲剧之美，还有《小儿垂钓》所体现的喜剧之美……教学时，可关联多种手段，启发学生进行想象，领略诗歌的意境美。圣陶先生曾说过：古诗教学目标是陶冶性情和培养想象力。在学生弄懂诗意的基础上，充分发挥他们的想象力，努力追寻作品所表现的艺术境界，就会在不知不觉中受到美的熏陶。

（一）读与悟相关联，激发想象的兴趣

读是一种最基本的训练，在读的过程中，可借助语感的模糊识别功能理解一些"不可言传"的词语，同时通过多种形式的、反复的读，可给学生提供开阔的想象空间，展开想象的翅膀，领会诗的意境美。如我在教学《草》一诗时，就引导学生用自读、指名读、引读和配乐读等多种朗读方式，在反复朗读中理解"野火烧不尽，春风吹又生"这一句的深刻含义。学生在反复朗读中，都能积极展开想象的翅膀，诉说自己对小草坚韧不拔的性格和顽强

的生命力的认识，也能真正领悟到小草那默默无闻、无私奉献的精神。

（二）演与悟相关联，提升想象的能力

诗的语言及表达的意思都是比较抽象的，这就造成了阅历和知识都不丰富的小学生的理解困难，而通过表演，把抽象的语言还原成具体的动作场面，可减缓理解的坡度，有利于开启学生的想象之门，理解诗的意境。如在教学《九月九日忆山东兄弟》后两句时，我让学生进行表演：一个同学扮演"我"，在教室的一边，正孑然落寞地思念亲人，在教室的另一边让几个同学扮演"兄弟"，他们一边登上"山头"（站在课桌上），头上插满"茱萸"，一边翘首踮脚向远方遥望，好像要看远游的"我"。通过这样一表演，学生想象力的翅膀张开了，诗人那股浓浓的思乡之情自然地注入学生的脑中，他们自然地领略了诗的意境之美。

（三）观与悟相关联，拓宽想象的维度

电教手段由于其直观性、生动性，可调动学生的各种感官来领会诗歌的意境美。如教学《望庐山瀑布》时，可给学生播放瀑布的录音以渲染气氛，再让学生想象瀑布那飞流直下的磅礴气势。在教学《江雪》时，可把诗中的画面制成影片进行放映：大地一片雪白，在雪花纷扬的江面上，漂着一叶小舟，一个老翁独自在寒冷的江中垂钓。同时配以一遍遍声情并茂的朗读，再经过教师精心点拨，便可把学生带进诗人刻意经营的孤独、冷清、寂静的世界，让学生的心灵与诗中描绘的意境产生强烈的共鸣，拓宽他们想象的维度，提升他们的综合素养。

二、情感关联，动之以情，感受动人的感情美

古诗往往蕴含着诗人丰富的情感，没有感情就没有诗，没有诗人真挚浓烈的感情，就不可能产生动人心弦的诗歌，通过关联不同古诗中的情感，可以让学生更深入地理解诗人的内心世界。例如，我在教授表达爱国情感的古诗时，就会把陆游的《示儿》与林升的《题临安邸》进行关联，让学生感受

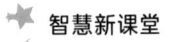

到诗人对国家命运的忧虑和对民族未来的期望。

每一首诗都流淌着作者浓浓的情愫。有的充满爱国的激情，有的荡漾着思乡的思绪，有的饱含对祖国美丽河山的热爱，有的则闪现着朋友间真挚的友情。如李白的《赠汪伦》，学生从李白与汪伦的交往中感受到的是一种诚挚的、感人的友情，体验到的是人间友情的可贵。教学时，我除了运用最基本的读的手段外，还会让学生听、想，以及运用电教等手段，让学生关联自己的生活实际去理解诗人表达的情感，学生的学习效果会更好。如在教学《江上渔者》时，我运用"录像媒体"这个手段，让学生身临其境地体会诗人要表达的情感。诗的前一句写了鲈鱼味道鲜美，后一句是诗的升华之处，也是焕发人们情感的点睛之笔，这时录像放映这样的场景：一叶扁舟上一位渔民吃力地拖着渔网，在阴风怒号、随时可能会倾覆小舟的滔天浊浪中作业，风在悲鸣、浪在肆虐……此情此景，学生哪能不动情呢？学生不仅感受到鲈鱼的美味，也能体会到渔民捕捞的艰辛。学生受到情的感染，感受诗歌的感情美，受到美好情感的熏陶。

三、读诗与作画相关联，再现古诗的画面美

宋代著名文学家苏轼在评论唐代大诗人、画家王维（摩诘）的《蓝田烟雨图》时说："味摩诘之诗，诗中有画；观摩诘之画，画中有诗。"可见诗与画关联手法的绝妙。

诗与画之所以能够相互关联，是因为两者有某些共同的审美特性，如诗与画都具有色彩美、结构美、韵律美、意境美等。因此，唐宋许多著名诗人的诗句，常常被人选作绘画的题材。从小学教材中所选的古诗看，其中不少堪称"诗中有画"的名篇。所以，我在古诗教学时，就抓住了诗中有画的特点，让学生充分发挥想象力，走进诗中的意境，体会诗人要表达的情感。如教学杨万里的《小池》时，我就会引导学生体会诗人着眼于小池，抓住泉眼、树荫、小荷、蜻蜓等景物的特点，用清新活泼的语言，描绘了一幅静谧、温馨而富于生机的泉池小荷图。在教学杜甫的《绝句》时，我就会引导学生体

会全诗一句一景的特点，让学生在学习中明白诗句合起来则宛如一幅浑然一体的画卷。其中对景物色彩的描绘有鹂之"黄"、柳之"翠"、鹭之"白"、天之"青"、雪之"白"，还有暗含诗中的江之"蓝"、船之"褐"等。这些色彩绚丽的景物，远近高低相映成趣，真是一派春和景明、令人赏心悦目的景象。

古诗的语言极为精练。仅仅通过接触语言来学习古诗，儿童对古诗画面美的理解就会是笼统的、模糊的。我抓住"诗中有画"的特点，把"诗"与"画"关联起来进行教学，通过作画手法，具体而形象地再现古诗中的画意，唤起学生丰富的联想，从而引导学生深入体会古诗的画面美。

小学古诗关联教学是一种有效的教学方法，它可以通过关联不同古诗的意境、情感和手法等，帮助学生深入理解古诗，提高教学效果。因此，在小学语文教学中，应大力推广和应用关联教学策略，以培养学生的古诗素养和审美能力。

多元交互实现古诗教学的质变升级

王继红

关联化教学源于建构主义理论，认为学习是个体与外部世界交互作用的过程，强调在新知识与旧知识、生活经验及相关学科之间建立有意义的联系，从而促进深度学习。对于古诗教学而言，意味着打破古诗作为孤立文本的传统观念，将其视为反映历史、文化、情感的多维载体，以此为基础构建丰富的教学情境，增强学生的参与度与学习动力。

一、同一单元内古诗表达方式和主题的关联阅读

建构主义理论强调学习是学生主动建构知识的过程，而非被动接受。在古诗教学中，通过关联化学习，学生能够将自己的经验和外界信息相结合，构建起对古诗词更深层次的理解。

统编版五上语文第四单元《古诗三首》中《示儿》与《题临安邸》在表达方式和主题上各有侧重，《题临安邸》以辛辣的语言揭露了南宋统治集团的享乐主义，警告他们不应忘记国耻，表达忧国忧民之情。《示儿》呈现的是遗嘱般的爱国热忱。

（1）对古诗历史背景进行解析：教师引导学生了解两首诗创作的时代背景，比如北宋灭亡、南宋偏安江南的事实，这有助于学生理解诗中所含的政治寓意与情感基调。

（2）情感共鸣：通过朗读、分析诗句，带领学生体会两位诗人不同的抒情手法与情感层次，探讨为何同样面对国家命运，两者表达的角度与方式如此不同。

（3）批判性思维训练：鼓励学生思考，在不同的历史时期，个人如何通过文字表达对国家、对社会的态度，这种态度又如何受到其所处时代的局限与影响。

（4）创作实践：设计写作任务，要求学生以现代视角重新诠释或回应其中一首诗歌，或创作一首与主题相关的诗歌，以现代语言演绎古代情感，加深对传统文化的理解与尊重。

二、同一单元内古诗表达方式和内容的关联阅读

布鲁姆将认知过程分为六个层级，从简单的记忆到复杂的评价。关联化教学策略促进学生从记住古诗内容上升至理解、应用甚至创新的高级思维层次，鼓励他们在各种情境中运用古诗知识解决问题。

对于统编版六下语文第四单元《古诗三首》，我们将通过李贺的《马诗》、于谦的《石灰吟》以及郑燮的《竹石》三首古诗，探究中国古典文学中描写的坚韧品格及其多种表现形式。

（1）文本赏析：逐句解析每首诗的语言艺术与意象运用，引导学生感受诗歌内在韵律与画面美感，提高审美感知能力。

（2）主旨、内容比较：鼓励学生讨论三首诗在表达方式与主旨内容上的

异同，探索不同景物如何被赋予相似的精神特质，深化对坚韧品质的认识。

（3）创作延伸：激励学生尝试以现代视角重新解读或续写这些经典，或将坚韧精神融入自己的生活体验中，创作一篇小作文或诗歌，锻炼创新思维与表达技巧。

三、分类对比阅读，探索古诗在主题上的关联

基于建构主义理论，围绕某一主题，如"友情""自然美景"，搜集相关古诗，引导学生进行比较分析，提炼共性与差异，帮助他们构建知识网络，强化主题印象，增强记忆效率，实现新旧知识的联结。

学生在朗诵古诗词的同时注入自己的感情，理解作者写作的心态，这能够使学生在学习过程中对古诗词的理解更加深刻，并真正了解古诗词的文化。教材中所选古诗词抒发的感情大体有以下几种：爱国情怀，人与人之间真挚的情感，思乡之情，热爱山水田园，抒发壮志豪情及壮志难酬的悲愤郁闷，感伤时事，怀古伤今。

（1）指导学生了解作者所处的时代背景、遭遇经历、个性特征等。如李白傲视权贵的个性，渴望施展才华而郁郁不得志；杜甫穷困潦倒、乱世流离的不幸及忧国忧民的情怀；刘禹锡、苏轼屡遭贬官的经历；岑参、范仲淹的边塞军旅生涯；辛弃疾、陆游遭排挤打击，报国无门的无奈。古诗词教学让学生进入想象空间，在想象的古诗词意境中产生情感共鸣和移情，最终达到联想，以调动自己的生活经验去体现古诗词中的形象。如在《示儿》中可以抓住一个"悲"字，诗人为什么会悲？学生会联想到什么悲伤的画面？引导学生进入"悲"的情境后，让学生看到诗人死不瞑目、老泪纵横的画面，理解诗人"收复中原，还我河山"的至死不渝的爱国情感。

（2）通过标题来确定。有些标题即指明了诗的主题，如标题中出现"送"，表明是送别诗，往往是表达真挚友情的；出现"塞上、塞下"，表明是边塞诗，往往表现的是戍边将士的爱国、思乡之情等。

（3）通过意象（人、景、物）来确定。意象往往具有象征意义，如"胡

马""单于""楼兰"象征入侵的敌人;"柳"与送别有关,古人有折柳而别的习俗;借"雁""月亮"以抒发思乡怀人之情;"花落""花残"令人伤感;"杜鹃""子规"叫声哀婉,令人凄凉哀伤;"菊花""梅花"象征坚强、高洁等。

选取围绕相同主题的多首古诗进行系统教学。如《赠汪伦》与《送元二使安西》,两首送别诗风格迥异,前者轻松幽默,后者深情凝重,通过比较,学生能够领悟到友谊的多样性和表达的多样性,学会多角度审视人际关系。再如《赠汪伦》与《黄鹤楼送孟浩然之广陵》,通过对比两位诗人对待友情的态度与表达方式,促进学生深入理解友情的多种面貌,同时增强逻辑思维与比较分析能力。

四、一首古诗关联多首组诗,课内课外相得益彰

古人留下的诗词成千上万,但是教材里选用的基本都是经典,数量有限。教师在教学中要引导学生不仅要学习教材中的古诗词,还要丰富自己的阅读量,读些课外古诗词。对于小学生来说,古诗学习更应加强课外实践活动。在教学一首送别诗后,教师可以引导学生关联积累送别组诗:《送元二使安西》《赋得古原草送别》《赠汪伦》《别董大》《送杜少府之任蜀州》《送友人》等;在教学爱国题材的古诗《示儿》后,补充组诗《秋夜将晓出篱门迎凉有感》《题临安邸》《夏日绝句》等;在教学《稚子弄冰》这首儿童题材的古诗后,补充组诗《宿新市徐公店》《小儿垂钓》《村居》《舟过安仁》《所见》《清明》《池上》等。教学大纲也为学生推荐了相当数量的优秀诗文。对于学有余力的学生,可以让他们自由发展,以自己习得的能力,指导自己课外实践,以自己喜欢的方式,去积累和表达。只要学生乐于学习、善于学习,他们的古诗文素养就会得到很大程度上的提高。

五、在实践活动中探索古诗与日常生活的关联

情境认知理论主张学习应该发生在真实的或模拟真实的环境中,关联化

教学通过创设具体的情境,使学生能够更好地沉浸在古诗所描述的环境中,提高学习的真实感和体验性。探索古诗与日常生活的关联,如节日习俗、季节变化等,使抽象的文字变得鲜活有趣,促进学生主动寻找古诗在现实中的痕迹。在学习《悯农》时,通过观看现代农业劳动的纪录片,讨论农民劳作的辛苦与食物的珍贵,以此唤醒学生珍惜粮食的情感共鸣,深化对古诗词背后深意的认识。组织"一日小农夫"实践活动,亲身体验种植农作物过程的辛苦,再回到《悯农》的字里行间,让学生亲身感受到古代农人辛勤耕种的不易。

关联化教学策略通过构建多元交互的学习生态系统,实现了古诗教学的质变升级。关联化教学策略的实施,彰显了教育者对古诗教育的深思熟虑与匠心独运,不仅让学生领略到了古诗的无穷魅力,更对其人格塑造、道德修养与社会适应能力产生了深远影响。

多角度关联,传承民族的力量

张立新

"诗",本是《诗经》的简称。《诗经》里的诗,不论是《风》《雅》还是《颂》,原本都是用来配乐演唱的,所以也称"诗歌",后来在历史的进程中又逐渐脱离音乐演变成一种文学体裁。

在源远流长的中华文学史中,诗歌作为无数诗人抒发感情的载体,无时无刻不散发着温润的、闪亮的、蓬勃的生命力。古有先秦百姓口口吟诵"关关雎鸠,在河之洲"的浪漫;继有《离骚》《天问》中哀哀述说"路漫漫其修远兮,吾将上下而求索"的誓愿;再有唐宋光芒掩映下"但愿人长久,千里共婵娟"的期望;更有近现代"挥一挥衣袖,不带走一片云彩"的洒脱……

在诗歌教学中,教师应始终关注学生的情感体验,通过与已有学习经验相关联、与其他古诗的教学相关联等方法,积极调动学生的生活积累,把诵读教学的美育作用发挥到极致,切实提高学生学习古诗词的兴趣。

一、赏美好的艺术，进行学科间融合性的关联

古诗所描述的内容是高度概括、浓缩的几十个字。要想让学生欣赏诗歌画面、感受诗歌意境、体会诗人情感，就必须借助有效的现代技术辅助教学，创设诗中描绘的情境，再通过看、读、悟等一系列的活动来引导才行。

在教学《秋夜将晓出篱门迎凉有感》这首古诗时，教师巧妙地利用多媒体课件把语文学习与艺术鉴赏相关联，展示根据北宋画家张择端的《清明上河图》素材制作的繁荣的社会生活的动感图片，使学生切实认识到从北宋到南宋这短短百年间巨大的社会变迁，感受到老百姓从安居乐业到水深火热的生活落差，努力为此诗句的出现涂抹一层烙上时代烙印的情绪，然后再与相应情调的音乐背景相配合，使作品达到未见其形、先闻其声的夺人效果，为教学产生感染力、震撼力创造客观条件。

对于高度凝练的古诗教学，与其空口白牙地讲述，不如身临其境地感受，毕竟人是感官的动物，小学生更是需要先建立直观认识，才能有更深入的思考和理解。

二、悟难解的诗情，探究不同古诗间社会背景的关联

对于诗情的理解历来是诗词教学的难点。因此，教学中最好让学生在充分诵读的基础上去初步感悟诗人的情感，再辅以教师抓住的"亮点"，进行有效的引导、点拨，才能使学生更好地把握诗文主旨的美，感受诗人心中的情，同频诗人想要表达给读者的思想。

如《秋夜将晓出篱门迎凉有感》的教学，要想在理解诗情这一方面做得更好，可以关联同为南宋时期的诗歌作品《示儿》《题临安邸》《夏日绝句》，来使当时的时代背景在学生心中清晰起来，进而使学生快速理解诗人"渴望国家强大，领兵收复失地，拯救万民于水火"的爱国情怀，继而突破"南宋时诗人普遍怀有对统治者偏安一隅、不思复国的怨愤"这一难点。

三、诵美妙的韵律，突出不同文体间诵读的关联

教师的诵读能力决定着诗词诵读教学的成功与否。教师对所诵读的作品理解得越深入，时代背景线越清晰，与诗人的情感互动越明了，越有自己的独到见解，再加上越有朗读的技巧，越能够更准确地向学生传达诗作的精髓，表现诗人的情绪，渗透时代因素所要表达的言外之意。

在教学中，教师的诵读一定要声情并茂，或娓娓动听，或高亢激昂，神态与动作相结合，气息与停顿相映衬，才能使学生仿佛身临其境一般。《秋夜将晓出篱门迎凉有感》这种题材的诗歌教学，更要时时刻刻去切合其"爱国"主题。课后可开展爱国诗篇的诵读活动,《示儿》《题临安邸》《夏日绝句》……《咏梅》《梅岭三章》《就义诗》……在古今爱国诗句中发现规律：变的是格律，不变的是爱国之情。

饱含深情地诵读，才能真正架起诗人与学生之间跨越千年的心灵交流的桥梁，让学生不但能感受到南宋抗金时期恢宏的历史长卷，触摸古代文人一腔热血的爱国情怀，更能深刻体会中国人刻在骨血里的达则兼济天下、先天下之忧而忧等家国思想，受到关联个人命运的红色教育。

四、创美育的课程，关联传统文化中的人文思想

诗词的教学设计最难之处在于跳脱出旧有模式，设计出极具创意的教学过程。《秋夜将晓出篱门迎凉有感》的教学设计，是以领悟诗情为中心，以混乱的南宋为时代背景，以多种的诵读方式为感受途径，以爱国情怀为人文依据，在题材上尽量脱离常规古诗教学范畴，更深一层地触及传统文化中的精粹——文以载道、文以言情的作用，通过与中国文化历史发展的关联，使学生能够更为轻易地触摸到诗人跳动的脉搏，更好地拉近诗人与学生的时代距离，更巧妙地把诗人还原成有血有肉的普通人。只有这样富含创意的教学，才能激起学生主动诵读诗文的兴趣。

诗歌短小精悍，朗朗上口，其构思之精巧、用词之精准、表达之精心，

更是让人叹为观止。朱光潜说:"诗和音乐一样,生命全在节奏。"郭沫若说:"和谐是诗的语言的生命。"艾青说:"诗是人类向未来寄发的信息,诗给人类以朝向理想的勇气。"如今,打造"诗情"课堂,长期坚持诵古人之诗、写心中之感,一方面开发诗歌的教化功能、浸润作用,另一方面关联文化的发展、历史的脉络,不但使语文课堂诗意盎然,别有一番美的情趣。打造诵读美、体味美、赞颂美的诗味人生,也定会全面开启并提升学生的民族文化自信,增强对国家的信仰,从而培养更为适合建设高速发展的现代社会所需要的各级各类优秀的人才。

小学古诗文关联化教学策略
——以春意象为例

郁微

一、引言

古诗文在小学语文教育中占据着举足轻重的地位。因此,在教学中应深入挖掘古诗文的精髓,使教学效果事半功倍。如古诗中的意象,犹如一幅幅精美的画卷,将诗人的情感与思绪巧妙地融入其中。因此本文从春意象的角度,探讨古诗文关联化教学的策略,力求丰富古诗文教学的创新路径。

二、春意象在小学古诗文中的内涵与表现形式

(一)自然之春

许多古诗文都描绘了春天的自然美景。如唐代贺知章的《咏柳》,诗中通过对柳树嫩绿枝叶的描写,展现了春天生机勃勃的景象,春风被形象地比喻为剪刀,巧妙地刻画了春风的灵动与创造力。又如宋代朱熹的《春日》,描绘了春日里百花盛开、姹紫嫣红的绚丽画面,让读者仿佛置身于繁花似锦的春天之中,感受到大自然的美好与神奇。

（二）情感之春

春意象也常被诗人用来表达丰富的情感。在唐代杜甫的《春望》中的春景与诗人因国家沦陷的悲痛之情形成鲜明对比，春天的草木葱茏反衬出诗人内心的凄凉与忧伤，以乐景衬哀情，深刻地表达出诗人对国家命运的深切忧虑和对离散亲人的痛苦思念。而孟郊的《游子吟》，则以"三春晖"比喻母爱，将春天温暖的阳光与母爱的深沉、伟大相联系，表达了游子对母亲的感恩之情。

（三）哲理之春

部分古诗文借助春意象传达哲理。例如宋代苏轼的《惠崇春江晚景》，诗中不仅描绘了春天江边的美景，还通过"春江水暖鸭先知"揭示了实践出真知的哲理，鸭子因为在水中嬉戏，所以最先感知到江水变暖，暗示人们只有深入实际才能了解事物的真实情况。

三、小学古诗文关联化教学策略

（一）主题关联：编织自然春景的诗意画卷

教学时可依据春意象所展现的自然主题，巧妙地将相关古诗文编织成一幅绚丽的诗意画卷。例如，可将描写春天自然景色的古诗，如《咏柳》《春日》结为一组。在教学过程中，引导学生展开细致的比较分析。以描写景物为例，让学生探寻《咏柳》中独特的柳树描写手法，从"碧玉妆成一树高"的形象比喻，到"万条垂下绿丝绦"的生动刻画，体会诗人如何抓住柳树的形态特征，运用比喻和拟人的修辞手法，表现柳树的柔美；再看《春日》中对春天全景的描绘，"无边光景一时新"的宏观概括与"万紫千红总是春"的色彩渲染，感受诗人如何从整体到局部，展现春天的生机勃勃与五彩斑斓。通过这样的比较，学生能更深入地领略不同诗人在描写春天自然景观时的独特视角与精妙手法，帮助学生提升对诗歌语言艺术的鉴赏能力。

(二)情感关联:奏响情感共鸣的心灵乐章

针对春意象所承载的丰富情感,教师可开展情感关联教学,奏响与学生心灵共鸣的乐章。比如,将杜甫的《春望》与王安石的《泊船瓜洲》紧密相连。在教学时,先引导学生深入剖析《春望》中诗人的情感脉络,从"国破山河在,城春草木深"的悲痛开篇,到"感时花溅泪,恨别鸟惊心"的情感深化,让学生真切体会到诗人在国家动荡时期的忧国忧民与思念亲人的痛苦之情。再过渡到《泊船瓜洲》,让学生感受王安石在诗中所表达的思乡之情,春风吹绿江南大地的美景背后,是诗人对故乡深深的眷恋与归心似箭的期盼。通过这样的情感关联,让学生明白,同样是借助春景,不同的诗人因所处情境不同,所传达的情感也千差万别。再进一步引导学生分析诗人如何巧妙地运用春景描写来烘托和强化情感,如杜甫以草木深的春景反衬内心的凄凉,王安石则借春风又绿的生机寄托思乡的愁绪,使学生深刻理解情感与意象之间相互交融、相互映衬的紧密联系,从而更好地把握古诗文中复杂的情感内涵,产生强烈的情感共鸣。

(三)作者关联:探寻诗人创作的心路历程

以作者为线索展开关联教学,能引领学生深入探寻诗人创作的心路历程。以唐代诗人白居易为例,他创作了多首与春有关的诗作,如《钱塘湖春行》,在教学过程中,教师先引导学生细致解读《钱塘湖春行》,感受白居易对西湖早春景色的细腻观察与生动描绘。从"几处早莺争暖树,谁家新燕啄春泥"中体会诗人对春天新生命的欣喜与关注,从"乱花渐欲迷人眼,浅草才能没马蹄"领略春天万物生长、充满活力的动态之美。然后,教师引入白居易的其他作品,如《大林寺桃花》,让学生对比两首诗在春意象运用上的异同。在《钱塘湖春行》中,诗人描绘的是西湖早春的热闹与生机,而《大林寺桃花》则侧重于展现山寺桃花盛开的独特景象,以及诗人对春光的意外发现与惊喜之情。通过对同一作者不同作品的关联学习,学生能深入了解白居易的创作风格,他善于捕捉生活中的细微之处,以清新自然、通俗易懂的语言描绘春天的美景与情感。同时,通过课前布置学习任务,了解白居易的人生经历,如他在官场的起伏、对民间生活的关注等,让学生借助资料谈一谈对本诗的理解,帮助学生明白诗人的创作与人生境遇息息相关,从而拓宽对古诗文的理解视野,仿佛穿越时空,对诗人的认识也会更加丰满。

(四)时空关联:开启多元文化的时空之旅

从时空维度对古诗文中的春意象进行关联教学,犹如开启一场跨越时空的多元文化之旅。在时间顺序上,教师可选取不同朝代描写春天的古诗,如唐代张若虚的《春江花月夜》,诗中描绘了春江月夜的壮丽景色,将春天的江水与明月相结合,营造出一种空灵、幽远的意境,展现出唐代诗人对自然与宇宙深邃的思考与感悟。再到宋代王安石的《泊船瓜洲》,如前文所述,其借春风表达思乡之情,反映出宋代诗人在特定社会背景下的情感寄托。通过这样的时间顺序排列,让学生感受不同历史时期的诗人对春意象的理解与表达的演变,体会到随着时代的变迁,诗歌的主题、情感与表现手法也在不断发展变化。

在空间角度上,可选取南方诗人与北方诗人笔下春意象的代表作品。例如,南方诗人杜牧的《江南春》,诗中展现了江南春天的明媚秀丽,莺啼婉转,绿树红花相互映衬,水乡山城酒旗飘扬,寺庙楼台在烟雨中若隐若现,充满了江南水乡的温婉与诗意。而北方诗人岑参的《白雪歌送武判官归京》中虽描写的是边塞雪景,但其中"忽如一夜春风来,千树万树梨花开"一句,以春风喻冬雪,从侧面反映出北方春天的独特景象。北方的春天往往伴随着冰雪消融,与南方的繁花盛景截然不同,更多地展现出一种坚韧与希望。通过时空关联教学,学生能够深入了解文化背景、地域环境等因素对古诗文创作的深刻影响,仿佛穿梭于不同的时空与地域之间,领略春意象在多元文化语境下的丰富内涵与独特魅力,从而拓宽文化视野,培养对传统文化的多元认知与尊重。

四、结论

通过抓古诗中春之意象,开展古诗关联化教学,犹如一把神奇的钥匙,开启了小学古诗文教学的新境界。它打破了传统教学中古诗文的孤立与零散状态,通过主题、情感、作者和时空等多维度的关联,巧妙地将一首首古诗文连成一个有机的整体。提升学生对古诗文的鉴赏能力与文学素养,更能在潜移默化中激发学生对传统文化的热爱之情,促进他们在文化的滋养下茁壮成长,成为具有深厚文化底蕴与高尚审美情趣的新时代接班人。

浅谈小学语文古诗词的多维关联阅读

姜华

一、小学语文古诗词多维关联阅读的内涵与价值

(一)古诗词多维关联阅读的内涵

小学语文古诗词多维关联阅读以一组具有内在关联的古诗词为教学内容,围绕特定的主题、目标和情境,设计一系列相互关联、层级递进的学习任务,引导学生在完成学习任务中,培养包括文化自信、语言运用、思维能力和审美创造的语文核心素养。

(二)古诗词多维关联构建的价值

小学古诗词多维关联阅读,能突破传统教学单篇阅读的狭隘视野,将具有内在逻辑联系的古诗词文本、古诗词意象、诗人经历、创作背景等多元要素有机整合,引导学生在相互关联的诗词阅读中,深化对古诗词的理解与感悟。

传统诗词教学,多按课文顺序教授单篇诗词,教师仅关注字词、字义、诗意,学生学完难以构建知识体系,更无法迁移运用。

传统教学按教材顺序讲解诗词,不能很好地构建内在联系,造成学生知识碎片化。关联阅读强调整体性与系统性,以诗人关联为例,围绕李白,串联其不同时期作品,青年时期创作的《望天门山》展现其才情与游历,中年

时期的《将进酒》抒发豪放与愤懑，再到经历了安史之乱的漂泊流离，人到暮年创作的《独坐敬亭山》的孤独寂寞、超脱世俗，学生从诗人人生轨迹和创作风格的演变，构建完整的知识网络。

传统阅读局限于教材文本，拓展不足。关联阅读具有拓展性，引入诗词背景资料，如学习《示儿》时，学生要了解南宋当时的局势、陆游生平，让学生理解诗人临终遗愿的遗憾和深邃的爱国之情。学生还可以对相关文学评论、后人仿写诗词进行阅读，加深对经典的理解，培养探索精神与文学鉴赏力。

通过多维度关联的诗词阅读教学，能够促进学生的知识整合，激发学生的学习兴趣，培养学生的语文素养，传承民族文化经典。

二、小学古诗词教学中的多维关联构建

（一）知人论世，溯源诗意，以诗人背景构建风格脉络

每一位诗人都生活在特定背景中，时代背景深刻地塑造着诗人的诗词内涵与风格。以杜甫为例，他生活于唐王朝由盛转衰的关键节点——安史之乱时期。杜甫早期诗作《望岳》，尽显青年才俊的豪情壮志，"会当凌绝顶，一览众山小"，描绘出泰山雄伟磅礴之景，折射出诗人对未来的憧憬，那是大唐盛世赋予他的自信与胸怀。"安史之乱"爆发，杜甫亲历颠沛流离，目睹百姓疾苦，写出了将个人悲痛与家国之殇相融的《春望》，刻画了"三吏""三别"中征夫、怨妇等底层人物的悲惨遭遇，用诗歌记录下时代的血泪。

统编版小学语文教材中选了杜甫的五首诗，分别是《绝句》（其三）（二年级下册）、《绝句》（其一）（三年级下册）、《江畔独步寻花》（四年级下册）、《闻官军收河南河北》（五年级下册）、《春夜喜雨》（六年级下册），这些诗全部写于安史之乱后期，体现了诗人对自然美景的喜爱和当时闲适、恬淡的心境。在教学中，把《绝句》（其三）和《绝句》（其一）分为一组，三下在教师的指导下进行对比阅读。两首《绝句》创作时间同为764年春，是好朋友严

武入蜀,杜甫在草堂安居、心情舒畅时所创。两首诗同样有对仗工整、寓情于景、意境开阔、语言风格简练的特点,适合低学段学生。把《春夜喜雨》《江畔独步寻花》《闻官军收河南河北》放在一组,在五下进行了"杜甫诗三首"的关联阅读。这三首诗分别创作于761年、762年和763年。学生通过查找资料,联系作者生平,了解到写《春夜喜雨》时杜甫已在成都草堂定居两年,他亲自耕作、种菜养花,与农民交往,深知农民耕作的不易,所以对这场春雨的到来充满喜悦。《江畔独步寻花》中的杜甫身处美景,但他在乱世中历经沧桑,亲人朋友离散,免不了孤独和寂寞,现在自己被迫漂泊,虽然一生心系国家和百姓,却苦于时光流逝、报国无门。《闻官军收河南河北》让我们看到了杜甫在严肃、深沉之外的另一面,他也有普通人的喜怒哀乐。在安史之乱平息、官军收复河南河北的重大喜讯面前,他像孩子般地欢呼雀跃、欣喜若狂。这种情感的自然流露,使杜甫的形象更加立体,让我们感受到他作为一个真实的人所具有的情感温度和生命活力。在上课前,学生分组查找诗人生平、了解当时的社会环境,通过关联阅读,学生脑海中会清晰地勾勒出虽然杜甫得到了片刻安宁,他表面上欣赏和赞美春雨、美景,但骨子里还是那个时刻心系国家和百姓的杜甫。

(二)以象会意,领悟精髓,积累意象并构建文化网络

意象,承载着深厚的文化意蕴,在历史长河中代代相传。以"柳"为例,从《诗经》中的"昔我往矣,杨柳依依"起,"柳"便与离别、思念紧密相连。在王维的《送元二使安西》里,"渭城朝雨浥轻尘,客舍青青柳色新",春雨过后,客舍旁的柳树绿意盎然,清新之景却难掩离别愁绪。因"柳"与"留"谐音,借此寄托对远行之人的挽留之意。众多诗人沿袭这一意象,在送别诗词中反复运用,使之成为中华民族文化的情感符号,历经千年而不衰。

古诗文中的意象种类繁多,构建起庞大复杂的文化网络。小学阶段常见的有自然景物、动物、事物等,这些意象不仅具有直接的感官特点,还富有象征意义。三年级开始,应有意识地引导学生建立自己的"知识百宝箱",让学生对学过的意象进行归纳总结。如"思乡"类的意象,有"明月""烟波""孤雁""捣衣"等，来表现漂泊在外的游子对家乡的思念和对亲人的牵挂。"送别"类的意象，有"杨柳""长亭""酒""芳草"等，来表现依依惜别及别后思念之情。对意象进行积累，能够有效提高学生对古诗词的理解能力，也为学生进一步学习古诗词打下坚实的基础。

（三）主题整合，比鉴异同，在对比阅读中构建类型体系

在小学古诗词宝库中，诸多诗词围绕同一主题展开，却因诗人境遇、时代背景、创作风格各异，呈现出多彩风姿。在本学期"思乡"主题的诗词阅读中，把《长相思》《静夜思》《九月九日忆山东兄弟》《泊船瓜洲》编成一组进行学习。在正式学习《长相思》前，引导学生对《静夜思》《九月九日忆山东兄弟》进行内容回顾，再以《长相思》作为基础课文进行重点学习。课堂上学生学完《长相思》，《泊船瓜洲》作为课外拓展课，由学生课下进行自学，评价方式为完成学习单。教师、学生在评价学习单时，把出现的问题进行整合，在课堂上讨论或讲解。这样做的目的，是让学生通过对比阅读，感受不同诗人在表达同一个主题"思乡"时的异同，体会多元情感与表现手法，拓宽阅读视野。更重要的是，学生能够构建起一个个诗歌类型体系。

三、结语

小学语文古诗词多维关联阅读是一种探索中的新型教学模式，要求教师要有全局观，对教材体系了然于胸。通过整合教学资源、设计多样化任务、引导学生自主探究、开展合作学习以及进行多元评价等策略，提高小学语文古诗词教学的质量和效果，培养学生的语文素养和审美情趣。在实施过程中，教师要不断探索和创新，根据学生的实际情况和教学需要，灵活运用各种教学策略，让古诗词教学更加生动、有趣、高效。

第二章 巧用教学评一致性理念优化课堂教学策略研究

新课标下小学语文课堂教学评价有效性提升策略

杜福荣

在小学语文课堂教学中，有效的课堂评价既有利于教师全面了解学生的学习历程、激发学生的学习兴趣和改进教师自己的教学，又有助于调动学生主动积极地表现自我、发展自我的内驱力，从而更加有效地培养学生的创新精神和实践能力。如何提升小学语文课堂教学评价的有效性呢？我将以统编版小学语文二年级教材为实践版本，探讨新课标下小学语文课堂教学评价的有效性提升策略。

一、多元评价，让学生成为课堂的主人

苏霍姆林斯基认为，在人的心灵深处，都有一种根深蒂固的需要，那就是希望感到自己是一位发现者、研究者、探索者。要让学生主动参与到学习中，就必须把评价权交还给学生，让学生回归课堂的本位，成为课堂学习的主人。

如何在评价中体现学生的主体地位呢？这就需要构建多元化的课堂评价体系。让学生自评、小组互评、教师评价都可以在课堂中并存，互相配合，优势互补。他人评价，有利于学生得到肯定，获得成就感，明确不足，努力改正。小组评价，能够让学生在认真关注同伴的过程中既学习到相应的知识、技能，还能够促进他们在学习的过程中锻炼情感意志，实现进一步的成长。

自我评价是多元评价的另一种重要形式，它是教师在引导学生进行学习的过程中所进行的自我认识和反思。我发现学生自评对于学生的学习有着意想不到的效果。在教学二年级语文下册《雷锋叔叔，你在哪里》一课时，我设置了一个学习任务"夸夸我自己"，在这一环节中，学生从课文中选择一个小节来朗读，朗读后夸一夸自己哪里读得好、为什么好。学生收到任务后开始思考：怎么读才好呢？仅仅做到正确、流利肯定不够。学生还自发进行了小组交流。最终效果出乎意料。学生是这样夸自己的朗读的：我在读"长长的小溪"中的"长长"时延长了声音，这样就表现出小溪很长。我在读"你在哪里，你在哪里"时，语速越来越快，而且第二个"哪里"声调上扬，这样我就表现出我寻找雷锋叔叔的急切心情。我把"抱着迷路的孩子，冒着蒙蒙的细雨"中"抱"和"冒"加重了语气，我好像看到了雷锋叔叔正紧紧把孩子抱在怀里，冒着雨、踩着泥，帮他找爸爸妈妈。更令人惊喜的是一个孩子这样评价自己的朗读：我在读"温暖的春风时"，声音很轻柔，这样我就读出了春风的温暖和柔和，因为雷锋叔叔经常做好事帮助他人，人们的心里都很温暖。

学生自评有利于调动学生学习的内因，启发学生主动思考和探索，更有利于学生获得语文学习的成就感。因此，教师要善于积极引导学生学会自评、运用自评，建立学习自信心。

二、积极评价，激发学生学习的内驱力

语文课堂评价丰富多样，重要的是教师要站在学生的角度思考他们需要什么样的评价。小学生天真单纯、心思简单，很多时候积极回答问题都是为了获得教师的赞赏和表扬，获得同学们的掌声。心理学研究告诉我们，激励性的语言可以点燃孩子们智慧的火花，使他们获得满足，产生学习的兴趣。在小学语文课堂上，教师面对积极回答问题的学生，无论他们的答案是否正确，都应该给予积极的评价，肯定和鼓励学生，以激发学生表达自己观点的勇气。

在学习《雪孩子》时，我设计了这样的任务：雪孩子为了救小白兔，自己却融化了，成了一朵很美很美的白云，请同学们自由读第十四段，想一想，你要读出什么样的语气呢？学生在思考练习和小组交流后进行展示。有的学生说应该读出伤心的语气，因为雪孩子为了救小白兔，自己却融化了，小白兔再也不能和雪孩子一起玩了，它一定很伤心。还有的学生说应该用充满希望的语气读，因为水汽飞上天空变成白云，以后还会变成美丽的小雪花飘落到大地上，小白兔和雪孩子又可以在一起玩了。也有的学生说应该读出高兴的语气，开始大家很惊讶，还有个别学生小声议论、偷笑。但是经过伙伴评价后，大家理解了小白兔的内心，议论声消失，偷笑的学生轻轻点头。在伙伴评价的基础上，我也给予了"从学生说出读好对话的语气，讲清原因，用朗读表达感受"几个方面的评价，学生欣然接受。他们在评价中掌握了读好对话的标准，也读好了对话。

教师在面对学生的独特见解时，更应该及时赞赏。肯定学生的个人见解是对学生的尊重和鼓励，这样学生才会在今后更加主动而大胆地探索和表达，才会对语文学习更有兴趣。当然，评价语言的激励性并不是说当学生理解不到位，甚至出现错误时，教师还一味肯定甚至视而不见，而是应该机智地加以处理，从积极的角度给予引导。

三、具体评价，提高语文课堂实效性

为了使语文课堂评价真正发挥实效性，我们小学语文教师不单单要激发学生内心的学习兴趣、学习欲望，还需要想方设法将评价实效性融入具体评价内容之中，将评价真正落到实处，以使评价真正发挥出应有的作用。

课堂评价语言必须具体化，这样学生才能真正明白好在哪里或问题出在哪里。在教学二年级语文下册《小毛虫》一课时，一名学生朗读第二自然段后，教师这样评价："你在朗读这一段时，语速较慢，语气较低沉，我们感受到了小毛虫行动的笨拙。你把'九牛二虎之力'读得较重，而'一点点'读得轻而且慢，让我们感受到了小毛虫动作的迟缓。如果你能把'整个世界'

的'整'读得重一点儿、声音拉长一点儿,它会和'从一片叶子爬到另一片叶子'形成对比,进一步突出小毛虫的笨拙。"这样的评价语言非常具体化而有针对性,学生一下子就明白了好在哪里、不足在哪里,以及怎样改进。再如,在《枫树上的喜鹊》中有一个生字"戏",在进行展示评价环节,教师进行了特别具体而有针对性的评价:"你有一双善于观察的眼睛,这笔'斜钩'写得特别舒展,上面顶出,下面伸出,就像一把拉开的弓。正因为这笔'斜钩'非常舒展,'戏'这个字才写得大气而稳健。大家想一想,还有哪些字带有'斜钩'这一笔画?一般情况下,斜钩都要写得舒展。"这样,教师针对单独一个笔画进行评价,既肯定了学生书写,又对所有学生进行了书写指导,学生会更关注这个笔画,进而写好这一类带有斜钩的字。对于低年级的小学生,他们在学习中确实经常出现各种各样的问题。对此,教师一定要给予具体而有针对性的评价,指出问题所在,并给予耐心指导和积极鼓励,以使学生能够发现自身不足之处,进而产生主动纠正的欲望,激活学生自主学习的意识,从而使得语文课堂更有实效性。

总而言之,教师的课堂评价语言不仅是课堂教学的重要组成部分,还是教师教学智慧的集中体现。教师应认真研读教材,锤炼课堂评价语言,提升语文课堂教学评价的有效性,最大限度地发挥课堂评价的最优教育功能,让语文课堂充满生机和活力。

小学语文教学中有效评价要点探究

尹雪梦

一、引言

教学评价能够为教师提供实际教学情况的反馈信息,了解学生是否掌握了预定的知识、技能,判断教学目标和教学任务是否得以实现。作为教学过程的一个重要环节,教学评价需要教师在教学活动中,通过观察、提问、练习等课堂评价环节，及时把握学生的课堂表现和对教学内容的掌握情况，从而合理调整教学策略，实现有效教学。由于课堂教学是在一个连续的、有限的时间段内进行的，如何在这段时间内对学生学习状况进行客观公正的评价，让评价发挥最大的作用，是我们作为教师最应该思考的事情。

二、教学评价的理论依据与新课标要求

新课标强调课程评价的过程性、整体性与多元性，要求评价精准呈现学生语文学习的水平与状态，着重考查语言文字运用、思维发展、审美情趣及价值取向，兼顾学习过程与进步表现。同时，提倡评价主体多元互动，综合运用多种评价方式，并借助现代信息技术创新评价模式。如在阅读评价中，需综合考虑阅读量、阅读方法运用、阅读体验深度及阅读兴趣持久性等多方面要素。

三、小学语文教学中有效评价的要点

（一）评价方式多样化

定量评价以数据量化学习成果，如考试分数、作业得分；定性评价则以描述性语言剖析学习态度、课堂表现、创新思维等。以《司马光》教学为例，对于学生背诵课文的评价，定量方面可记录背诵时间与准确性得分，定性方面则可评价背诵时的语调、情感投入，如"你背诵时语调抑扬顿挫，很好地传达出了故事的紧张感"。学生自评能促进自我认知，如学完《司马光》后，让学生评价自己对文言字词理解的深度与学习方法的有效性。互评可增进学生交流，如在小组讨论司马光砸缸救人的智慧时，学生相互评价观点的独特性与表达的清晰度，相互学习启发。设立"文言小达人""故事讲述能手""思考之星"等荣誉称号，激励学生在不同语文学习维度积极进取。

在引入《司马光》时，可提问学生对古代名人故事的了解，对回答精彩的学生给予肯定："你对古代名人故事如数家珍，这为我们今天学习司马光的

故事奠定了很好的基础。"讲解课文时,通过观察学生表情、提问理解情况来调整教学。如讲解"瓮"与"缸"的区别时,若学生面露困惑,可进一步举例说明,并询问学生是否理解:"现在大家能分清瓮和缸了吗?谁能说说它们的不同?"根据回答评价学生的理解状况并适时深化讲解。课堂练习时,对快速、准确完成练习的学生给予表扬:"你对文言字词掌握得很扎实,练习完成得又快又好。"对有错误的学生耐心指导并鼓励改正。

(二)评价用语准确恰当

在角色扮演朗读《司马光》后,教师可引导学生反思朗读表现:"你觉得自己在朗读中是否表现出了司马光的沉着冷静?声音是否传达出了故事的情境?"在书写生字词练习后,给出笔画规范、结构匀称、书写整洁等标准,让学生自评书法作品,找出差距与进步空间。每周让学生记录学习《司马光》的收获、疑难及自我评价,教师定期查阅并给予个性化建议,助其回顾学习轨迹,持续改进。

当学生对司马光砸缸的原因分析深刻时,教师应具体评价:"你对司马光砸缸救人的动机剖析入微,从人物性格、当时环境等多方面进行了深入思考,见解独到。"若学生朗读不流畅,教师可说:"朗读时有些卡顿,可能是对文言文的断句还不够熟悉,多练习几遍,会有很大提升。"除常规评价外,还可使用"你的回答如同一束光,照亮了我们对这个故事的理解"等富有感染力的语言。

讨论司马光的品质时,学生若能联系生活实际阐述聪明才智的运用,教师应及时表扬:"你能将司马光的智慧与生活联系起来,学以致用,太棒了!"对平时文言知识积累薄弱但在《司马光》学习中有努力表现的学生,如能正确解释部分字词,教师就应给予肯定:"你在文言字词学习上有了明显进步,继续加油,你会掌握得越来越好。"给予表现优异的学生如古文书签、文化徽章等小奖品,或赋予其组织小型语文活动的权力,激发其竞争意识与学习热情。

(三)评价主体多元化

教师综合考量学生课堂参与度、作业完成质量、知识掌握程度、学习态度等。如对课堂积极发言但作业粗心的学生，在肯定其思维活跃的同时，指出作业问题并鼓励改进。教师制定规则，引导学生在学习《司马光》过程中，自评对文言文学习方法的探索成效，互评小组讨论中的贡献与表现，教师最后总结补充，促进学生相互学习与自我提升。通过家长会、家长群等途径，让家长了解《司马光》教学内容与要求，家长反馈学生在家的阅读习惯、对故事的复述情况等，教师据此完善评价体系。

（四）评价内容全面化

通过默写文言字词、翻译句子、复述故事等方式检测学生对《司马光》知识与技能的掌握程度，如能否准确写出"迸"字、正确翻译"群儿戏于庭"等。在分析司马光救人策略时，评价学生思维的逻辑性、创新性与批判性，如是否能想到其他救人方法并对比优劣。观察学生对司马光勇敢机智的品质的感悟与赞赏，以及在学习过程中展现的学习兴趣与态度，如是否积极参与讨论、对文言文学习是否有热情等。还可以收集学生关于《司马光》的学习作品，如预习笔记、课堂练习、创意写作、自我评价与互评记录等，全面展示其学习历程与进步。定期详细记录学生课堂表现，如专注度、发言主动性、小组合作协调性等，多时段综合分析评价，发现优势与不足，设定改进策略。要求学生撰写学习《司马光》的日志，记录困惑、收获与反思，教师借此了解学生内心想法与学习动态，及时给予引导与鼓励。

（五）结合教学目标进行评价

依据课程标准与《司马光》教学目标，确定评价标准。如教学目标是让学生掌握文言字词与理解故事蕴含的智慧，评价时就重点考查字词理解准确性与对故事哲理的领悟深度。若教学中发现学生对文言虚词理解困难，评价时就侧重对文言虚词用法的考查与理解引导，助力学生攻克难点。评价结果应能反映教学目标达成度，教师据此总结经验，改进教学方法，完善教学目标设定与实施，提升教学质量。

四、结论

小学语文教学有效评价是多元融合、系统全面的工程。通过实施多样化评价方式、贯穿课堂全程评价引导学生自评、运用恰当的评价用语、激励性评价、多元主体评价、全面内容评价、注重过程评价、结合教学目标评价以及借助现代信息技术评价等要点，能精准呈现学生的语文学习全貌，促进学生知识技能增长、思维情感发展。同时，助力教师及时察觉教学问题，灵活调整教学策略，提升教学品质，推动小学语文教学朝着科学化、高效化、优质化稳步迈进。教师应深刻认识有效评价的核心价值，在教学实践中持续探索创新，构建完善评价体系，为学生语文学习与长远发展筑牢根基。

运用以评促学评价方式促进学生发展

胡淑平

教学评价对于学生的学习和成长来说是至关重要的，正向、积极且优质的教学评价对学生的学习成长来说就如同为花朵浇水施肥。而以评促学的评价方式的运用，可以激起学生更大的学习欲望和对学习的信心，从而增强学生的学习动机。更重要的是通过评价全面了解学生学习的历程，帮助学生认识到自己的长处和不足，使学生形成正确的学习预期，促进学生的发展。在语文教学中我充分利用以评促学的评价方式，打造高效课堂，促进学生发展。

一、注重评价主体的多元化，营造和谐氛围

在教学中让学生以被评者和评判者的双重身份进入教学评价中，可以使学生亲自经历评价过程，更多地参与教学活动、参与他人的学习活动。例如学习艾青的现代诗《绿》时，在体会第二小节"哪儿去找这么多绿"一段时，在学生结合课文及生活实际，已经知道了许多"绿"的基础上，我精心设计了以评促读的活动环节。我先让同桌同学为一组，互相评价，一个同学读，

另一个同学评价。出示评价标准"朗读的声音响亮、语速适中、有感情"。接下来我又让学生自我推荐在全班展示朗读，集体评价。同学们边读边评，找出自己的优点和不足，教学氛围空前和谐。学生通过评读这一环节，充分体会到艾青笔下"绿"的丰富多彩、"绿"的出奇，充分感悟到诗歌的魅力。

通过要求学生总结自己的学习情况，培养他们对自己学习状态的敏感性和反思能力。同时，学生通过自评和互评可以了解自身的认知水平，这为学生把握知识、发展能力创设了条件。在教学中教师要营造一个平等、民主、和谐的氛围，把学生引导到评价中，鼓励学生发现问题、提出问题、敢于质疑、大胆尝试、乐于交流与合作。

二、及时把握评价时机，激发学生自信

"教学的艺术不在于传授的本领，而在于激励、唤醒、鼓舞。"学生在发展上是存在差异的，在教学中，教师应尊重每一名学生的个性特征，有的孩子画画好、有的孩子写字好、有的孩子朗读好、有的孩子唱歌好。教师要教会学生，评价时要学会扬长避短，找准正面评价的时机。教师要从每个孩子的特点入手，激励学生发展自己的优点，让学生找到自信。在学习五年级下册《牛郎织女》一课时，在学生充分了解课文内容的基础上，我结合教学内容，组织"制作人物连环画"这一教学环节，让学生在制作过程中，实现对教学内容的深度掌握。在进行评价时，对能够图文并茂、生动介绍故事的学生给三颗星，对能够准确描述牛郎织女精神的学生给二颗星，对能够说出牛郎织女部分事迹的学生给一颗星。课后还把学生评价优秀的连环画张贴在班级展板中。

在这一环节中，学生不仅提升了对课文中人物的认识，还展示了自己的特长，大大激发了自信心。所以以评促学可以让学生在课堂上保持积极的学习态度和兴奋的情绪。只有把握了课堂评价的时机，评价才能在课堂教学中起到良好的教育效果。

三、运用丰富多彩的评价方式，促最佳教学效果

"兴趣是最好的老师。"课堂中的小组评价、师生互评、生生互评、自我评价、匿名评价等都能调动学生的积极性，尤其是生生之间的评价促进教学效果最佳。在教学中，我经常通过这些评价方式来激发、调动孩子们学习的积极性。三年级教材第八单元的作文题目是《那次玩得真高兴》，题目很贴近学生的生活。为了调动孩子们学习和写作的积极性，我让学生围绕"哪次你玩得最高兴？""和谁？在哪儿？玩什么了？怎么玩的？""为什么说这次最高兴？"来充分交流、分享，在孩子们充分交流的基础上，帮助学生梳理材料、组织材料，最后完成作文。孩子们的作文交上来后，为了更好地保护他们的写作热情，我没有急于批阅，而是甄选了几篇优秀的作文和几篇问题较大的作文，让这几名学生声情并茂地朗读自己的作文，然后从内容真实具体、描写恰当生动、真情实感等几方面给出评价标准，引导学生间根据评价标准进行评价，接着教师做综合性评价，最后让学生自评并修改作文。如："接下来，请这几名同学来朗读他们的作文，其他同学认真倾听，然后按我们本次作文的要求进行互相评价。"教师说清要求后，六名学生朗读了自己的作文。几名学生分别说："小颜的作文把描写坐过山车时的动作写得特别准确，还写出了紧张、害怕的心情，我坐过山车时就是这样的感受。""我最喜欢听一乔的作文了，这次他写的和表哥一起打雪仗，他把自己的语言写得生动幽默，特别有意思。""思瑶在描写与姥姥打羽毛球时，用上了老师您教的'首先''接着''然后'等表示时间顺序的词语，过程写得特别清楚，最后赢了姥姥特别高兴。""我特别喜欢听佳文的作文，因为她的作文中经常用到许多成语、歇后语等，还会写拟人句、比喻句，作文内容很丰富、很好听。""张晶写滑雪时动词用得准确，如果能把与爸爸去滑雪时的时间、地点以及原因写得再清楚一点就更好了。""小彤是与妈妈去环球影城玩，把体验每个项目的过程写得很具体，如果再把快乐、激动的心情描写一下就更好了。"在学生评价的基础上，教师给予评价："同学们倾听认真，评价准确到位。本次作文全班同学的优点是有的把这件事写得很清楚、很完整，有的用上了准确的动

词描写动作，有的抓住小伙伴的性格特点，描写语言生动，最可贵的是好几个同学写出了自己玩耍时的愉快心情，这就叫有真情实感，你们写得可真好啊！建议同学们在这些方面描写不够具体的再写一写。下面就请同学们大声朗读自己的作文，进行自我评价，反思一下哪里写得好、哪里写得不够好。"然后学生修改自己的作文。

三年级是学生写作的正式开始阶段，在教学中激发学生的写作兴趣尤为重要。在这次作文讲评中，我运用了生生互评、师生互评、学生自评等多种评价方式来调动学生的积极性。在生生互评中，当学生听到小伙伴的夸奖时，得意扬扬、自信满满，喜悦之情溢于言表，对小伙伴的建议也能欣然接受。评价的同学像个小老师一样，发言头头是道、娓娓道来，得到教师、同学的认可更是喜上眉梢、神采飞扬。这样的评价最大限度地调动了学生课堂学习的积极性。接着，在生生互评的基础上，我又从优点、建议两方面对全班同学的作文进行了总结性评价，评价以表扬、鼓励为主，注意保护学生的积极性。最后是学生自评环节，让学生静下心来研读自己的作文，在学习优秀作文的基础上反思、修改，锻炼学生修改作文的能力。从同学们的眼神、表情中能看出来，这样的课堂评价是他们喜欢的、满意的。原本让孩子们很头疼的作文，通过丰富多彩的评价方式，让他们觉得写作文是件有意思的事，"我手写我口，我口述我心"的积极性被调动了起来。更重要的是，这样的评价方式也促进了作文教学质量的提升。写一件事时，要把事情写清楚、写完整，仔细观察人物神态、动作，运用精准词语描写，恰当、生动地描写人物的语言，如果写出自己在活动中的所思所想，那作文就更吸引人了。在评价中，这些写作方法被孩子们慢慢融会贯通了，就达到了事半功倍的教学效果。

总而言之，运用以评促学的教学方式，有助于充分发挥出评价的价值和作用，也有助于激发学生的学习兴趣，提升学生的学习质量。因此，在语文教学过程中，教师要正确认识评价的作用，最大限度地发挥出以评促学的功能，促进学生发展。

依托六步备课模型促语文思维进阶的实践

张嘉麟

"思维进阶"是对学生在较长时间内学习和探究某一主题和核心概念时，逐级深化、螺旋上升、依次进阶的思维方式的描述，对小学语文教学具有特别的意义。自《义务教育语文课程标准（2022年版）》出台以来，教师在备课中重点考虑了学习目标、教材内容、已有学情、学习情境及任务等，基于我校50名语文教师的样本问卷调查（如下表），发现新课标与新教材间的衔接是备课中的主要难点。

新课程标准给教学带来的挑战	
任务群与教材对接	42.1%
学习任务设计与实施	22.4%
指向素养的目标设定	13.0%
教学评一体化	10.1%
学习情境有效创设	7.3%
语文实践活动	5.1%

为解决此困境，教师借助六步备课模型进行备课，即确定核心目标与任务、分解进阶要点、构建问题链/板块链、组织学生活动链、提供学习支架、明确学习评价。这一思维模型为教师备课提供了思维支架，提高了备课的整体性和逻辑性，实现了从教到学的转变。本文将以统编教材三年级上册第五单元为例，具体探索在单元主题式学习的框架下，以学科大观念为视角和基点，整合单元语文要素与人文主题，确立学习主题，提炼学习目标，确定单元教学结构，设计一体化的进阶式学习任务和学习活动促语文思维进阶。

一、系统厘清单元的知识结构，确定学生进阶的起点与终点

厘清教材的知识结构、明晰教材编写意图、聚焦单元学习的发展区间、

定位学生学习的终始是思维进阶理念下小学语文单元主题式学习进阶设计的第一步。

以三年级上册第五单元为例,本单元主题为"留心观察"。教材力图引导学生做生活的有心人,留心观察周围的人、事、景、物,感受作者观察的细致,体会细致观察的好处,逐步养成观察的习惯。横向看关联,课标确定学生进阶的起点。新课标在第二学段"表达与交流"中对"写清楚"的总要求是"观察周围的世界,能不拘形式地写下自己的见闻、感受和想象,注意把自己觉得新奇有趣或印象最深、最受感动的内容写清楚"。

纵向看深度,确定学生学习的起点。本次"体会作者是怎样留心观察周围事物的"是建立在二年级"留心观察身边事物"经验基础上的,同时又是为四年级"体会文章准确、生动的表达,体会作者连续、细致的观察"作铺垫的。

在课程设计开始前对段落描写进行学情前测,了解到59%的学生能用一两句话说说描写事物的特点,23%的学生能用优美的句子描写所写事物,10%的学生叙述不够准确,8%的学生只会说一说,难以落实到文字。综合数据,学生在本单元存在观察不够细致、习作主次分不清、抓不住重点的问题。

二、整体设计单元的进阶式任务,规划学生进阶的情境和路径

依托"抖音生活纪录片"主题,将生活中所见有目的、有顺序、有内容、有方法地进行记录,形成习作。作为本单元的核心任务,将核心目标分解为进阶要点,整体设计单元的进阶式任务,规划学生进阶的情境和路径。

(一)缤纷聚光灯——纪录片的选材

"这世界有花鸟虫鱼千千万,山川河流无限美,四季更替让这个世界更加缤纷,这么缤纷的世界、这么美丽的景致相信你一定好好观察过,赶紧想一想你印象最深的事物或景物有什么!这个单元我们要做个小导游拍一个纪录片!"

习作单元是一个系统性、指向性极强的单元，单元学习是为习作作铺垫的，在单元学习伊始就确定单元习作的内容、明晰习作的要求，能更好地展开习作，更有目的地迁移书写方法。

（二）细节放大——纪录片的感官

1.细节放大——看外形

"《搭船的鸟》一文把翠鸟的样子写得十分具体，作者用'多么美丽啊'夸了这一只翠鸟，再从羽毛、翅膀和细长的嘴写出了翠鸟的好看，试着用'放大镜'写一写你的主角吧！"

2.细节放大——听声音

"在《花的学校》中我们听到绿叶在狂风中簌簌地响；在《听听，秋的声音》中我们听到大树'唰唰'的道别，听到蟋蟀'㘗㘗'的歌韵；也在《搭船的鸟》中听到雨打在船篷上'沙拉沙拉'的声音。通过文字我们能听到好听的声音，你的纪录片主角会发出什么声音？仔细听一听，试着写一写。"

"细节放大除了能放大耳朵听到的声音、眼睛看到的样子，还可以放大鼻子闻到的气味、嘴巴尝到的味道和小手摸到的触感，你也可以试着用上这些感官来介绍你记录的事物。"

三年级上学期的孩子刚刚开始习作，基础不牢固，为更好地引导学生多感官记录事物的特点，将单元内容进行打通重组，通过一板块一迁移的方式引导学生在进行细致观察的同时进行细致描写，迁移有出处，书写有指导，习作有方法。

（三）动作减速——纪录片的动作

（1）寻找课文中的动作，找一找翠鸟捕鱼时的精彩动作。

（2）观看"小猫玩球"的视频，对照文字记录小猫的动作。

（3）记录观察对象的动作。

关于动作的描写，通过课文这一跳板进行对动作的寻找，感受动作的敏捷，再通过教师额外创设的情境，观察小猫是怎样玩球的，感受小猫的动作、小球的反馈和小猫看到小球动与不动之后的反应,来把握对动作的描写,并适时增加连接词让动作更连贯。最后进行自主创作,循序渐进。

(四)百变有序——纪录片的变化

1.欣赏课文的变化

(1)不同时间。"在《金色的草地》中,不同的时间有不一样的美,你能找出这些变化并完成习题吗?"

(2)不同角度。"在《我爱故乡的杨梅》一文中,我们看到了杨梅外形、颜色、味道的变化,你能从文章中找出这些变化吗?"

2.给我你的留影

赶紧抓住不同时间、不同天气、不同阶段、不同角度等情景变化来写一写自己的观察对象的留影变化。

三、搭建学生学习活动中的支架,提升学生进阶的能力与素养

为学生搭建有力的学习支架降低习作难度,让学生可以循序渐进地完成习作任务。本单元我为学生搭建了图表支架和范例支架。利用事物介绍表格,借助五感观察法把事物的样子、声音、味道、气味、触感介绍清楚。

在动物的介绍中,以视频"小猫玩球"为例,分解"玩"这一动作,借助动作分解思维导图细致观察并记录小猫是怎样玩球的,并迁移到自己观察的动物的动作描写中来。最后出示学生优秀习作范例《香菜》《小猫》,供学生学习如何连段成篇,形成优质习作。

四、评价学生学习活动中的跃迁,提升学生进阶的量变与质变

设计评价量表,对教和学进行量化评估,对学生进阶过程进行实时、有效的测量,并不断对教学策略做出调整,实现最优化教学。考核和评估学生的学习现状,帮助学生梳理知识,发现问题和不足。通过最佳感官奖、最佳动作奖、最佳变化奖以及最佳百花奖等趣味性的奖项,让评价更有趣也更有效。

总而言之，备课时应以学科大观念为视角和基点，整合单元语文要素与人文主题，确立学习主题，提炼学习目标，确定单元教学结构，设计一体化的进阶式学习任务和学习活动，创设"学以致用"的真实情境，在循序渐进的语文学科实践中规划出学生能力与思维进阶的路径，以学生"学用"的具体表现为依据，让过程性评价贯穿学习的始终。

立足"教—学—评"一体，打造深度语文课堂

张雨濛

《义务教育语文课程标准（2022年版）》强调了教学评一体化的要求，并提供了详细指导。新课标中的"教—学—评"模式强调教学目标和活动应基于核心素养，影响教育效果；"学"侧重于以学生为主体的语言实践；"评"则用于检验教学效果，促进教学改进。实现教学评一体化，实践是关键，对教师而言，这是一个新的要求和挑战。我将以统编版语文四年级下册第四单元《猫》的教学为例。

一、精准设定指向核心素养的教学目标

教学目标是指导课堂教学的基础，也是学生学习的目标。评价和教学设计应围绕教学目标进行。在"双减"政策和新课标的指导下，教学目标应注重培养学生的核心素养，体现语文学科的阅读思维。要准确识别每课时的关键知识点与核心素养的联系，基于对学科内容的全面理解和对学生学情的分析，设定旨在培养核心素养的教学目标。

（一）大单元思路

本单元主题为"作家笔下的动物"，语文要素包括体会作家对动物的感情表达和写作练习，要求学生描述喜欢的小动物并突出其特点。单元包含三篇课文：老舍的《猫》和《母鸡》，丰子恺的《白鹅》，以及阅读材料夏丏尊、

周而复和叶·诺索夫的作品。这些课文旨在传达动物情感教育，强调阅读训练，理解作家对动物的感情表达。学生通过学习这些描写动物的方法，提高表达技巧，并应用于写作练习。

（二）教师的指引性目标

教师在设定教学目标时，须考虑单元整体，明确语文要素，横向分析教材，确定其在文本中的位置。同时，纵向整理该要素在小学教材中的梯度，掌握其发展脉络，精确目标定位，为教学评一体化提供依据。

《猫》是老舍的名作，描绘了猫的性格和小猫的可爱，显示了作者对猫的喜爱。基于此，我设定了以下教学目标：①通过对比朗读、品析词句、创设情境归纳出作者是通过用词的准确、用语的亲切写出了小猫矛盾的性格，并且运用了明贬实褒的写作方法来表达对猫的喜爱之情；②能够运用写作方法写出自己对小动物的喜爱之情；③在情境中，能做到有感情地朗读。

二、精心设计指向深度学习的教学活动

为实现核心素养教学目标，教师应明确内容和方法，设计一体化的教学、学习和评估，创造真实情境和问题，激发学生兴趣和探究欲，引导他们在多种学习活动中体验和反思，促进核心素养发展，实现深度学习。以下是我布置的活动。

预学任务：文中哪些地方可以看出作者非常喜欢猫，画出来并批注自己的感受。

活动一：回顾单元目标，理解"感情"的含义。引导学生回顾作者对猫的感情表达，并通过交流分享、预学反馈，帮助学生理解学习目标，体会作者的喜爱之情。

活动二：抓住关键语句，体会作家的写作方法。

探究一：用词准确。

"可是，它听到老鼠的一点儿响动，又是多么尽职。它屏息凝视，一连就

是几个钟头,非把老鼠等出来不可!"

学生通过关注关键词句和"屏息凝视"的动作,深入理解小猫尽职的特质和作者对猫的喜爱,同时通过多样朗读方式加强理解。

探究二:突出矛盾。

"它既老实,又贪玩,还尽职。"

学生通过师生对比读,体会到集矛盾特点于一身的猫,确实性格古怪。难怪作者描述猫性格古怪,却也惹人喜爱。

探究三:用语亲切。

"说它贪玩吧,的确是啊,要不怎么会一天一夜不回家呢?"

学生通过对比阅读,能理解"吧、呢、啊"等语气词的使用,感受作者的亲昵感。进而领悟作者的表达技巧,认识到口语化表达的亲切自然。

活动三:丰富完善预学批注。教师引导学生回顾第一自然段的写作方法,包括用词精确、语气亲切和强调矛盾,以体现作者的喜好。学生应运用这些方法于第二自然段,说出作者如何表达对猫的喜爱。

探究一:用词准确。

"它要是高兴,能比谁都温柔可亲:用身子蹭你的腿,把脖子伸出来让你给它抓痒。或是在你写作的时候,跳上桌来,在稿纸上踩印几朵小梅花。"

学生抓住关键词"小梅花、蹭",体会用词的准确。

探究二:突出矛盾。

从小猫在害怕和勇猛时的不同表现,体会猫矛盾的性格特点。从而引出这么古怪的猫,作者非常喜爱。

探究三:表达感情。

"它们在花盆里摔跤,抱着花枝打秋千,所过之处,枝折花落。你见了,绝不会责打它们,它们是那么生气勃勃,天真可爱!"

学生在情境和朗读中体会到作者对猫的宠爱,感受到猫对作者而言,不仅是宠物,而是家人。

活动四:感悟明贬实褒的写作方法。

"这个小猫有时(   ),但有时又(   )。高兴地时候特别(   ),

不高兴的时候（　　）。"

学生能够在全文中总结小猫矛盾的性格，通过交流平台的指引，理解"明贬实褒"写作方法的含义。

活动五：出示仿写学习任务。仿照课文第二自然段，运用本节课学到的写作方法，写一些自己最喜欢的小动物。

教师指导学生互评，关注学生运用的写作方法，以了解他们的学习情况。学生围绕喜欢的动物特点，运用所学的写作方法表达喜爱之情。

三、科学设计提升教学实效的评价任务

为确保学生达成教学目标，设计与目标一致的评价任务，并将其整合进教学活动，以提升教学效果和促进高效学习。评价任务依据教学目标，在学习过程中指导学生完成，通过观察、对话、互评等方法，评估学生是否实现目标，特别重视学生对核心问题的理解和高阶思维能力。

（一）探索多维度评价方式

例如，评价学生在表达对猫的喜爱时是否敢于提出看法、做出判断，对关键词句有独特感受，以及对写作方法的提炼；在小练笔环节，评价学生是否综合运用了四种写作方法，使用评价量表的积极性，给同学的评价及意见的合理性，以及自我反思、修改的主动性；在制作动物卡片时，是否能突出小动物的特点，以及设计的美观性。

（二）体现多元化评价主体

在本课的学习中，组织了自评和互评环节：学生围绕"作者是如何表达自己对猫的喜爱之情"展开讨论，在阅读、思考、建议中产生评价、质疑、修改等，达到对自己或他人的作品有了更全面的认识，在互鉴互赏中训练思维的独创性、批判性，在互帮互助中促进学生评改能力的进阶。

（三）运用量表评价习作

学生应利用评价量表（见下表）自我评改，认真考虑同伴或教师的反馈，进行反思和调整。通过自评、互评和师生共评的互动，学习写作优点，提高思辨和写作技能。

	自评	互评	师评
能运用所学的方法对小动物进行细致描写	★	★	★
能选择典型事例，通过语言、动作、外貌、神态、心理等，具体地表现小动物的特点			
能让人感受到他对小动物的喜爱			
书写工整、态度认真			

四、结语

立足"教—学—评"一体，打造深度语文课堂，可让学生在真实情景中完成任务，提升教学有效性。教师须更新教育理念，发展专业知识，遵循课程标准，理解教材意图，结合学情，设计教学目标和表现性评价，以提高学生语文素养，形成核心素养，实现教学评一体化。

核心素养导向下的作业设计与实施

王丹阳

在教育理念不断更新的今天，核心素养导向下的教学模式逐渐成为教育领域的新焦点。该模式以学生为中心，注重个性化与差异化的发展，强调通过对学生学习数据的深度分析，为教师提供精准的教学指引。在此基础上，教师可以更加科学地配置教学资源，进而有效提升教学效果。本文以《爬山虎的脚》这篇课文为例，着重探讨核心素养导向下的作业设计与实施策略，旨在为其他教师提供有益的参考和启示。

一、学习目标设定

在《爬山虎的脚》一课的教学中,我设定了以下学习目标。

(1)文化馆的叔叔阿姨请同学们帮助完成植物观察记录,掌握仔细观察与连续观察的基本方法。

(2)通过观察爬山虎生长过程,了解植物生长习性,培养学生热爱大自然的情感。

(3)运用填表格或图文结合的形式记录观察结果,提升写作与表达能力。

这些目标的设定旨在通过具体的学习任务,引导学生掌握观察方法,提升综合素养,同时体现核心素养导向下对学生个性化发展的关注。

二、学习方法的指导

在《爬山虎的脚》一课的教学中,我着重指导学生掌握仔细观察与连续观察两种观察方法,并引导学生运用这些方法完成观察记录。

(一)仔细观察方法指导

仔细观察是指对观察对象进行细致入微的观察,捕捉其细微特征。在《爬山虎的脚》一课的教学中,我引导学生通过观察爬山虎的叶子、茎、脚等部位,了解爬山虎的生长特点和习性。例如,在观察爬山虎的叶子时,我要求学生注意叶子的形状、颜色、排列方式等特征,并尝试用生动的语言进行描述。在观察爬山虎的茎时,我引导学生关注茎的粗细、颜色、弯曲程度等特征,并思考这些特征对爬山虎生长的影响。在观察爬山虎的脚时,我要求学生观察脚的形状、颜色、位置以及附着方式等特征,并尝试理解脚在爬山虎生长过程中的作用。

(二)连续观察方法指导

连续观察是指对观察对象进行持续的观察,记录其生长或变化的过程。在《爬山虎的脚》一课的教学中,我要求学生选择一株爬山虎进行为期一周的连续观察,并记录观察结果。为了帮助学生更好地进行连续观察,我设计了观察记录表,包括观察时间、观察对象、观察内容、观察结果等栏目。同时,我还引导学生运用图文结合的形式记录观察结果,如绘制爬山虎的生长过程图、拍摄照片并配以文字说明等。

通过连续观察,学生不仅能够了解爬山虎的生长过程,还能够培养耐心和毅力,提升观察能力和写作能力。

三、作业设计与实施

基于上述观察方法,我设计了以下作业任务,旨在通过具体的学习任务,引导学生掌握观察方法,提升综合素养。

(一)作业任务设计

1.任务一:仔细观察并记录观察对象的特征

要求学生选择观察对象,运用仔细观察的方法,观察并记录其外形特征。记录形式可以选择填表格或图文结合。

2.任务二:连续观察并记录观察对象的生长过程

要求学生对观察对象进行为期一周的连续观察,并记录其生长过程。每天记录一次观察结果,包括观察时间、观察对象、观察内容以及观察结果。记录形式同样可以选择填表格或图文结合。

(二)作业实施步骤

1.准备阶段

在作业实施前,我向学生介绍了仔细观察与连续观察的基本方法,并展示了观察记录表和图文结合记录形式的示例。同时,我还引导学生了解观察对象的生长特点和习性,为后续的观察活动做好准备。

2.观察阶段

学生按照作业任务的要求,选择观察对象进行仔细观察和连续观察。在观察过程中,学生运用填表格或图文结合的形式记录观察结果,并尝试用生动的语言进行描述。我定期检查学生的观察记录，给予指导和反馈。

3.分享阶段

在观察结束后，我组织学生进行分享活动。学生展示自己的观察记录，分享观察过程中的发现和感受。通过分享活动，学生不仅能够展示自己的学习成果，还能够相互学习、共同进步。

四、自主评价体系构建

为了体现教学评一体化的理念，我构建了自主评价体系，引导学生根据评价标准进行自我评价和相互评价。

（一）评价标准设计

我根据作业任务的要求和学生的学习目标，设计了以下评价标准。

（1）我能运用其中一种记录形式：评价学生是否能够选择填表格或图文结合的形式记录观察结果，并判断其记录的准确性和完整性。

（2）我能记录观察对象的样子：评价学生是否能够准确描述观察对象的特征，包括形状、颜色、大小等方面，并判断其描述的生动性和准确性。

（3）我能记录观察对象的变化：评价学生是否能够记录观察对象在不同时间点的变化，并判断其记录的连贯性和准确性。

（二）自主评价实施

在作业实施过程中，我引导学生根据评价标准进行自我评价和相互评价。学生首先根据自己的观察记录，对照评价标准进行自我评价，判断自己在哪些方面做得较好、哪些方面需要改进。然后，学生在小组内进行相互评价、相互学习、相互借鉴。最后，我对学生的自我评价和相互评价进行总结和点评，给予肯定和鼓励，并提出改进建议。

通过自主评价体系的构建和实施，学生不仅能够了解自己的学习情况和进步空间，还能够培养自我评价和相互评价的能力，提升综合素养。

五、效果评估与反思

在作业设计与实施结束后,我对学生的学习效果进行了评估,并对整个教学过程进行了反思和总结。

(一)学习效果评估

通过观察和评估学生的观察记录、分享活动以及自主评价结果,我发现学生在以下方面取得了显著的进步。

(1)观察能力提升:学生能够运用仔细观察和连续观察的方法,准确捕捉观察对象的特征和变化,记录详细、准确。

(2)写作能力提升:学生能够用生动的语言描述观察对象的特征和变化,写作内容丰富、条理清晰。

(3)综合素养提升:学生能够通过观察活动了解植物的生长特点和习性,培养热爱大自然的情感;同时,通过自主评价和相互评价,提升评价的能力。

(二)教学反思与改进

在反思整个教学过程时,我发现以下几个方面有待改进。

(1)观察时间分配:部分学生在连续观察的过程中,时间分配不当,导致观察结果不够详细和准确。因此,在未来的教学中,我需要引导学生合理安排观察时间,确保观察结果的准确性和完整性。

(2)评价标准细化:在自主评价过程中,部分学生对评价标准的理解不够深入,导致评价结果不够准确。因此,在未来的教学中,我需要对评价标准进行细化和解释,帮助学生更好地理解和应用评价标准。

(3)观察方法拓展:虽然学生在本次教学中掌握了仔细观察和连续观察的方法,但观察方法还有待进一步拓展。例如,可以引导学生运用对比观察、实验观察等方法,进一步丰富观察体验,提升观察能力。

六、结论与展望

本文以《爬山虎的脚》一课为例,深入探讨了核心素养导向下的作业设计与实施策略。通过明确学习目标的设定、引导学生掌握仔细观察与连续观察的方法、设计个性化的作业内容以及构建自主评价体系，我有效地实现了教学的精准化和高效化。展望未来，我将持续探索和实践核心素养导向下的作业设计理念，不断优化和完善作业设计与实施策略，为学生提供更加个性化、差异化的教学服务。同时，我也期待加强与其他教师的交流与合作，共同推动核心素养导向下教学理念的深入发展和广泛应用。

小学体育韵律舞蹈课堂教学评一致性的研究

王海涛

教学评价改革是新一轮课程改革的重中之重，随着教育改革的不断深入，如《义务教育体育与健康课程标准（2022年版）》的出台，为小学体育教学带来了全新的挑战与机遇。新课标强调培养学生的核心素养，注重学生的全面发展，特别是在体育领域，不仅要求学生掌握基本的运动技能，还强调对体育精神、健康意识和社会适应能力的培养。因此，小学体育教学必须从传统的以技能传授为主的教学模式向更加注重学生全面发展、强调教学评一致性的新型教学模式转变。

通过大量的教学实践，以"韵律舞蹈"教学为例，教师可以应用以下策略实现教学评一致性。

一、巧用小组合作学习，利于学生掌握评价方法

核心素养是学生适应终身发展和社会发展需要的必备品格和关键能力。在小学体育韵律舞蹈教学中，应将核心素养培育作为教学设计的核心。通过设计既富有挑战性又不失趣味性的韵律舞蹈教学内容，引导学生在参与韵律舞蹈活动的过程中，不仅掌握运动技能，更能在潜移默化中培养团队合作、公平竞争、坚持不懈等核心素养。例如，在单足转体360度的教学中，我就引

导学生先从挑战单足立开始练习，当单足立挑战成功后，便让学生进行单足立转体。在这个过程中，学生会出现站不稳的现象，我就提示学生两人一组练习，两人要互相评价，说出优点和不足。学生在互相评价的帮助下完成动作后，找到了自己的优点，并及时根据伙伴提出的建议修改自己的动作，学生做的动作也越来越标准。他们在练习的过程中，体会到站得稳、转得稳的前提是要有一个使自己重心向上的"力"，然后再进行单足转体360度的练习，从而获得对动作技术的成功掌握。

二、巧用现代化技术，利于学生活用评价策略

为了实现教学评一致性，小学体育韵律舞蹈教学应采用多样化的教学方法和策略。除了传统的讲解示范法、分解练习法、体验学习法等多种教学方法，还可以借助现代信息技术手段，如多媒体教学、网络教学等，为学生提供更加丰富的学习资源和更加便捷的学习方式。例如，在平时教学中，教师总是讲解动作技术，学生听着，或者教师示范，学生看着。为了更好地提高学生的学习兴趣，我在教学中利用投影或者教室的电子屏，在课上适时播放课前录好的动作技术视频，一边进行讲解，一边在关键处暂停视频进行重点示范指导。这样，利于学生掌握评价标准，及时调整自己的动作，掌握动作的要领。我还经常把学生的动作录下来，在设备上进行展示，这样不仅其他学生能看到，学生自己也能看到自己做的情况，便于自评，也便于伙伴之间评价，使学生更好地提升舞蹈动作水平，加深对运动技能的理解和掌握，进而培养其终身体育的习惯和意识。

三、巧建多元评价体系，利于学生发展评价思维

评价是检验学生学习成果的重要手段。为了实现教学评一致性，需要建立全面的多元化评价体系。

（一）形成性评价与终结性评价的结合

形成性评价强调评价应贯穿于教学过程始终，注重评价的诊断、反馈和激励功能。例如，在韵律舞蹈教学中，我会通过观察学生表现、记录学生学习过程、与学生进行沟通交流等方式，及时了解学生的学习情况，发现问题并依据评价标准对学生进行有针对性的指导。在快下课的时候，我还善于运用终结性评价，评价学生课上学习的情况，便于学生找到自己学习的优势与不足，找到努力的方向。终结性评价是在教学结束后进行的总结性评价，用于检验学生的学习成果是否达到预期目标。通过将形成性评价与终结性评价相结合，可以全面反映学生的学习成效，为教学改进提供依据。

（二）多元化评价内容的设置

除了关注学生的运动技能掌握情况外，还应注重评价学生的体育精神、健康意识、社会适应能力等方面的表现。例如，在韵律舞蹈教学中，我除了评价学生的动作位置、优美程度等技能外，还评价学生的团队协作能力和心理调适能力等。通过设置多元化的评价内容，可以更加全面地反映学生的体育素养和综合素质。

通过在小学体育韵律舞蹈课堂教学中实施教学评一致性模式，韵律舞蹈课堂取得了显著的教学效果。

1.学生主体地位的提升

在传统的体育教学中，我们通常是按照"目标—教学—评价"的顺序进行，即教师首先决定这节课要教授些什么，接着对每一个教学步骤进行设计，并对学生的学习效果进行评价。这种模式会导致出现"假学习"的情况；教师的"教"与预先设定的学习目的不符或者没有具体的目的。在新课标背景下，韵律舞蹈课堂的学习活动设计更加注重对学生主体地位的体现。即在教学过程中，教师不再是单一的知识传授者，而是学生学习的引导者和伙伴。例如，我在韵律舞蹈单足转体360度的教学中，不再告诉学生动作要领是什么，而是通过学生两人一组相互练习，去体验动作技术。让学生在实践中通过一次次练习，逐步提高动作技术，直到完美完成动作，使学生在收获喜悦的同时能够意识到动作要领是什么。通过创设开放、互动的教学环境，鼓励学生主动参与、积极探究，让学生在实践中发现问题、解决问题，从而培养其自主学习能力和探究学习能力，有效地提升了学生的主体地位。

2.教学质量的提高

教学评一致性模式的实施促进了教学质量的显著提高。通过明确的教学目标、科学的教学方法和策略以及全面的多元化评价体系，教师在传统的教师评价、生生评价的基础上，利用多媒体技术让学生对自己也能够有一个客观的评价，从而使教师能够更加准确地把握学生的学习需求和情况，为学生提供更加精准的教学指导和支持。同时，学生也能够更加清晰地了解自己的学习目标和任务，积极参与学习活动，取得更好的学习效果。这种教学模式的转变不仅提高了教学质量，还促进了学生的全面发展。

通过实践我发现，我们还需要加强对教师的培训和教育，提高他们的专业素养和认识水平。根据新课标的要求和学生的实际情况，优化教学设计，设计明确、具体、可测量的教学目标。进一步完善评价体系，建立全面、科学、有效的多元化评价机制。通过设计明确的评价标准和内容、采用多样化的评价方式和方法，加强评价结果的反馈。总之，教学评一致性教学模式以教学目的为中心，以评价任务为节点，以学生的学习为基础，达到教师的教、学生的学和学习评价三大因素的协同。实践证明，教学评一致性模式确实能有效提高学生在课堂中的学习能力，也能有效推动学生的核心素质在学习中的落实。

第三章　大数据赋能课堂教学的创新策略研究

运用Pad技术优化小学数学精准化互动教学实证研究

王博

2022年春天，新版课程方案、课程标准的颁布揭开了课程改革的帷幕，加速了教育改革的脚步。其中教学评一体化理念的提出，要求教师解决评价和教与学脱节的问题，凸显了评价的重要性。而精准定位学生学习水平、实现个性化教学是实现精准评价的前提条件。

随着社会的进步和发展，我国的新媒体、新技术也在不断发展，平板电脑（Pad）已悄然被运用到小学数学教师的教学工作之中。对运用Pad进行的相应研究表明，教师通过平板电脑对学生进行知识教学，有利于教师为学生创设良好的学习情境，同时也有利于促进学生自主探究能力的提升，对于学生的进一步发展有着极大的促进作用，真正地增强了课堂教学的实效性。作为一名教师，我也希望借助Pad来精准定位学生的认知水平，推动课堂教学中的师生、生生互动，构建现实与虚拟的双重课堂。在日常的课堂教学活动中，我进行了诸多尝试来达到此目的，下面简要阐述一下我所做的一些尝试与收获。

一、拉近师生距离，推动师生互动

我们习惯的课堂教学中往往以教师讲授为主，在适时的关键节点让学生举手回答问题。师生的互动往往只局限于你问我答，比较成功的课堂有时会有少量学生间的交流，而教师和学生的距离还是比较疏远的，并不能真正做到一对一交流，更不要说答疑解惑了，但我发现Pad在课堂教学中能够为我和学生之间构建桥梁，拉近我们之间的距离。

（一）课堂任务驱动下的师生互动

在"分数的意义"一课中，我在Pad上为学生构建了帮助饲养员叔叔为熊猫分笼子的情境，通过学生动手将熊猫放进笼子从而得到分数的过程，使学生理解了将多个物体平均分也能得到分数。在学生拖动熊猫分笼子的过程中，我可以实时看到每一名学生的活动过程。在学生将自己的作品上传到讨论组之后，我可以对每一名学生的作品进行评价和实时反馈。当学生看到教师对自己作品的肯定时，会感受到教师在很细致认真地看自己完成的作品，从心里感觉教师真的在关注自己，拉近了学生与教师的距离，学生获得了亲师性，完成任务时会更有动力。例如，当学生小李想要与大家分享自己的作品时，我直接将他的作品投影到大屏幕上，小李便可直接用自己的Pad进行拖拽，边演示边讲解，不只是呈现了作品的最终完成状态，还动态地将自己的想法呈现在所有人的面前。我又顺势向所有学生进行提问："对于他的作品你们还有什么疑问或者补充吗？"借助Pad再一次与所有学生进行实时互动，大大提升了课堂实效性。

（二）习题反馈驱动下的师生互动

例如，在"小数除法"一课中，在完成课堂活动后，我利用Pad设计了一道填空题（见下图）。

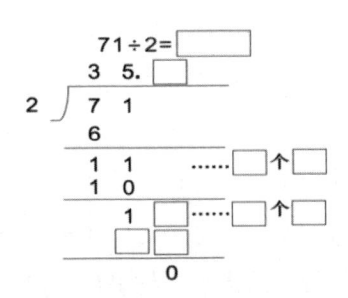

$$
\begin{array}{r}
71 \div 2 = \boxed{} \\
3\ 5.\boxed{} \\
2\overline{)7\ 1} \\
6 \\
1\ 1\ \cdots\cdots\boxed{}\uparrow\boxed{} \\
1\ 0 \\
1\ \cdots\cdots\boxed{}\uparrow\boxed{} \\
\boxed{} \\
0
\end{array}
$$

题中共设计了9个空，我将任务下发给学生作答，满分9分，计时2分钟时间，最终45人提交，平均分为7.46分。作答详情显示：对于10个0.1这个空错误率最高。于是我点开了这道题，选中一位错误学生的作品，请其他同学为他纠错，并说明理由，经过其他同学的一番讲解，这名学生终于改变了原有的错误认知。另外，Pad会自动按完成速度和正确率将学生进行排序，并下发小徽章作为鼓励，大大地激发了学生间的竞争意识。通过这个事例我们可以发现，Pad的习题反馈功能可以对于每一名学生和班级整体学习情况进行精准定位，大到整个班级的平均分，小到每一名学生的错误原因，都能一目了然。合理运用错误资源、对比讲解或是同学间纠错互助都是改变错误认知很好的方式，这既帮助教师做到心中有数，又再一次为师生之间搭建了互动的平台。

二、搭建虚拟平台，推动生生互动

在常态课堂教学中，注重学生能力培养的骨干教师往往会注重学生间的互动交流，但真正能做到学生给学生讲、学生为学生纠错并补充的课堂少之又少，原因是这样做课堂很热闹但是容易被学生带偏教学重点，而且会耗费大量的时间使课堂内容讲不完，并对教师的临场应变能力有很高的要求。所以更多的课堂只是有生生互动的骨架，却缺少了灵魂。

但我发现Pad能为学生真正提供生生互动交流的机会。例如，我在教学"三角形的再认识"一课时，利用Pad设计了一个遮盖练习，具体是用1块长方形布盖住了三角形的一部分，只露出1个角让学生来判断被盖住的三角形属于什么三角形。我采用了班级作品库的形式下发了这个任务，让学生试着画一画并将结论写在边上，并上传到作品库中进行互评。当露出直角和钝角时，学生都能写出是直角三角形和钝角三角形，但是当露出1个锐角时学生发生了激烈的争论。有的学生认为这就是锐角三角形，而有的学生认为不能判断这是什么三角形，双方各执一词。于是一名同意第二种观点的学生从作品库中调出自己的作品，现场进行画图讲解，结果他画出了锐角三角形、直角三角形和钝角三角形，说服了持第一种观点的同学。我还惊喜地发现，其实很多错误作品的评论区中已经有持正确观点的同学讲解说明："只露出1个锐角是不能判断三角形的类型的！"其实在互评过程中，大家已经通过点赞功能选出了他们认为优秀的作品，系统自动将点赞数进行了排序，而刚刚这名画图的学生恰恰就是大家点赞数最高的小张同学。通过这个生动的案例，我们不难发现生生互动不只是课堂中生生间的对话，而更多的是在虚拟平台中，那些学生发出的肺腑之言。因为学生眼中的同学作品，和我们眼中的学生作品是完全不一样的，孩子们之间的"悄悄话"才代表了他们最真实的想法，而这些宝贵的"悄悄话"通过平时的课堂教学我们又怎能"听"到呢？

通过这些年对于Pad的使用，我和我的学生深刻体会到，在互动学习方面，相比传统个人电脑，Pad大小合适的屏幕、多点触控技术、及时的信息反馈、海量的资源应用等优点能够很好地支持互动学习。借助Pad丰富的功能，我能准确方便地记录学生完成作业的情况，并与学生一起对其进行评价，这让学生的主体地位出现了一些变化，使他们成为课堂作业的评价者。在学生投入学习方面，Pad良好的交互界面让学生更投入，学生对Pad最初的新鲜感会随着时间而消退，但当正确认识学习工具的作用后，不会影响他们的使用兴趣，反而更加提升了他们的学习主动性，使学生由兴趣驱动式学习逐步转变为效果及目的驱动式学习。

通过亲身实践经历，我深切体会到Pad在师生互动和生生互动方面的巨大优势，在双新理念下充分利用Pad资源对学生进行精准定位，甚至也能让家长对于学生在校的学习情况做到心中有数，不断提升学生学习的实效性，让教学评一体化理念真实落地，使学习真正发生。

基于数据分析的小学数学课堂精准教学实践

朱诗玉

大数据时代，"精准"是一种精准时间和精准空间的定位，体现在课堂教学中，"精准"是一种要求，其本质是一种价值，是有效性的表征，是教学与学习、技术与知识、思考与习惯、形式与内容、目的与结果之间的协调一致。

笔者在本文中主要对基于数据分析评价的课堂精准教学进行探究，及时、准确地了解班级学生的学习状态，了解学生在课堂上的学习行为，以便让教师迅速做出教学策略调整，从而实现精准教学、个性化教学。下面将结合课例"小数简便计算"进行详细阐述。

一、前置学习任务，实现学情高效分析

目前，教师在设定教学目标和重难点时，存在着严重不足——过度依赖个人主观经验。一是并非所有经验都能给人以指导，二是无法对可量化的学情进行精准把握。为了能够准确地设定数学课堂的教学目标，教师可以利用智能化的环境，将大数据高效运用到数学教学过程中，通过智能平台为学生安排课堂前的小练习，实现"以练促导，以导促教"的目标。通过大数据采集的问题，可以将其进行自动分类，形成直观的数据，帮助教师通过大数据了解学生的学习状况。

为了能够准确设定"小数简便计算"这节课的教学目标，我通过"十六进制课堂"为学生布置课前练习，了解了学生整体的掌握情况，数据分析结果见下表。

诊断测试题	正确人数占比	教学需求
$9.9 \times 6.7 + 0.67$	60%	1. 引导学生观察，准确判断所给式子能否进行简便计算。
$8.92 \times 104 - 89.2 \times 0.4$	55%	2. 选择恰当的运算定律实现简算。
$21 \div 3.5 + 21 \div 1.5$	24%	3. 引导学生将积不变的规律、除法的基本性质等迁移到新问题情境中应用，表达解决问题的思路

对于"小数简便计算"一课，运算定律、积不变的规律和除法的基本性质等的应用是小数简便计算的关键知识和方法，学生不仅要激活原有知识，而且要思考如何将其迁移至新情境下的问题解决。基于以上的数据分析，我将本节课的学习目标将设定为：①能够准确辨析所给运算式子能否简便计算，培养数感；②能够选择恰当的运算定律进行简便计算，提升运算能力和增强

推理意识;③经历探索小数简便计算方法的过程,提升思辨能力与迁移能力。

二、立足数据分析,实现教学精准干预

以往的数学课堂受到传统教学经验的影响,教师通常采用讲授法来开展教学,这对学生而言,缺少暴露问题和同伴互动的机会,以至于学习反馈存在延时性,使教师在调整教学内容和进度时存在滞后性,学生也难以得到精准的帮扶。

我利用"十六进制课堂"采集学生的学习过程数据,及时掌握学生的学习困惑和目标达成情况,如判断所给题目能否进行简便计算,根据学生选项人数的分布、准确率来判断学情。如果存在困惑的人数超过20%,我将针对知识进行讲解,并选用同类型题目进行效果检验;如果存在困惑的人数低于10%,我会选择课后为这10%的学生提供精准学习指导。具体干预类型如下。

(一)即学即评,把握学习情况

通过智能平台实时投票,能够快速且直观地了解学生是否能够准确辨析所给的运算式子能否简便计算,并及时给予干预。首先,我利用判断题型,让学生使用智能平台投票判断算式"$3.5 \times 101 - 3.5$"能否进行简便计算,有32名同学认为能够进行简便计算,6名同学认为不能进行简便计算,说明大多数同学在此知识点上没有问题,可以追问这6名同学的困惑在哪里。如果他们能够回答,就请他们上台讲解并且写出计算过程;若学生无法解答,可以考虑请选择正确的学生进行作答分享,并且利用智能平台投票,及时检验全班学生对该知识点的掌握情况。

(二)重点突破,做好难点点拨

在巧用"除法性质"时,大多数学生容易出现在添加括号后忘记变号的现象,使得在判断能否进行简便计算时出现错误。例如,数据分析结果如下页表所示:第1题正确率很高,但第3题的变式会误导学生可以转换为"$3.75 \div (2.5 \times 0.4)$",最终得出错误答案3.75。

题目内容	考查知识点	正确人数占比
26.1 ÷ 1.25 ÷ 0.8	除法的性质	93%
7.7 + 2.3 ÷ 5		50%
3.75 ÷ 2.5 × 0.4		24%

通过分析数据，我把讲解重点放在了第3题，先充分发挥学习小组互助作用，学生共同讨论问题解决的方法，或者是帮助组内其他同学弄清楚错误的原因，教师在一旁巡视指导；接着，选择小组上台分享解题思路，给予学生更多的课堂表达机会，引导学生写出最终作答结果；最后采用"投屏小组作品＋智慧平台互评＋不同作答比较"，实现师生与生生互动。

教师要关注课堂实时数据的收集，并通过数据的信息反馈，尽快发现问题的症结，及时给予干预，促进学生的发展。

三、借助数据驱动，实现学生个性化成长

基于课堂数据的多轮采集和分析，数据支持的学生成长轨迹得以记录。教师能够精准调取每名学生在各目标上的表现情况，进行纵向和横向分析，关注每一名学生的进步和发展。我在"小数简便计算"练习课结束后调取相关数据：纵向数据结果显示，98%的学生在各个目标点上有较大的增值，所对应习题的准确率分别从40%上升到80%，从达标到优秀；横向的结果显示，每名学生在"小数简便计算"中的添加因数、移动小数点和巧用除法性质等内容目标都有相应的提升。这不仅能够激发学生的学习兴趣，而且能够帮助教师深入了解学生的学习状况，关注每一名学生的成长，提供个性化的学习帮扶。

总之，大数据分析为精准教学提供了科学依据，使教学更有针对性，靶向更准确；使新课程标准提出的"面向全体学生，尊重个性差异，因材施教"得到有效落实，使"人人都能获得良好的数学教育，不同的人在数学上得到不同的发展"得到扎实推进。

数据赋能精准教学，问题意识撬动高阶思维

饶光莹

课堂教学是一个信息交互流动的过程，其中数据反馈扮演着重要角色。学生通过反馈释放学习信息，而教师则搜集这些信息，并据此提出有效设问，以引导学生思维进阶。在这个过程中，教师的设问不仅基于数据反馈，而且旨在促进学生的深度思考和思维发展。通过精准把握学生的学习状态，教师能够更有效地调控教学，确保学生在交流互动中不断获得新的思维启示，从而实现思维进阶。设问下的数据反馈，究竟能带来哪些思维进阶的转变和成长呢？

一、把住根脉巧设问，激发反馈之"需"

生本课堂，重在反馈。有效的数据反馈，不是为了甄别、证明，而是为了推动和改进。在课堂教学中，我们发现许多学生"谈馈色变"，反馈常常容易暴露出学习"破绽"，显现学习"短板"。究其原因，课堂中教师一些无序、随意的设问，熄灭了学生对真反馈的勇气。

优化课堂反馈是激发思维的关键。我们结合数据反馈，通过预学探路收集学生的数据信息，理性分析这些数据以了解学生的内在心理需求和学习状态，号准学习脉搏。基于数据分析的结果，优化设计反馈内容，确保它贴近学生的"最近发展区"。在此过程中，我们注重精准设问，利用数据反馈来指导问题的设计，使其既具有挑战性又能激发学生的思考。通过数据反馈与精准教学的结合，使课堂反馈更加精准有效，能够真正燃起学生思维的火花。例如，在三年级脱式计算教学中，我引导学生思考三种方法有什么不同点。有的学生说第一种方法是两步计算，第二种方法是综合计算，第三种方法是脱式计算。是啊，学启于思，思源于疑。"比较"是进行新旧知识辨析的一种常用教学套路。大多数教师在学生反馈出两种不同的算法后都会像教学片段

里的教师那样提问有什么不同点，引导学生比较。

有效设问是促进学生思维进阶的关键。在本节课中，目标是让学生掌握脱式计算的方法。然而，教师的设问若仅停留在已学的运算顺序上，将不利于学生思维的进阶。为了更有效地引导学生，教师的设问应聚焦于脱式计算的核心——两道题在计算过程中的相同点，即脱式计算的书写过程。这样的设问能够引导学生深入思考，通过比较不同题目中的脱式计算过程，发现其中的共性与规律，从而深化对脱式计算的理解。这一过程不仅能够帮助学生掌握新知，还能促进他们的思维从旧知向新知进阶，实现思维的深度发展。点准"设问触发键"，激活学生的反馈之"需"，让学生在正确的思维道路上前行。

二、注重反馈之"序"，让课堂走入深学快车道

例如，在"长方形周长"教学中，我通过白板拍照上传功能展示了在学生各自探究后的三种不同方法，让大家看看同学是用什么方法来求周长的，并让学生讲讲。有的学生反馈他是用：10+4+10+4=28（厘米），并问大家知道是第几种方法吗。多数学生认为是第三种方法：4条边长度的累加（长+宽+长+宽）。有的学生认为他用的是第一种方法：长×2+宽×2，因为他的方法里有两个长和两个宽。同组同学补充："但是他的摆法里两个长没挨着，所以没有2。"认为不是第一种方法。这个时候，教师适当引导："这几位同学在讨论的过程中无形地分析了咱们推导的两种方法。"也有的学生分享第二种算法，用的方法是：（长+宽）×2……

教师的总结只是合并了学生的反馈信息，使得学生获取了不同的三种方法。透过三种方法我们会发现"不同"背后隐藏的"相同信息"——都是求周长。教师在选择学生作品时做了三种不同的序号批注：①表示4条边长度连加的计算；②表示列式为：长×2+宽×2；③表示列式为：（长+宽）×2。虽然计算结果相同，但三种方法的思维水平层次是明显不同的。

在案例中学生自主探索，从长方形的特征中推导出长方形周长公式，教

师进行有序的思维引导，通过比较、辨析三种方法的异同，助力学生深度学习。如果只是无序地展评，长方形周长公式的优势显现远不如有序对比时强烈、直观。在后续教学中，待小组展示后，教师引导学生说出喜欢三个方法中的哪一种、为什么，引导学生的思维从直观向抽象过渡。教师的追问促使学生反思自己的初始学习，帮助学生理解被自己隐藏或未曾关注的表面背后的思想，使他们更加全面地理解学习内容，完善原有认知。有序反馈让学生的认知由浅入深，让学生的思维由模糊走向清晰。

三、关注反馈之"续"，助以评促学，赋课堂生命力

我们常说："以课标为纲，以素养为基，用活用好教材，发展学生个性。"学生在自主探究中如何实现知识的"再创造"，我们是怎样把握"生生互评"关，确保课堂反馈有序且延续呢？

在建立评价机制之初，我们观察课堂反馈有四种现象：①学生注意力持续时间不长，不善于"听"他人评价；②讨论不深入，大多是给别人挑毛病，语言单一，缺乏评判对错、善恶的标准，且不能对其他同学产生再思考的帮助；③普遍存在从众心理，不敢提出自己的独特见解；④学生参与面不广，难形成各抒己见的热烈气氛。

鉴于以上分析，从一年级起，我们在平时的课堂教学中，指导学生在课上互相讨论、切磋，让生生互评的意识和习惯从小建立，循序渐进，形成科学的评价模式。

例如，在三年级"差倍"教学中，教师引导学生反馈："这道题问的是舞蹈队和乒乓球队一共有多少人，我的方法是 $21 \times 4 + 21 = 105$（人），大家同意我的想法吗？谁来评价我？"其他同学马上给予评价："你说得很细致，重点词语也加重了语气，请问你画的线段图中两个问号分别表示什么？"学生在伙伴评价中继续交流："第一个问号求的是乒乓球队有多少人，第二个问号求的是舞蹈队和乒乓球队一共有多少人，你听明白了吗？"评价学生马上给予感谢。

生生互评的学习方式为学生课堂反馈提供了更广阔、生动、有个性化的主动发展的空间与舞台。要教会学生评价，教师"导"的作用很重要，教师在"师生评价"时，要起好的"示范效应"，如教师引导学生"你能先评价同学优点，再提建议，最后再说对自己的启迪"，被评的同学在评价后也应道谢或坚持自己的看法。慢慢地，学生的互评由拿着"放大镜"找缺点，逐步向客观评价甚至是欣赏同学的方向在努力。关注每名学生的个体差异，更应守护每个孩子的好奇心和求知欲。

以"导"作前提，教师延缓评价，多释放空间将学生的反馈与评价延续，让每名学生着力展示学习的"原生态"，展示真实的学情。吴正宪曾提出教师要有效地利用课堂资源，巧妙运用学生即时生成的资源。学会等待是教师的一种智慧，课堂上出现问题可以先让学生思考、讨论、解决，内化概念。这样不仅可以提高学生的学习兴趣，使其获得成功的喜悦，从中也提高了获取知识的速度。

数据为翼，精准教学方能展翅翱翔；设问为钥，问题意识开启高阶思维之门。教师若囿于旧知的设问，无疑会束缚学生思维的翅膀。唯有洞悉数据之光，精准把握学情，方能设计出引领新知探索的设问之钥。如此，学生在思维的海洋中畅游，深度理解新知，思维能力得以提升蜕变，绽放出智慧的光芒。

依托学情诊断，以评促学培养数学核心素养

高源鸿

一、课前预学，了解学生水平，明确学习目标

"平行四边形的面积"是北京版数学教材五年级上册的学习内容，是面积相关内容的种子课。从单元整体分析，本节课是在学生掌握了平面图形的特

征以及长方形、正方形面积计算的基础上学习的。一方面让学生运用转化的思想方法推导面积计算公式，积累数学活动经验。另一方面，在自主探索平行四边形面积活动过程中发展空间观念。本节课的学习为后面学习三角形的面积、梯形的面积、圆的面积和立体图形的表面积打下基础，在整个小学数学"图形与几何"领域中，"平行四边形的面积"起到了承前启后的重要作用。那么如何让这节种子课生根发芽呢？作为教师我们要时刻关注目标，精准定位学情，设计有梯度的学习任务，激发不同水平的学生思维水平得到提高，让不同的学生在课堂上得到成长，提高数学核心素养。

学生在解决平行四边形的面积问题上知道了什么？还有什么问题？设计怎样的任务更能促进学生思维水平提高？我对五8班41名学生进行了课前调研（如下表）。

调研题目	
你能求出平行四边形的面积吗？在图中用你喜欢的方法表示出来。（在研究中遇到问题可以向老师求助小锦囊）	【小锦囊】你能求出平行四边形的面积吗？在图中用你喜欢的方法表示出来。（边长1厘米）

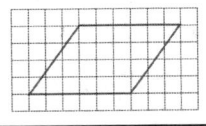

有13名（31.7%）学生在没有方格纸时没有研究思路，向我求助小锦囊后有9名同学借助方格纸用数一数、拼一拼的方法求出了平行四边形的面积。因此方格纸是学生研究平行四边形面积的一个很有帮助的工具，教师在课堂学习中一定要提供给学生。通过对学生作品分析，我对学生前测划分了以下5个表现水平。

水平划分	学生表现	典型作品	百分比
水平0	没有想法		7.32%
水平1	负迁移，用邻边×邻边数方格但结果不精确		24.39%

续表

水平划分	学生表现	典型作品	百分比
水平2	有转化意识，但没有得出结论或结论错误		21.95%
水平3	结论正确但说不清推导过程		36.59%
水平4	通过剪拼的方法计算面积，能说清楚这样做的道理，能找到转化前后图形的关系		9.76%

从前测数据可以看出，借助方格纸，有60%以上的同学想到用剪拼的方法来研究平行四边形的面积，因此方格纸是探究平行四边形的面积时必不可少的工具。如何利用方格纸让学生将方法抽象出来？如何让学生体会到剪拼前后图形的联系？如何让不同的学生在课堂上得到成长？因此本节课通过学生自主选择学具探究平行四边形面积公式的推导过程，通过验证、说理等方式对自己及他人的问题解决过程给出合理解释，发展推理意识。

二、前测唤醒，初步感知，培养学生高阶思维

通过前测唤醒，在交流讨论中，课前预学水平0—1的学生有了剪拼的想法，将平行四边形转化为长方形；课前预学水平2—4的学生体会到：底6决定了每行摆几个，高4决定了摆几行，底×高=面积单位的个数，初步猜想平行四边形的面积=底×高（如下图）。

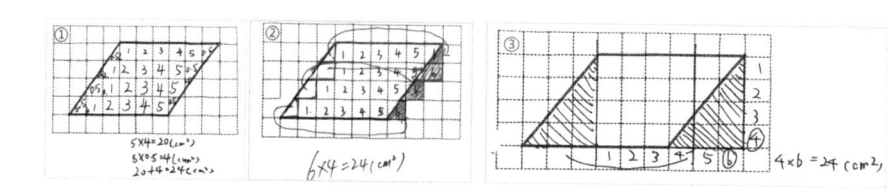

三、课上深学，自主探究，培养学生推理意识

研究任务：自主选择平行四边形和工具，想办法说清楚为什么平行四边形的面积＝底×高。在自主探究验证猜想的过程中，水平0—2的同学，借助方格纸在动手操作中积累剪拼经验，初步体会剪拼前后平行四边形与长方形的关系。水平3—4的同学，在操作中体会平行四边形与转化的长方形的关系，探索是不是所有的平行四边形都能转化成长方形。

通过自主探究面积计算的过程，经历测量、操作、观察、比较、总结规律，揭示平行四边形面积与长方形面积的关系，学生通过对比、反思，深切地感悟到平行四边形的"高"在面积计算中的特殊意义，从而推导出平行四边形的面积计算公式。

四、引发冲突，在质疑中提高数学思维

在前测中有24.39%的学生受到长方形面积公式负迁移的影响，认为平行四边形的面积＝邻边×邻边，还有学生迁移了平行四边形的不稳定性，想用推拉的方法来解决平行四边形面积的问题。在课堂上我设计了以下学习任务，让学生直面冲突，在质疑中明晰转化前后图形的关系。小组讨论拉动平行四边形后，什么变了，什么不变？为什么？学生在猜想、操作、讨论的过程中推拉，两条邻边的长度都不变，而面积却发生了变化，因此求平行四边形的面积不能用邻边×邻边。在探究平行四边形面积公式推导时设计"拉—剪拼"两大任务驱动，以任务驱动引领学生逐步展开探究，通过"转化"的方式得出平行四边形的面积公式。

五、课后研学，靶向定位让思维向上生长

依据后测靶向定位学生学习情况，了解各层次思维水平的学生在自主探究学习任务中思维水平的提升情况，通过表现性任务的评价确定接下来的教学方向，如下页图所示。

后测题目	后测情况		
	水平划分	学生表现	百分比
你能求出题目中三角形的面积吗？在图中用自己喜欢的方法表示出你的想法	水平0	有转化想法，但未能成功	7.32%
	水平1	转化成功，计算错误	2.44%
	水平2	转化成功，正确计算面积，但讲不清转化前后图形的联系	19.5%
	水平3	能正确转化，建立联系，推导公式 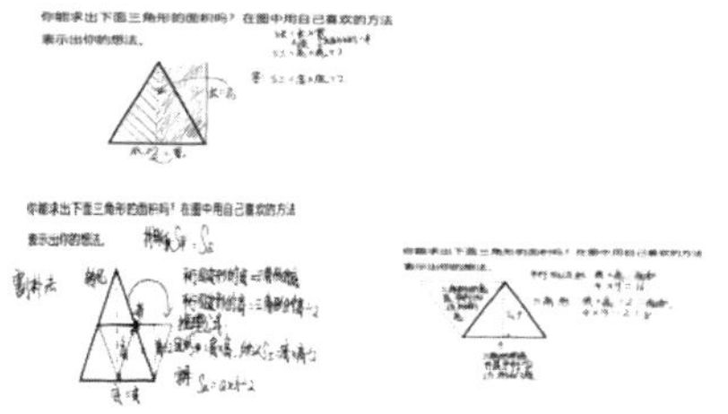	70.7%

从后测数据看，学生经历平行四边形面积公式的推导过程，积累了研究图形面积的经验，把推导平行四边形面积公式的思想方法迁移到三角形面积推导中，用转化的思想方法解决新问题。全班41名学生都有了转化的思想，有7.32%的学生没有转化成功，这部分学生没有用面积单位方格纸解决问题，前测结束后我对三名学生进行访谈，孩子们都觉得方格纸麻烦，但当三名学生在方格纸上尝试时都成功转化，方格纸是学生研究面积的有力工具。有19.5%的学生成功转化、正确计算但没有说清楚转化前后图形的联系，因此在后续教学中，我让学生动手操作、观察、交流，建立起转化前后图形的联系，以此作为本节课的重要活动。70.7%的学生能够经历从"转化图形—建立联系—推导三角形的面积公式"的过程，转化和推导的过程讲得很清楚，通过本节课的学习，研究图形面积的方法已经在学生头脑中生根发芽。在接下来的教学中，我会注重三种图形面积一致性的教学，建立平行四边形、梯形、三角形面积之间的联系。学生都经历了"转化图形—建立联系—推导公式"的过程，进一步理解了计算面积公式为：每行个数×行数=面积单位的总数，为下学期学习立体图形的测量积累了活动经验。

在新课标背景下，数学教学要创新教学模式，依托学情诊断，确定学习目标，设计表现性任务，以评促学培养数学核心素养，让不同的学生得到发展。

大数据支持与小学数学作业有效融合

杨小东

"双减"时代到来，作业在不断热议中成为热词，"作业多成绩就好，作业少成绩就差"的想法一遍遍冲击着我们的认知。作业是为巩固新课知识，对教师教学效果进行反馈的课堂教学的补充和延续。我开始针对原有作业生态进行分析，发现其优劣，以网络和大数据为依托，在既减量又提质的前提下提高学生作业的有效性。

一、小学数学作业的现状与存在问题分析

通过多方面问卷调查我发现，传统作业受到课本知识面的限制，导致学生的知识面窄，获取知识的能力受到一定的限制，教师为了弥补这些缺点，在数量上和形式上或多或少会出现以下三方面问题。

（一）重视数量，轻视质量

个别教师认为数学知识要通过题海式练习来巩固新知，多布置家庭作业教学质量就会提高。所以，这些教师在布置家庭作业时，常常重视数量、轻视质量，致使学生课业负担重。面对大量的家庭作业，学生难以达到预期效果。

（二）形式单调，缺乏创新

目前，个别教师给学生布置的家庭作业就是做配套练习，学生在做作业时只是机械地完成，写作业的兴趣不高，完成作业的积极性自然也不高。以本地区所使用的人教版教科书为例，书本的习题多以计算题或解决问题为主，

在判断题和选择题等题型方面训练得较少。

（三）布置作业不分层

个别教师在布置家庭作业时，不顾学生个体差异和接受程度，一律布置同样的作业，这些不利于学生的个体发展。还有些教师在布置数学作业时，不顾学生的接受能力，盲目攀高，致使一些接受能力较低的学生失去对学习的兴趣和信心。

二、大数据环境下提高数学作业质量的有效策略

针对传统作业的弊端，如何利用好互联网赋能教育、赋能作业，达到优化作业的目的呢？我尝试将"智慧教师"和App作业结合，让学生在学校短时间内有针对性地完成数学作业目标，在经历一段时间的尝试后，我发现了在大数据环境下优化学生作业的优点。

（一）趣味——和朋友互动的作业像是游戏

"老师，有时我觉得咱班的数学作业就像我们放学玩的游戏。"这是班里一个女孩子和我谈及数学作业时的感受。

下表是班级学生对几种作业形式的喜好排序。从中可以看出，最受喜爱的作业形式是速算App，而口算题卡则位于末尾。同样是计算的作业练习，却产生了如此差距，这就是App应用的魅力所在。在另一项调查中，愿意以速算App练习口算的学生占全班的84.2%，而口算题卡的支持率仅为15.8%。

请将数学作业形式按从最感兴趣到最不感兴趣排序（排序题）

选项	平均综合得分
速算App	6
狸米学习	5.66
思维导图	4.5
练习册	4.32
竖式本	3.92

续表

选项	平均综合得分
数学书	3.79
科研作业	3.71
口算题卡	3.53

App的趣味源于何处？其魅力正是多人互动交流。学生可从"盒子"中的学情反馈看到自己与他人的学习状况，便于树立学习目标。在和他人竞赛的过程中，达到巩固知识、提高能力的目的。例如，我在班级中利用学情反馈帮助学生在班级里找到学习目标；将周一到周四组织为练习日，周五为竞赛日；以评选班级计算、速度、火箭（进步）明星等形式实现互动，让软件和学生在教师的组织下"动"出活力。在问卷中，使用班50%的学生运用速算App后，喜欢上了口算练习。这份兴趣会成为他们今后数学学习的巨大动力。如下表所示。

用了速算App后，你是否喜欢口算练习（单选题）

选项	小计	比例
一直喜欢	18	47.37%
用了之后，有些喜欢了	19	50%
一直不喜欢	1	2.63%
用了之后，就不喜欢口算了	0	0%
本题有效填写人次	38	

（二）个性——大数据时代有学情才有个性

2013年，IBM基于全球2万多份调查报告发布了白皮书，预测了大数据对于互联网背景下的教育变革的巨大作用。作业是衡量教学质量和学习水平的基础手段，同时也是教师针对学生不足、帮助学生进步的主要途径。无须教师费心统计，App便能精准反映出每名学生的学情，甚至细微至某一课中的某一知识点。如此翔实的分析报告，确实能够帮助教师科学、有效地调整教学策略。

若某题错误率为3%，教师课上适当点拨即可；错误率为30%，教师需要在一些时间来分析错因，进行针对性讲解；错误率为50%，题目有难度，学生合作会比教师讲解更有效；错误率为70%，教师要反思教学是否存在问题。同是错题，根据不同学情，采取不同策略，正是互联网环境下App作业带给个性教学的积极意义。

在复习阶段，App的学生端作业本功能中的知识图谱能够精准定位知识薄弱点。以某生为例，"亿以内数比大小"的正确率为100%，练习适度即可；"亿以内数的加减法和读法"相对掌握较弱，可自查错因并及时与教师、同学交流解惑。

（三）高效——插上教师和技术的翅膀才能翱翔

经过一段时间的实际应用我发现，更多的教师加入活动，再次唤起互动学习氛围，App的高效性得到充分发挥。因此，技术和教师仿佛高效肩膀上的两只翅膀，缺一不可。

移动终端App把教师从繁重的作业批改中解放了出来。就我自身而言，每天的App作业布置并没有增加我的教学工作量，相反在其他教师忙于学情分析、搜寻题库时，App为我节约了相当一部分时间。节约下来的时间我则用于改进和实施针对不同学生的高效教学。

教师轻点手机，便可了解"含中括号的混合运算"中哪些学生需要教师指导。例如，我班两位学生正确率过低，我不必隔日到校询问作业情况与错因。我打开其作业界面即可清楚A生出错并非由于本课难点"含中括号混合运算的运算顺序"存在问题，而是输入答案时漏写数位的原因，后期应从作业习惯入手，关注其态度的端正。而B生混合计算较准确，但多错于算式结果与数的比大小。从学情中可初步推断该生知识不扎实，需要将知识巩固熟练。于是我利用App当天为他们设计讲解内容和配套练习，为转天教学做好充分准备。

（四）"周反馈"——四两拨千斤

反馈的归纳、总结、发展及引导作用都影响着学生的学习。教学时，我对学生App完成情况的反馈频率不断调整，摸索更有效的策略。

在尝试阶段,反馈处于时间、内容与对象随机的不健全状态。学生无法充分参与班级互动,虽提交率较高,但正确率却并不理想。发现问题后,我采取解决措施,后期关注每日反馈。在中期阶段,反馈形式转变为日反馈,内容明确,反馈对象逐渐明确。内容为集中错误点,关注完成情况较差与波动较大的学生。学情改变随之而现,正确率、提交率与参与程度明显提高并趋于稳定。

后期为了更好地规划教学,反馈频率改为:以一周为周期进行反馈、总结与组织活动。使用班的正确率与提交率居然在平稳之后又再次上升。通过谈话、交流,我发现学生使用软件的时间更加自由。学生可将App作为随堂检测,每日一做;或给知识沉淀、吸收的时间,将App当作复习测验利用周末完成。

综上"周反馈"的频率,一方面让教师和学生在紧张的工作与学习中得到更多自由空间,另一方面也反映出在学习过程中,沉淀、反思、梳理对于知识掌握的重要作用。

一段时间后,学生在大数据和App的辅助下,做作业的方式发生了巨大变化。趣味、个性、高效的作业活动深受师生喜爱,学生甚至主动为自己设计了专项练习。在肯定大数据环境下新作业方式的积极作用的前提下,教师在平时的教学中也不能忽视传统作业的基础本质,如何更好地协调二者关系,还须我们实践者不断探索新的有效途径,让师生都能体验到"双减"带来的成果。

架起知识与生活的桥梁,精准解决数学问题
——"吨的认识"教学案例

王颖

一、深入理解课程标准与教材,精准备课

"吨的认识"是北京版数学第五册的教学内容,教学的对象是第一学期的三年级学生,他们的思维正处于具体形象思维为主,逐步向抽象逻辑思维过

渡的阶段。然而"吨"这个非常大的质量单位,远离学生的生活实际。如何将"吨"这个抽象的概念,以具体形象、可直接感知的形式呈现在学生眼前,如何让学生体验、感知"吨",建立吨的观念,是本节课的重点,也是难点。

在学习"吨"这个质量单位前,学生已经对克和千克有了感性的认识,知道了1千克=1000克,较轻物体的质量常用克作为单位,而一般的物体用千克作单位。这样一来,学生就可以推断测量较重的物体或者是大型物体时常用吨作为单位。但是"吨"到底有多重呢?学生没有直观的认识,也不可能像认识克和千克那样让学生通过掂一掂一个2分硬币或者是两袋盐的重量来建立感性的认识。所以,要想建立"吨"的观念确实有一定的难度。

二、创造性使用教材,精准设计活动

为了让学生体验到数学源于生活、用于生活,激发学生学习数学的兴趣,为了突破本节课的难点,我在课堂上巧妙地设计了掂一掂、算一算、背一背等活动,使学生建立1吨的观念,突出了重点,突破了难点。

在教学中,为了帮助学生建立"1吨"有多重的概念,我先组织学生上前掂水桶分享感受,有的同学觉得很重,有的觉得勉强能拎起来。为了帮助学生真实感受重量与单位的关系,我组织学生开展"互相背同学"活动,分享感受。有的孩子说:"太重了,我差点儿摔倒。"有的学生背得很轻松。我挑选出体重约为50千克的学生展开研究,提问:"多少个这样的孩子合起来体重是1吨?"学生算出"20个";接着我追问:"班里学生平均体重是30千克,那多少个这样的孩子加起来体重是1吨?"学生在估算中得出结论大约是35人。

在从"千克"到"吨"的单位换算教学中,我先帮助学生换算"1吨等于多少千克"。课件出示:"1袋大米25千克,那10袋大米呢?"学生能很快计算出来是250千克;我接着追问"40袋呢",学生回答是1000千克,也就是1吨。我接着引导学生逆推:"那1吨,也就是1000千克里面有几袋25千克的大米呢?"用除法解决问题。基于以上教学环节,我进行了整理与分析,得到以下启发。

（一）创设生活情境，激发学习兴趣

1吨的重量是非常抽象的。如何让学生准确感知1吨的重量，一向是教师冥思苦想的一个问题。而引导学生建立1吨的质量观念恰恰是本节课的重点。教师重视从学生的生活经验和已有知识出发学习和理解数学，联系生活在体验中学习数学。在教学中，首先让学生拎一拎一桶水，亲自感受10千克水的重量，再通过想象感受40袋大米的重量，进而主动感悟1吨有多重；接着让学生开展互相背一背的实践活动，让学生根据平均体重估一估大约多少个同学的体重合起来是1吨，问："全班同学合起来的体重够1吨了吗？"让学生充分感受、估计、想象和整理，在探索中体验，在体验中理解，进而对1吨的概念有更深刻的认识，提高了学生抽象概括的能力。

在上述"吨的认识"教学片断中，当学生主动感悟出1吨有多重时，教师让学生展开想象：如果让你搬1吨的大米，你应该怎样搬？在教师的精心设计、循循善诱下，孩子们在体验中建立了1吨的观念。这样安排，将数学与生活、学习有机地联系起来，使学生感受到所学的知识源于生活，这有利于激发学生认知的兴趣和情感，唤起学生探究、学习的欲望。

（二）联系生活实际，探究数学知识

在教学"吨"这个单位时，由于"吨"在日常生活中学生很少接触，远远脱离了学生的生活实际。需要将"吨"这个抽象的事物以具体的、可感知的形象呈现在学生的面前，从而拉近"吨"与学生之间的距离。

把教材内容与生活情景结合起来，使数学知识成为学生看得见、摸得着、听得到的现实。教师要善于挖掘数学内容中的生活情景，让数学贴近生活，学生就会真正体会到数学原理的奥秘就是对生活的感悟。生活有趣，数学更有趣。

（三）联系生活实际，精准反馈解决实际问题

在学会了新知以后，学生就会产生应用知识解决实际问题的欲望，以获得成就感，否则就会产生知识无用的想法，对学习失去兴趣。因此，教师要紧紧地把握好这一大好时机,设计出贴近生活、使学生感兴趣的练习,满足学生的愿望。如在练习中设计一篇有趣且贴近学生生活的数学日记,写了由于单位错用闹出的一系列笑话,这样的练习既有趣又联系生活,同时也巩固了新知识。在拓展应用的练习中,更体现了把数学知识生活化、把现实问题数学化,让学生体会数学从生活中来、又到生活中去,数学知识能够在生活中发挥威力。这集基础性、应用性、趣味性、开放性于一体的数学问题,不但巩固了简单的基本方法,提高了学生参与生活的能力,更重要的是培养了学生的创新意识和创造性解决实际问题的能力。让学生具备在日常生活和社会生活中运用数学的本领,使他们认识到"数学是生活的组成部分,生活离不开数学",调动他们主动学习数学、创新性运用数学的积极性。

总之,教师要将数学知识与生活实际紧密联系,将书本知识活学活用。通过精准教学使小小的课堂走向更广阔的生活天地,激起学生对数学的兴趣。数学必须贴近生活,变抽象为具体,变无味为有趣。让数学生活化、情境化、趣味化,让学生在生活中感悟数学、运用数学,让数学课富有生活气息,让学生体会数学与生活同在的乐趣。让学生不但学到知识,还能掌握解决实际问题的技能,胜任社会的需要。在精准教学的助力下,架起知识与生活的桥梁,让学生学会精准解决数学问题,让数学知识落地生花。随着教育技术的不断进步和教育理念的逐步更新,相信精准教学将会迎来更加广阔的发展前景。

基于数据驱动对小学数学"植树问题"一课的思考

张紫薇

一、引言

在以素质教育、终身教育为背景的"双减"政策下,信息课堂教学模式逐渐被引入教学模式改革中。然而,由于传统教学模式与新型教学模式的冲突与对立,新型模式的建立在我国教育改革中并不理想。因此,探索新型教学模式与传统教学模式相结合的方法是教师关注的焦点。随着科技的快速发展，信息技术逐渐进入课堂中。大数据分析下的教学更加有助于教师对学生知识起点的把握，精准抓住学生在课堂教学中的问题，根据反馈来调整教学的节奏，使课堂教学更加有效和具有针对性，并对学生后续的学习质量进行持续追踪。平板电脑（Pad）课是根据我国教育现状提出的一种教学模式的改革方法，其基于技术与教育结合的教学背景应运而生。将Pad应用于日常的课堂教学中，为教师和学生在教学上提供了便利。

二、Pad应用于教学的优势

（一）打破传统教学观念

中国传统的以教师为中心的教学模式沿袭了数千年，教师的教学思想和学生的学习意识已经形成了一种根深蒂固的模式。在传统教学模式中，以教师为主导地位，一味地填鸭式教学，将知识一方输出，而学生只能被迫接受知识，学习处于被动地位，未得到个性化发展。当学生遇到枯燥乏味的理论教学时，学习兴趣也很难被激发出来，学习成效大大降低。同时，教师在有限的教学时间里也很难照顾到所有学生，缺少师生间的教学互动。这也使教师得不到学生学得好与坏的反馈，个体差异和群众教学的矛盾难以在传统教学中得到有效解决。因此，课堂教学中衍生出各种方法来改善传统教学模式。其中，Pad在"互联网+教育"的时代背景下，应用灵活多变，能够更高效地开展教学活动，能充分尊重学生的主体地位，真正使学生成为学习活动的主人，更能满足学生的个性化需求。

（二）有利于情境化教学开展

学习和思维是基于情境的，它们不是孤独地镶嵌于大脑之中，而是通过情境中的文化活动或工具产生。而Pad依靠自身强大的多媒体播放系统及其他工具辅助，能更好地塑造情境化的活动。

例如，我在教学北京版数学教材四年级下册"植树问题"的实际过程中，通过Pad向学生推送雾霾图片和晴空图片，形成强烈的反差对比，让学生通过近距离观看图片，感受到视觉的冲击，让学生意识到生活中环境污染严重，可以通过多种树来改善，大大提升了学生的学习兴趣。让学生在情境中学习，在情境中构建知识，产生学习的需求，从而引出本节课的内容。

（三）打破空间限制

在以往的课堂教学中，教师下发习题后会让学生互相讨论，但由于课堂空间和时间的限制，学生间的讨论范围很局限，只能在小组内进行交流，之后教师再找几名学生上台去讲解自己的方法和想法。

在我教学"植树问题"的实际过程中，利用电脑客户端的AIclass软件与Pad连接，在AIclass中可以自行插入自己制作的课件，在平台上进行教师之间的资源共享。我利用Pad给学生下发学习任务，让学生在一端种树、两端种树、两端都不种树的三种不同的情况下，在学习单上画一画，并用算式表示出来，然后让学生将自己的探究结果发送到Pad上面的讨论组。学生可以在Pad上看到每个人的展示作品，并且同学间可以进行互相点赞或评价。这样使学生打破了以往的空间限制，实现了任何同学间都可以进行互动、讨论、交流，即使两名同学相隔甚远都不影响。学生在汇报时，通过"1+1"展示，说明自己的作品以及被其他同学点评的建议，这增强了学生的学习兴趣，营造了学生之间和谐的探究环境，增强了课堂教学的实效性。

（四）教学资源丰富课堂学习内容

在信息时代，Pad资源存储形式新颖且容量较大。Pad支持各种各样的教学软件，这些软件能够使教师为学生提供多种丰富的、生动的学习资源。

Pad为教师提供了各类教学资源及应用软件，包括电子教材、文本、视频、音频、习题、智慧答题等。我在教学"植树问题"的实际过程中，让学生将探究结果利用Pad拍照上传至讨论组，Pad的拍照功能能够很快地、清晰地展示每个人的作品，拍出的照片也可以在大屏幕上放大或缩小，并且能够在照片上圈画重点，并可随时撤销，有效改善了以往投屏时纸张晃动、遮挡和调节焦距的各种问题。对于学生来说，最重要的是Pad的云共享功能可以建立学习共同体，增加学生之间的交流合作。另外，我在巩固新知的环节中，利用AIclass上的数学智慧答题竞赛软件，让学生在Pad上进行答题，AIclass平台提供了检测工具，能很好地帮助教师掌握学生的学习数据，了解学生的认知基础、学习情况等，增加了习题的反馈效果，而且这种游戏方式更能激发学生的竞争意识和不怕做题出错的信心，丰富了学生的课堂。

（五）教学评价方式发生了改变

以往传统的课堂练习中，一般是让学生通过纸质试卷做练习题或是通过大屏幕出示练习题，然后教师通过巡视或者批阅，才能了解学生的做题情况。其中，大屏幕出示习题更是难以掌握学生答题情况，有些学生做得快，回答后就容易跳过此题，而做得慢的学生根本没有机会发言，教师无法了解到每名学生的答题情况。这样得到的评价不够全面、不够科学、不够合理，也无法真正反映出学生的真实水平，甚至还会在某种程度上挫伤学生的积极性，产生严重的不良后果。

我在教学"植树问题"一课前，需要掌握学生对于"一一对应"的认识，因此我设计了发礼物的问题。在圈画人和礼物一一对应的活动中，学生的画图方法和画图结果都被AIclass系统记录下来，教师可以在Pad上快速地看到每名学生的答题情况及整体的正确率，方便教师对学生解题过程进行了解。教师在备课的时候，可以依据学生的前测情况进行教学设计。AIclass平台就像是一个答题储存器，能够把所有学生的做题情况反馈到班级平台上，教师能够在短时间内掌握全班的答题情况。教师可以根据真实的数据支撑，精准分析出学生存在的问题，根据问题进行相应的改正。

在"植树问题"的讨论活动中，学生和教师都不再是独立的个体，可以将评价分成学生评价和教师评价，而学生评价包括自我评价和同学评价，教师评价可以在学生评价的基础上再进行评价。通过生生互动评价和师生互动评价的方式，让每一名学生都有参与感，学生可以通过教师和同学的评价积极思考、主动学习、反思提升，营造出良好的课堂氛围。这些学习成果最终可以储存在AIclass平台上，形成一个学习档案，有助于教师根据电子档案提供的资料，更有针对性地对学生进行辅导和支持。

三、结束语

在互联网的时代，信息技术不断完善。教师在大数据的驱动下，不但可以有效抓住学生的学习起点，还能够对学生的学习进度进行持续性的实时监测，更具针对性和个性化。利用信息技术实现大数据分析，教师可以有效把控学生的知识薄弱点，设计更有效的教学方案，改善教学环境，从而提升教学效果。

精准教学，赋能均衡提升

朱学明

一、引言

随着信息技术的不断发展，大数据在教育领域的应用日益广泛。小学语文作为基础教育的重要学科，其教学质量直接影响到学生的综合素养和未来发展。因此，如何在小学语文教学中充分利用学情数据支持，实施精准教学，成为当前教育教学的重中之重。

二、学情数据收集与分析

我结合之前的五年级区级质量监控（见下页图），分析一下我所教班级（10604班）情况及我平时的一些做法与反思。

（一）质监数据比对，发现本班优势

总结本班学生在此次语文学科调研中的优势，主要集中在阅读四项：阅

读积累得分率93.5%，阅读思维得分率74%，阅读理解得分率72.35%，阅读运用得分率63.33%。阅读能力共计11个评估项，只有3项为良好，其余均为优秀。

语文质监数据整体情况

	10604班	我校	全区均值	相距区中值
平均分	83.6	81.9	77.7	+5.9
优秀率（%）	12.5	10.3	6.9	+5.6
及格率（%）	100	99.3	94.2	+5.8
总体情况	我校及我班语文成绩均三超中值			

三、精准施教，深入挖掘学生学习的潜能

（一）合作学习，促进思维碰撞的策略

合作学习是一种有效的学习方式。在日常教学中，我就鼓励所有学生参与小组合作学习活动，让他们在团队中自由交流、相互启发，通过讨论、辩论等形式，在轻松愉快的学习氛围中共同解决问题、提升自我。另外，利用身兼班主任的优势，我还搞了一些语文趣味活动。例如课前精彩三分钟活动，学生需要精心准备自己的发言，或好书推荐，或历史知识演说，或朗诵、舞蹈等。在这个过程中，发言的学生锻炼了能力和胆量，听说的学生也兴趣盎然，比单纯地听老师授课多了一份期待和新鲜感。再如午休挑战时光活动，接收到挑战书的学生需要独立完成一篇阅读测试，在每一道题边上写清思维过程，利用午休时间，化身阅读专家，为同学授课。经过一年的训练，现在我班学生授课已经有模有样，有提问，有举手，有抢答，还有"师"生互动和讨论。其他活动还有按组循环、每两周一期的黑板报，根据课本或德育要求不定期进行的跨学科实践，如刚刚完成的国庆节科技小制作展览、竹节人比赛、第四单元的课本剧会演等。

可以说，充分利用好碎片化学习时间，不仅促进了学生之间的知识共享

与思维碰撞，培养了他们的沟通协作能力与团队合作精神，还进而提升了他们的学习兴趣，激发了班级凝聚力，增加了学生快快乐乐上学来的动力。

（二）写作训练，提升阅读运用能力的策略

写作是检验学生语文综合能力的重要手段之一。为了提升学生的写作能力，我们教研组针对本册书的8篇作文要求进行了有针对性的讨论与分析，再有的放矢地指导各班的写作训练。在此基础上，我把写作指导分成了五步：一是精心备好、上好指导课；二是认真审核初稿，不合格的面批复做；三是指导学生互相修改习作，在修改中学会观察作文的立意，评价描写及修辞，反思中心的提炼；四是由我自己复批、复核每一篇作文，复核时包括审核学生的修改建议，同时给予指导；五是反复通读成品，提升感悟，再抄练字，形成完美记忆。这么做开始时很是辛苦，但拉长战线，效果还是比较明显的。

不少课文都要求仿写，提高习作能力的第二招就是重视指导课堂的微写作。例如《穷人》一课的微写作，要求学生运用对桑娜心理活动探讨后所得的心理活动描写方法和标点使用方法，试着写一写渔夫的心理活动。

当学生完成一篇仿写之后，可利用碎片时间，安排一次分享交流或者专栏展示，使课堂微写作不再只是好学生的舞台，更是所有学生训练提升的不可或缺的环节。学生都重视起课堂微写作，才能养成写什么都能用心思考、言之有物的习惯。教师鼓励、引领学生经常进行微写作的训练，不仅可提升学生习作水平，还可反哺学生阅读理解能力的提升，帮助学生更好地提高阅读的效率与质量。

四、依托合作，精准教学，赋能均衡提升

（一）融通班级目标，教师精诚合作，构建和谐集体

每当我因班级中的新问题打算定一些新规定的时候，如上课的要求、收发作业的形式、学生座位的安排、评比奖励的条件等，通常会和其他任课教师交流融通、统一思想、达成共识；然后统一执行、步调一致，很快就能把

新规定有条不紊地融入已有的班级管理体系，从而增强班级建设的实效性。这样做，也使我班的学生认识到教师的目标是一致的，大家都在为班集体着想，工作也很有章法，阻断了他们变成单科生的途径，使他们能够更为均衡地施力于各个学科，达到学科和谐、平衡发展的目的。

（二）针对本班现状，会诊精准把脉，家校共商学情

根据学生的学情数据，设计个性化的教学计划，满足不同学生的学习需求。针对学生的薄弱环节，设计针对性的练习和辅导，帮助学生提高学习成绩。

结合日常对各学科教学的细致观察与考试数据等科学分析，我们语、数、英教师如同医生为患者把脉一般，对学生各科的学习状况及学习能力进行精准诊断。通过交流融通，了解每名学生的优势与不足，为他们量身定制个性化的学习及复习计划。再通过微型家长会，和家长进行有效沟通，使家长也能高效地参与到学生各科的学习中来，确保每名学生在学校和家庭中都能得到相应的指导与帮助，破除他们学习茫然无措的情况，哪科弱势搞哪科，厘清问题所在，使学生学习有方向、复习有专攻。

基于学情数据支持的精准教学实施与决策在小学语文教学中具有显著优势。未来，我们将继续深化研究，探索更多有效的学情数据收集与分析方法，为小学语文教学提供更加精准、科学的教学支持。同时，我们也将关注学情数据在其他学科教学中的应用，推动教育领域的全面发展。

大单元视域下进阶式作业设计的实践与思考

吴继红

一、研究的背景及意义

随着"双减"政策的逐步推进，我们的语文课堂也在迅速发生着转变，其中包括对语文作业设计的深入思考与探究。

语文作业的目的不外乎就是使学生通过练习，掌握并加深理解学过的课堂知识。传统的语文作业大多以"读抄背默"为主，这样的作业在新形势下的优势与弊端也是显而易见的。根据对我班学生的调查情况反馈，喜欢以传统方式做作业的学生约占8.6%，略有喜欢的学生占62.3%，完全不喜欢的学生有29.1%。而且有87.3%的学生认为作业形式单一。大多数学生对作业的形式与布置方式有自己的想法，在选择作业的方式上72.1%的学生选择的是朗读、看课外书与实践类作业，而不是看似更容易操作的抄写类作业。

在"双减"背景下，如何设计优质、高效的作业，切实提高教学质量，解决语文作业中存在的简单机械、粗糙烦琐以及课时作业散乱孤立、随意性强等问题成了我们一线教师共同关注的话题。长期以来，我校为学科教师举办了一系列基于"双减"课堂的培训讲座，旨在在课堂教学中有效推动"减负提质"的理念。我们在推进课堂教学改革的基础上，重点也放在探索"作业设计形式和内容"的观念转变上，践行指向单元视角下进阶式的整体作业设计。

二、教材分析

小学语文统编教材采用人文主题与语文要素并进的组元方式。其中，语文要素是语文训练的基本要素，包括"必备的语文知识、基本的语文能力、适当的学习方法和学习习惯"。统编教材中单元的内容具有一定的系统性、关联性，但是又保持相对的独立性。以单元作为作业设计的基本单位，能够在整体把握语文课程目标要求的同时，避免单元每个板块教学相互孤立的状态，使单元作业的目标清晰明了，每个环节之间紧密衔接，能够层层推进，促进作业质量的提升。作业由学生根据自身学习情况自主选择。设计题目一般分为知识强化、能力提升和综合探究三个层次，由教师根据课时、单元和学期教学需要以及学情灵活安排，以满足学生个性化、多元化的发展需求，提高"双减"的实效。

三、实践与探索

以四年级上册第三单元为例，这一单元以"连续观察"为主题，编排了《古诗三首》《爬山虎的脚》《蟋蟀的住宅》三篇课文。分别以日常生活中的植物和动物为观察对象，描写了事物的特点和变化，展现了作者连续、细致的观察。在讲授这一单元前，我深入解读了单元主题，确立了作业目标；依据作业目标，提取训练点，展开作业设计；最后聚焦作业问题，精准把握学情，展开靶向指导。

（一）解读单元主题，确立作业目标

确立作业目标的前提是明确单元主题，单元主题是设定教学目标的基础，是教学行进的方向（如下表）。

教学活动	教学内容	课时安排
观察与想象	《暮江吟》；《蟋蟀的住宅》	3
观察与思考	《题西林壁》；《雪梅》；交流平台	3
观察与表达	《爬山虎的脚》；习作：写观察日记；词句段运用1	4
迁移运用	口语交际：爱护眼睛，保护视力；词句段运用2；日积月累	1
基础知识巩固	各课字词、古诗背诵、默写	1

结合课程标准对应年龄段的能力发展要求以及学生平时的学习基础和认知发展水平，明确了单元的教学重点和语文要素，设定了作业目标（如下表）。

板块	单元作业目标描述	认知水平
字词句	认识22个生字，读准2个多音字，会写38个字，会写32个词语	知道
	能正确搭配动物和它的"家"，知道动物的"家"有不同说法	综合
	用硬笔规范抄写表达准确、形象的句子	应用
阅读	能有感情地朗读课文，背诵三首古诗，用自己的话说出想象到的景象	知道
	能借助注释、插图理解诗句的意思，用自己的话说出想象到的景象	理解
	能通过文章准确、生动的表达，感受作者连续、细致的观察	理解
	能结合阅读体验，交流连续观察的好处，逐步养成留心观察的习惯	应用
	通过比较句子，体会表达的准确性	应用

续表

板块	单元作业目标描述	认知水平
口头表达	与同学讨论时注意音量适当	应用
	不重复别人说过的话。想法接近时，先认同再补充	理解
	能在小组内分享观察日记，并进行评价	综合
书面表达	能进行连续观察，用观察日记记录观察对象的变化	应用
	能对自己的观察日记进行修改和补充，完善习作内容	综合

（二）依据作业目标，展开作业设计

以《暮江吟》一课作业设计为例，围绕"认读、书写生字；理解诗句，想象画面；探究背景，体会情感"来开展，利用达标作业、挑战作业及拓展作业的形式对标完成相应的作业目标。

达标作业：①背诵《暮江吟》，用自己的话说说诗中描绘的情景；②正确、规范地抄写诗句。

挑战作业：①选择诗中的一个画面进行诗配画；②用自己的话写一个画面的景象。

拓展作业：整理《暮江吟》和《忆江南》的异同点，以思维导图的形式呈现。

说，是理解课文的展示，给了学生自由发挥的机会，培养了学生的表达能力。画，是整合思维的展示，不仅加深了学生对文本的理解，还开发了学生的想象力。写，是启发学生关联文本前后内容和语言积累的展示，检验了学生对语言文字的感受和准确表达能力。而思维导图具有发散性，引发学生联想，是思考过程的展示。

（三）聚焦作业问题，精准把握学情

从《暮江吟》一诗课后作业的反馈情况来看（如下表），整体完成情况体现了分层作业的实效性。

分层作业	认知水平	参与人数	完成情况
达标作业	知道	48	A72.9%；B20.8%；C6.3%
	知道、应用	48	A79.2%；B16.7%；C4.1%

续表

分层作业	认知水平	参与人数	完成情况
挑战作业	理解	32	A37.5%；B56.3%；C6.2%
	综合	16	A37.5%；B50%；C12.5%
拓展作业	综合	20	A15%；B50%；C35%

可以看出，随着作业层次的提高、学生认知水平的递进，参与的人数和完成的质量呈递减趋势。批改后，我对本课学情有了更加深入的理解和精准的把握，这也为下一步查漏补缺性作业的设计提供了指导。

（四）基于实践后的思考与延伸

在不断的尝试与改进中，我深刻感受到教师一定要从学生的实际需求出发，在具体的分层设计中，做到严格控制作业总量，严格把握作业难度，严格进行作业批改和反馈，进而达到提升作业质量的目的。

若要让作业真正产生实际效果：一是将作业有机融合，提高学习效率。作业布置应贯穿学习的全过程，我们要深入挖掘作业布置的恰当点位，在预习、讲授、复习阶段进行均衡、合理的分布。二是明晰课内习题和课后作业的关系，进阶式作业应关注延展性。课内习题重在归纳、梳理，要面向全体学生；课外作业重在发散、拓展，要考虑到学生的个体差异。课内作业与课外作业是相辅相成、互为补充的关系。将同一目标下的作业采取不同形式覆盖到全体学生，从而提升思维梯度。三是增加高层次作业的参与人数，逐步提升高层次作业质量。注重趣味性（如画一画、演一演等），保证操作性（如查一查、做一做），讲究灵活性（在最近发展区"跳一跳"能够到），增强实践性（亲身体验活动）等。四是设置科学化的评价体系。虽然学生的学习能力有着很大的差别，但这一阶段的学生需要体会到成功的快乐，并且有更多展示自我的机会，他们也渴望拥有成就感。学生处于不断成长和发展之中，教师在学生发生变化时，要及时评价、优化作业设计方案，增强学生的信心。

落实单元作业设计，深度分析作业成效，改进教学，并进行有效指导、有效讲评，修正学生思维，这些都是作业设计与实施的关键问题。未来我们会继续思考，深入开展研究，及时反思总结，力求在这条道路上越走越开阔。

大数据精准助推阅读策略思维升格

邓跃男

纵观人类历史，创造性始终是一个国家、一个民族发展的重要力量。创造性思维能力已然成为语文核心素养之一，而阅读教学是语文教学的重要一环，新课标背景下的小学语文阅读思维升格的范式研究旨在探索促进小学生阅读思维提升的有效方法和途径，要紧扣语文核心素养，以培养思维升格为导向，以阅读策略为抓手，在提高学业成绩的基础上，实现思维从低级到高级的发展，或是在原来的基础上有较大程度的提高，从而成为其他学科思维训练的助推力。

一、阅读策略与思维进阶发展的学情数据及分析

2024年9月15日，我校高年级部20个教学班的354名学生接受了问卷调查，在问卷中，选择"自己每天阅读半小时"的学生占比为33.51%，读书过程中会与教师、同学、父母交流讨论的学生占比为49.04%，摘抄好词佳句和进行批注、勾画的学生占比分别为48.93%和48.39%，愿意对作者以及同学的阅读理解进行深层次评价的占18.17%。

通过数据分析，我们发现：阅读量达到标准以上的学生，课上都表现活跃，对于阅读分析类问题有自己独特的见解，思维清晰，阅读题正确率和阅读量成正比。

由此得出结论：阅读策略、学业表现、思维升格三者息息相关，形成了互为促进与制约的关系。

二、阅读策略与思维升格的范式研究

（一）阅读教学与思维发展

学生思维的升格是一种具有主动性、独创性的思维动态过程，通常指学生的阅读思维从低级到高级的过程，或是在原来的基础上有较大程度的提高，是培养学生学习能力的出发点和归宿，主要包括：知识迁移与综合运用能力，预测、观察与解释能力，推理能力，问题解决能力，批判性思维能力和创造性思维能力等。这些思维能力的发展，为大单元教学、综合实践活动提供了思想基础，最终落实培养创新型人才的根本任务。这些研究指明了项目式教学改革的突破方向，在落实新课标要求、完善项目式教学细节方面，还需要站在前人的研究基础之上，结合当前的学情分析结果进行更深入的探究。

（二）小学语文阅读思维升格范式研究

在阅读实践中，注重阅读者个人思维的独特体验，使其与文本之间能够产生火花，让学生在愉悦的情感体验中提升自己的思维水平。

1.抓住课上时机，引发课外阅读与思考

一节语文课，往往是因为教师抓住了稍纵即逝的时机而活色生香，极具魅力，吸引着孩子们把课上的欲罢不能带到课下。

例如，教学《草船借箭》结尾时，学生大声齐读："谢谢曹丞相的箭。"一些孩子的脸上还流露出因借箭成功而得意的神情，我立刻鲁肃附体般地发问："军师这样做有何目的？对自己又有何启示？"在激烈的辩论中，学生一致认为，诸葛亮为人谨慎，不会因为成功借箭而沾沾自喜，而是为了激怒曹操，让他在盛怒之下做出错误决定，以谋赤壁之战的胜利。我们自己在遇到挫折时，千万不能发怒，沉着冷静地思考解决办法才是上上之策。我及时总结：曹操盛怒之下是否做出了错误判断呢？请你课下通过阅读、查阅资料告诉大家。在课堂上，学生思维活跃，问题层出不穷，一位孩子质疑道："曹操在不明敌方情况之下，为什么不在箭上点火，从而增加杀伤力呢？"这个问题一经抛出，孩子们的兴趣更浓厚了，我们师生带着两个问题来到课下，大家一起看原著相关章节，了解三国时期关于使用火的发展水平，查阅有关空气动力学的简单资料，以便解决自己特别感兴趣的疑惑，甚至在我校开展的"科学家走进校园"的活动中，学生还专门向科学家请教了这个问题，得到了专业人士的指导，更加丰富了自己的认知。这样做在教学中联结了课上教学和课下阅读，实现知识的巩固性、思维的深化性、课外的拓展性等，解决了我们原有意识中对大多数作业生拉硬拽的布置，让学生离开课堂还会有选择地阅读、有需求地收集、有想法地记录、有针对性地沟通等。这些将成为周期性的、自主性的、开放性的、实践性的任务，也将助力语文素养提升，沟通文本与学生的生活，使语文课不再局限于小小的教室。

2.补白文本，提升思维水平

文质兼美的课文是我们阅读和进行思维训练的主阵地，一些课文在字里行间为我们留下了大展拳脚的舞台，我们只需找准体现语文核心素养的训练点，让学生能够展示出自己的"看家本事"。

例如，我们在学习《西门豹治邺》一课时，学生充分阅读、揣摩、体会西门豹的语言，此时，有的孩子已经有一些感受不吐不快了。我让他们填补课文中西门豹心理描写的空白，并配合人物语言，进行合作朗读（一人读书中的人物语言，一人读自己为西门豹设计的心理描写），进而纵观全文，从心理活动的全新视角串联整个故事情节，建立文本前后的联系，再用自己的语言表述出来，思维就变成了一条有序的线。这样做使思维训练占据了课堂的主位，使西门豹的形象植入学生内心，学生与他产生情感共鸣，使朗读与动笔进行心理描写相辅相成。

3.综合实践活动拓展思维广度

统编版五年级下册第三单元是综合性学习单元，是继中年级语文园地安排"综合性学习"板块后，第一次设置单元整组的综合性学习内容，目的是增加语文实践机会，我设计了让学生完成《汉字真有趣》的综合实践报告。内容包括活动时间、参与人员、活动内容、活动方法、成果展示、参考资料，让学生在课堂学习与课外实践中翻阅资料、请教师长，在情境中学语文、用语文、提升语文素养。

（三）研究方法

（1）行动研究法：教师在教学中坚持写教学随笔，选取并研究典型案例，进行分析归纳、总结提升。

（2）文献研究法：文献研究法是贯穿于整个研究过程的方法，教师通过查阅国内外教育观点和动态的相关资料，为本课题的开展提供理论保障。

（3）调查研究法：通过访谈和问卷的方式，教师有目的、有计划地搜集相关资料，并对搜集的资料进行分析与整理，设计出符合小学高年级学生特点、科学、有效的发展思维的策略。

（4）个案研究法：本课题拟根据学生的现有水平，将学生分层，再从中选取有代表性的学生作为个体进行研究。通过调查、实验、观察、访谈、小组学习等方法，设计出科学有效的方法，使不同层次学生的思维水平都能得到发展。

三、结论和建议

本研究表明，促进小学语文阅读思维升格需要教师在教学过程中注重培养学生的阅读兴趣和习惯、教授阅读策略和方法、引导学生主动参与课堂讨论、借助多媒体资源开展多元化的阅读活动、及时评价和反馈学生的阅读表现、引导学生利用所学解决实际问题。建议教师在教学过程中积极探索和应用这些方法和策略，以促进学生的阅读思维发展和提升。同时，也需要进一步研究和探讨如何更好地促进小学语文阅读思维的升格，为小学生打下坚实的阅读基础。

精准设计学习目标　提升习作教学实效性
——以《我的心儿怦怦跳》习作教学为例

张婷婷

习作教学在语文学习中占据关键地位，它是学生语言表达能力提升的重要途径，也是思维训练的有效方式。传统习作学习目标设定得不精准导致习作教学的实效性不强。诸多研究者指出，以往习作教学存在以下几方面问题。其一，缺乏系统性规划。教师往往孤立地看待每一次习作教学，未能从课程整体视角出发，将不同阶段的习作目标有机衔接。其二，与学生实际脱节。部分教师设定目标时，未充分考虑学生的认知水平、兴趣爱好和生活经验。其三，目标表述模糊。学习目标缺乏具体可操作的行为动词和明确的衡量标准。基于此，笔者以《我的心儿怦怦跳》习作教学为例，浅谈如何精准设计习作学习目标。

一、解读课标，把握航向

《义务教育语文课程标准（2022年版）》是教学的纲领性文件，精准解读新课标能为习作教学锚定正确方向。教师须深入剖析其中对不同学段习作的总体要求、具体目标及实施建议，领会其核心要义与精神实质。

以《我的心儿怦怦跳》为例，新课标对第二学段（三、四年级）表达与交流做出了明确的要求：学生能清楚明白地讲述见闻，说出自己的感受和想法；学习修改习作中有明显错误的语句。在新课标的指引下，不难发现本次习作应充分注重引导学生写清楚事情的经过，有顺序、有重点地描述自己的经历，并且能够运用平时积累的语言材料来表达自己的独特感受。同时，还要关注学生作文的自我修改。

二、研读教材，挖掘内涵

仔细研读教材，教师可以发现本篇习作的内容与要求。教师还要关注这篇习作在单元中所处的位置，要懂得在单元教学过程中逐步进行铺垫。

《我的心儿怦怦跳》是小学语文教材四年级上册第八单元的习作。教材中明确指出了本次习作要求：选一件令你心儿怦怦跳的事情写下来，写清楚事情的经过和当时的感受，写完后先修改，再誊写清楚。

四年级上册第八单元主题是历史名人，语文要素是了解每篇课文的故事情节，简要复述课文。学生结合相关注释合理地理解每篇课文中所讲述或描写的故事主要内容，且能创造性地讲述课文故事。本单元的课文内容为学生的习作提供了很好的范文示例。本次习作应建立在对课文的充分学习之上，在单元学习中向学生渗透本单元需要学生领悟的语文习作要素。

三、关注序列，明确进阶

在习作教学中，密切关注教材内容的编排序列对于学生能力的逐步提升至关重要。教师要清晰梳理出不同年级、不同单元习作训练点之间的内在联系与递进关系，如同搭建起稳固的学习阶梯。

《我的心儿怦怦跳》是在把一件事情写清楚、尝试写出自己感受的基础上的发展。在统编版教材中，从三年级开始训练学生讲清事情经过，一是通过观察把图画的意思写清楚，二是借助关联词把过程和变化写清楚。本册第五单元是习作单元，主要训练把事情的起因、经过和结果写清楚，把与事情相关的时间、地点、人物交代明白。这些前置课文、习作的学习训练，为完成习作《我的心儿怦怦跳》奠定了一定的基础。

在修改习作方面，教材对新课标也有明确落实训练线。三年级上册着重培养"自评自改"的习惯，三年级下册开始提倡"互评互改"，并注重交流、修改、发表三环节联动。

四、分析学情，把握起点

深入了解学情是实现精准设定学习目标的关键。教师须通过多种方式全面把握学生在习作学习方面的起点状态。一方面，要了解学生已有的知识储备、习作能力。另一方面，关注学生的生活经验和兴趣爱好，因为这些是学生习作素材的重要来源。同时，还要考量学生的思维发展水平和学习习惯，如学生的逻辑思维能力是否能够支撑其进行有条理的写作，学生在写作过程中是否有良好的构思习惯等。

我围绕本次习作，引导学生自主阅读教材中习作《我的心儿怦怦跳》，采用预作的方式，对学情进行调查。

调查分析的结果如下：

调查能力	调查内容	情况分析
审题	明确本次习作的主题"我的心儿怦怦跳"	100%的学生完成
	准确提炼习作要求	88.6%的学生提炼准确
选材	选择令自己心儿怦怦跳的事情	100%的学生完成
内容	有序记叙事件，重点描写事情的经过，能聚焦自己的心跳时刻展开写	86.3%的学生能够将文章的较长篇幅用来描写事情的经过
	描写事情经过时能够细致地写出事件经过、心情的变化	27.27%的学生能够随着事情的发展写出自己的心情变化
表达	写清当时的感受，能够运用描绘自己心理和身体变化的语句，生动表达	18.18%的学生能够在描绘事情经过时始终关注对自己感受的描写。 45.45%的学生能够在描述事情经过时出现三四处对自己的感受的描写，但是表达不够丰富。 27.27%的学生能够在描述事情经过时出现一二处对自己的感受的描写，表达较为浅显。 9.09%的学生没有关注对当时感受的描写，只关注了有顺序记叙事件

结合分析，不难看出，由于前置学习都比较扎实，学生在审题、选材方面表现非常好，并且能够有序地记叙事件，对事情的经过展开写，并且能结合本次习作的要求，有意识地关注对自己的感受的描写。但是，学生在描写事情经过时无法做到将事情经过写细致，在写出自己心情变化方面还有很大的提升空间。所以本次习作教师应聚焦引导学生如何将事情的经过细致地写清楚，并写出自己的心情变化。

四年级的学生思维比较活跃，对周边新奇的事物充满好奇心。他们正处于世界观、人生观、价值观逐渐构成的过程中，开始有了自己的想法，也有了情绪的起伏和波动。所以课上应以学生的兴趣为切入点，充分创设情境调动学生学习的积极性，让学习活动成为层层递进的问题链，在保证学习热情的同时引导他们深学。

五、目标可测评，教学更精准

学习目标的可测评性是教学有效性的重要保障。教师在设定习作学习目标时，应摒弃模糊、抽象的表述，采用具体、可操作的行为动词，使目标清晰明确、易于衡量。

基于以上分析我设计的《我的心儿怦怦跳》可测评的学习目标如下：目标一，在优秀作文的引领下，能够结合自己的预作，自主绘制出"我的心跳图"，梳理并完善事情的细致经过与自己的心情变化；对他人的心跳图，能够从事情的"经过是否详细，心情变化是否突出"两方面进行评价，适当提出改进建议。目标二，在精彩片段的引领下，能够总结出自己的感受，需要加入身体、心理变化的描写；能够挑选出自己预作中描写自己感受的语句，加入描写身体或心理变化的语句；能够对他人描写感受的语句从"身体变化、心理变化"两方面进行评价，适当提出改进建议。

我没有使用"理解、感受"等词语表述目标，而是换为"绘制、梳理、提建议、总结、挑选、说评价"这样更加具体的动词，这样目标才会变得可测评。

在语文习作教学的广阔天地中，精准设定学习目标宛如绘制精确的航海图，为师生的教与学之旅指明了前行的道路。而目标的可测评性则如同精准的罗盘，时刻为教学提供明确的导向，及时纠正偏差，保障教学之舟顺利驶向成功的彼岸。

数智驱动下小学体育精准教学实践研究

柳杨

一、数智驱动在小学体育教学中的意义

小学体育教学步入数智驱动的新时代。在体育改革的新政策变化下，小学四、六年级体育成绩计入中考分数，学生身体素质的全面发展成了小学体育教育教学的重要任务。如今体育课堂融入数智技术，改变了以往体育课堂的旧形式、单一化的教学模式，使体育教学体现了其原本的价值，更加全面地促进学生发展。

在数智化的推动下，体育课堂教学效率有明显提升。数智技术能够通过大数据分析、AI辅助等手段，精准掌握学生的学习情况，为教师提供有针对性的教学策略，从而提升教学效率。数智化的辅助教学大大地增强了学生的学习兴趣。数智技术能够丰富教学内容和形式，如通过虚拟现实（VR）、增强现实（AR）等技术，将小学体育课堂变得更加具体、生动且有趣，激发了学生的运动兴趣。除此之外，数智化体育教学也促进了学生的个性化发展。数智技术能够根据学生的体能、技能水平等个体差异，设计专属的教学计划，帮助学生更好地发现自己的体育潜能。

因此，数智化的小学体育精准教学活动，无论针对学生个人而言还是对体育教学事业的可持续发展而言，都具有非同凡响的意义。

二、数智驱动在小学体育精准教学中的应用

（一）数据收集与分析

在体育课堂中教师可以利用可穿戴设备（如心率带、运动手环等），监

测、收集学生的运动数据，如在耐久跑、快速跑、花样跳绳、足篮排课程中，根据学生的心率变化、运动量、运动强度等，了解不同专项课程中各环节学生的运动数据变化，掌握学生真实的身体情况。教师通过大量数据的罗列、结果和分析报告，收获更精准的教学反馈和教学建议，以检验教师体育课堂内容设计的合理性，针对存在的问题和不足调整教学策略，保证学生身体素质提高和运动技能增长的真实性。

课后，教师可以通过课中积累的学生运动数据，进行分类、对比和总结。对学生的运动数据变化进行深入挖掘和分析，明确学生的运动规律和潜在问题，及时调整课堂内容和练习方法。针对个别学生和身体情况特殊的学生，也能更好地监测学生的身体变化数据，设计合理的、符合其身体条件的运动安排，精准教学保证了学生的个性化发展。

（二）AI辅助教学

体育课堂通过使用运动手环和平板电脑等设备，对学生的运动数据进行监测。学生戴上运动手环后，教师可以轻松获得学生的心率变化以及跑跳等相关数据。系统还会根据学生进行跳远、跑步等项目的表现，给出腾空高度、起跳角度、摆臂幅度等详细数据，便于教师了解学生的运动技术问题，指导学生改进专项动作。

AI技术使体育课堂教学呈现出数字化、可视化、精准化和结构化的效果，使教学中的运动方式、强度设计更合理，提高了学生的运动实际获得。通过AI技术的辅助，系统还会生成学生体质报告，对学生的进步情况进行跟踪和反馈，为精准教学提供了有力支持，减轻了教师的教学负担，提高了教学效率和质量。

三、数智驱动下小学体育精准教学实践的成效

（一）促进学生体质健康

通过数智技术的精准监测和评估，教师可以及时发现学生的身体状况问

题，并给予针对性的指导和建议。通过数据设定个性化的教学计划，能够确保每名学生都得到适合自己的锻炼方法，帮助其顺利完成四、六年级体质健康测试。以北京市通州区东方小学2023—2024年各年级学生体质健康数据与区平均数据分析为例：

东方小学2023—2024年各年级学生体质健康数据与区平均数据情况对比

年级 \ 项目	2023年体测均值			2024年体测均值		
	东方小学	区平均	差值	东方小学	区平均	差值
一年级	86.02	83.81	2.21	88.42	83.12	5.3
二年级	92.66	86.44	6.22	87.43	84.41	3.02
三年级	88.24	86.15	2.09	85.35	85.42	−0.07
四年级	87.61	86.37	1.24	88.63	87.21	1.42
五年级	84.97	83.59	1.38	88.78	84.99	3.79
六年级	86.63	85.25	1.38	87.72	86.25	1.47
全校	87.69	85.27	2.24	87.72	85.23	2.49

如上表所示，2023年我校体质数据均值略高于区平均水平，二年级数据最好，一年级次之，其他年级也均高于区平均水平；2024年我校的体质数据均高于区平均水平，增幅由2.24变成2.49，除三年级外，其他年级的均值都高于区平均水平，其中两个年级的数据提升最为明显，说明这两个年级通过数智驱动开展的体育精准教学呈现的效果最佳。

（二）提高教学效率

数智技术的应用使得体育教学更加直观、生动，学生的学习兴趣和参与度显著提高。教师可以根据学生的数据反馈及时调整教学计划和方法，实现精准施教。

（三）体育教学创新

数智技术的应用为体育教学带来了新的理念和方法，推动了小学体育课堂的创新和发展。教师通过不断学习和掌握新的数智技术，提高了自身的专业素养和教学能力。

四、数智驱动下小学体育教学面临的挑战与展望

（一）数智驱动下小学体育教学的挑战

技术与设备成本问题。数智技术在体育教学中的应用需要较高的技术支持和投入。学校应加大对技术设备和人员的投入力度，引进先进的数智设备和系统，智能穿戴设备和AI智能测评系统的成本较高，可能给学校带来一定的经济压力。

数据安全与隐私保护问题。学生运动数据的采集和分析涉及个人隐私和信息安全问题，需要采取有效的措施进行数据保护。在收集和分析学生运动数据的过程中，需要严格保护学生的隐私安全。学校需要建立完善的数据保护机制，确保学生的个人信息不被泄露和滥用。

教师数智素养与能力问题。学校教师年龄段分布不均，在老龄教师居多的传统校，对于年长教师的数智能力提升，是存在一定挑战性的。教师需要具备一定的信息技术素养和数据分析能力，才能充分利用数智技术进行精准教学。所以教师需定期参加相关技术技能培训，积极主动提升自己的数智素养，有利于推动数智驱动下的精准教学。

（二）数智驱动下小学体育教学的展望

随着科技的不断进步和普及，数智技术将更加广泛地应用于小学体育教学中。未来将出现更多针对体育教学的数智化产品和解决方案，为体育教学提供更加丰富、全面、精准的支持。数智驱动的小学体育精准教学需要教师转变传统的教学理念和方法。体育教师需要不断学习和更新自己的知识和技能，以适应数智化体育教学的需求和发展。

综上所述，体育、科技、教育、运动、服务、趣味、互联网合体的体育综合体新形式，是未来体育课堂进一步发展的新方向。数智驱动下的小学体育精准教学实践研究具有重要的现实意义和广阔的发展前景。通过充分利用数智技术，我们可以实现体育教学的精准化、个性化和高效化，为学生的体质健康和全面发展提供有力的支持。

基于精准示范教学提高水墨国画创作能力研究

蔡志东

小学美术水墨国画课程既能促进学生全面发展，也是传承传统文化的重要渠道。笔墨与宣纸的韵味之美能够激发学生学习中国传统艺术的积极性，使他们在赏析古人作品中感受到民族文化底蕴，自身品格得到良好的熏陶。教师要及时发现和解决教学中存在的问题，改善水墨国画课程课堂教学的实际效果，提高学生创作水墨国画的能力，为学生未来发展打下坚实的基础。

一、精准教学问题诊断

以美术课改组（水墨国画教学）为例，学校共8个教学班级，我选取4个班进行现状调查。我下发了水墨国画调查问卷，引导学生对传统文化进行理解与梳理，对已学水墨国画知识点进行测评，对水墨国画经典作品进行赏评、摹写测评，结果如下。

（1）原有小学水墨国画课程现状：100%的学生通过低、中年级国画学习对国画材料有所尝试，能分辨宣纸及用途，但对水墨国画经典作品缺少述评与摹写。

（2）90%的学生对水墨国画经典作品的构图不理解，需要加强临摹及教师精准示范以解决问题。

（3）在课程核心素养导向下，教师需要加强对水墨国画课程教学新方法的探索。

（4）精准示范教学方法能够解决学生正确用笔问题，80%的学生墨色调配模糊不清，需要教师进一步因材施教、精准示范。

通过调查问卷的精准问题诊断，我找到了水墨国画课程的问题点，以此为切入点提高水墨国画教学质量，促进学生艺术素养提升。

二、精准诊断学情，分析学生学习情况

六年级学生大多数已经具备一定的自我评价、相互评价的能力，部分学生敢于对同学的绘画方法、步骤做出评价、提出质疑。通过调查问卷反馈，教师还需要继续培养学生运用美术语言进行多种评价的能力，及提出画面调整方法的能力，引导学生在自我评价中及时反思、提升、改进，学会用美术语言交流，增强学习国画的信心，养成良好的国画学习习惯，以此促进学生核心素养发展。

（一）学习经验

六年级是第三学段高年级的重要时期。学生通过6年美育浸润，逐步形成正确的价值观念、必备品格和关键能力，学生对国画有了解，但不深入。大部分学生都知道笔墨纸砚，以及对墨色的浓、淡、干、湿怎样进行调试，测评中30%的学生在画画时，对画面对比、聚散、高低等画理的应用有些欠缺，需要教师精准示范、讲解以提高认识。

（二）知识储备

课程内容包括水墨游戏、彩墨游戏、墨分五色表现植物、干湿笔墨表现动物，以及中锋、侧锋、墨的浓淡等知识。学生对国画的笔墨特点有了解，喜欢用毛笔绘画表现自己的生活，但在侧锋用笔时80%的学生不够大胆，需要教师鼓励、系统讲解、精准示范。学生在用墨方面，对焦、浓、重、淡、清等单独知识点能很好地理解并表现出来，但在画面整体的墨色搭配安排上和背景墨色处理上还需要教师精准示范、引导。

（三）学科能力水平

在日常美术国画教学单元活动中，学生都参与过欣赏画家作品、分组讨论用笔用墨问题、独立或小组合作临摹作品、独立或小组合作创作作品、小组相互评价作品、查阅美术资料等。其中，小组合作的方式是学生表现最好、完成作品最精彩的，也是学生最感兴趣的。

(四)学生兴趣与需求

六年级学生的学习行为积极主动,参与意识较强,个性表现欲望强烈,注意力稳定性也逐渐增强,可以进行较复杂的学习活动或自主学习活动。但是,外在鼓励仍然是学生学习的主要动力,因此教师创设一些趣味性学习活动可以提高学生的学习热情和兴趣。

(五)可能遇到的困难

从笔墨游戏、学画荷花、学画青蛙课程中学生掌握了中锋、侧锋的用笔方法,认识了墨分五色的基本知识。在学画动物单元学生掌握了运用浓、淡、干、湿表现动物,但是只有30%的学生能十分准确地调配出适用的墨色,同时画面搭配很好,50%的学生基本掌握调墨方法与画面整体搭配方法,20%的学生墨色调配较为困难,出现淡墨与清墨容易混淆、干湿变化不明显、作品创作的目的性弱等问题。

三、精准教学的改进方案——新媒体技术与传统融合式示范策略

教师通过精准教学的问题诊断学情,分析学生学习情况,找到提高教学实效的方法和精准教学的改进方案,利用教师的精准示范解决学生的问题。

精准示范教学策略是教师课堂教学因材施教的方法,是有目的的精准分层教学。教师对学生当前的困惑、棘手的问题,快速找到问题的关键,进行现场精准示范,提高了学生的创作能力,使学生在合作、互动的课堂中身心愉悦地学习水墨国画。

(一)新媒体技术与传统融合式精准示范策略

作为新时代的教师,精准示范时要考虑到学生处于新媒体时代的生活背景下,可尝试运用新媒体技术进行教学。新手段有微视频示范教学、微课示范教学、课堂步骤示范教学等,将抽象、复杂难懂的知识变得清晰明了,学生通过教师的精准示范巩固、内化所学知识,提高了创作能力。精准的新媒

体技术与传统融合式精准示范教学更符合小学生的认知规律，有助于学生增强对教师的认同感，从而喜欢上水墨国画。

（二）新媒体技术与传统融合式示范策略设计思路

在水墨国画示范教学中，通过科学的示范策略向全体学生展示教师过硬的专业技能，可以激发学生的好奇心，使他们形成积极主动的学习习惯。以水墨国画山水课程为例，主要策略是教师根据学生不同时期的需要，结合微视频示范教学、微课示范教学、课堂步骤示范和传统示范进行教学，学生通过教师的精准示范策略巩固、内化所学知识，体会山水意境之美，感受水墨国画山水单元的笔墨情趣，从而完成单元任务。

（三）新媒体技术与传统融合式示范策略实施过程

1.通过微视频精准示范导入，初步欣赏中国画的美

在"学画荷花"这节课，我结合教学目标和教学任务，将荷花的种类、荷花的结构特点及荷花的寓意等知识点与著名画家郭石夫讲解的"文人眼中的荷花"进行结合，编辑了一段言简意赅的微视频供学生自主学习。

2.精准示范解决教学重点、难点

结合"大师画，我也画"，学习著名画家刘存惠的用笔、用墨的方法。我在网上搜索画家刘存惠用笔、用墨的方法，制作了"笔墨微课"，有针对性地解决了教学重点、难点，加强了全体学生对墨色浓淡层次、用笔方式方法的理解，提高了学生的眼界和创新能力。

3.传统精准示范

学生对荷花外形特征有了了解后，我引导学生进行与画家范例的对比教学，精准示范重点讲解荷花调墨的笔锋变化，使学生能快速理解墨与色彩的合理搭配及构图的聚散关系，解决了本课的难点。同时，示范内容的讲解词句经过我反复推敲，基本做到语言简练、恰当、准确，使学生能够轻松地学到本课的知识点内容。

精准的新媒体技术与传统融合式示范相结合，教师利用课上时间进行精

准示范，恰当解决教材中的重点、难点。示范内容设计精准、指向明确，抓住关键点，解决学生的问题。教师应做到示范有目的、有重点，示范形式丰富，示范效果实效性强，以提高学生创作水墨国画的能力，使学生爱上国画课程，传承民族传统文化。

第四章 运用学习单有效提高学生自主学习能力的研究

素养导向下学习单有效提高学生自主学习能力

侯杰

《义务教育英语课程标准（2022年版）》中提出，英语课程要以培养学生核心素养为目标，其中学习能力是核心素养发展的关键要素。英语核心素养中的"学习能力"也是众多学科中重点提到的素养能力，学习能力的发展有助于学生掌握科学的学习方法，养成良好的终身学习习惯。反观我们的课堂教学，课时少，内容多；学生参与表面化，有效讨论却很少；优秀学生回答得很快，后进学生只能跟风；经常看到发言的总是那么几个唱主角的，许多学生无所事事地当着听众，目光游离，出现了"教"与"不教"是一个样的无效或低效结果……在这些问题的困扰下，一线教师面临教育教学的"两难局面"。

针对这样的课堂现状，再鉴于对新课标的解读，我们进行了以"学习单"为载体的英语课堂实践与研究，努力打造"先学后教、因学设导"的常态，力争实现"以学为主"的课堂景观，促进深度学习的实现，培养学生的自主学习能力。

一、利用预学单，了解自我，培养自主学习的意识

"凡事预则立，不预则废。"所谓预学单，就是让学生借助工具书、网络或与家人沟通交流，对于即将要学习的内容进行预习，并留下学习的痕迹，这在某种意义上也体现了学科融合的概念。在学习三年级上册Unit7 Chinese new year一课时，文中只涉及了red lanterns、have some candy，通过让学生提前预学、和家人一起回忆、查词典，学生还学会了stick couplets、get lucky bag、reunion等更多的关于春节的知识及传说故事，他们把搜集到的内容在课堂中与大家分享，极大地丰富了同学的知识，同时也增强了他们的自信，自主学习的积极性也被调动起来。预习单的使用能使学生做到心中有数，听课有的放矢，知道哪些地方是疑点、哪些地方是难点。依照预习单提示，解决掉新课中的生词、生句，了解课文陈述的主要内容，有助于学生的注意力集中，也更容易进行较深层次的学习。

除了对单节课时的预学，针对一些时间关联性强的课时单元，教师可以结合单元整体教学设计整单元预学单，帮助学生构建单元知识框架，了解单元核心教育意义。在学习五年级第二单元What do flowers do?时，我就设计了一个单元的整体预学单，让学生整体预学，通过问题Do you know the English for the different parts of a plan? What are they? What does every part do? What do plans do for people? 了解植物的各部分名称、各部分用途、植物对人类生活的重要性等。

此外，我在设计预学单时还要将新课标中"教学评一致性"的理念渗透其中。针对低年级的学生，教师给出一些提示，例如本课将出现几个生词、几个知识点，看看学生是否能挑选出来。高年级的评价内容包括发音准确、朗读流利、语调自然及总体评价，学生通过初读课文完成自主评价，同时也有利于教师在课前更充分地了解学生，及时调整自己的教学活动。

二、任务单助力深学，践行自主学习的实效

任务单主要包括导学单和练习单。导学单的使用目的是开发学生的思维，使学生厘清学习内容的脉络。

（一）"善导"是设计导学单的主旨，教师可以将思维导图应用到导学单中

有了预学单的帮助，英语教学最大学习目标就是向课堂40分钟要效果。

为了给学生更多思考、语言实践的机会，我及时调整了课堂结构，对教学内容进行了重组。首先，在导学单中加入了一个学习目标介绍环节（对英文目标的设定进行解释），让孩子们一目了然地知道我们这节课学习的目的和要点。有了预学单的铺垫，孩子们经过自主预学已经对课文有了很好的了解，所以在深入学习课文时，孩子们的学习积极性很高、很自信，更加积极主动地参与课堂，结合导学单中的问题、关键词、微型导图，将自己对课文及词汇的理解主动与同伴分享、探讨，"I think… You should…"生生互评贯穿课堂始终。有的孩子还能将自己在课外了解的与课文相关的知识分享给教师和同学，教师在此时成为组织者，学生才是课堂的主人，真正实现课堂的深度学习目标。在学习五年级下册Unit7 What will you do in Chengdu? 一课时，对于What will Lingling do in Chengdu? 这个问题，文中写道：Don't forget to Dujiangyan. No, we won't.对于是否去Dujiangyan学生各抒己见、各执一词，这样就不需要教师来主动讲解，而是由学生发现问题，在讨论、探究中寻找答案，教师在必要时给予补充、讲解、追问，如How、Why等，引导学生进行深入思考，这样学生就成了课堂的主人。

（二）练习单的设计和使用是为了培养学生的语言技能，能够举一反三

在学习理解环节结束后，在课堂的最后，我借助练习单设计了语言的整合和实践应用环节。这个环节的着力点是全体学生，考查不同层次的学生对本课学习目标的掌握情况。为此我设计了不同层次的巩固形式，如以填空的方式复述课文、利用思维导图梳理文本大意，或是联系生活实际应用几种语言方式等。除了根据课文内容训练孩子们的语言能力外，我还考虑到将文本内容和生活实际相联系，引发学生思考，给学生机会实际应用所学的语言。

任务单的使用让学生清晰明了地知道了学习目标，教师精准定位学生的学习效果、有针对性地进行评价，孩子们在自主预习的基础上，在导学单的引领下，思维活动更加活跃，再借助练习单联系生活实际应用所学语言，达到了深学的效果，实现了思维的进阶，让英语深度学习真正发生。

三、作业单促课后延学，拓展自主学习途径

作业单的介入是英语学习的总结归纳、查漏补缺环节，目的是让学生能够学以致用，最终完全消化吸收。因此，在设计中，我关注作业单的层次性。我设置了连线、根据图片匹配短语、根据课文内容进行排序等题目，夯实了课上的重点词组，顾及了不同层次学生对于基础知识的训练，巩固了课堂上的基础知识。此外，我还针对优秀的学生设置了提高型学习任务，例如转述对话为自述式段落、根据课文主题进行训练、自编课本剧、阅读完成相应习题、设计出游攻略、阅读一本主题相似的绘本并与大家分享等，目的是在理解的基础上拓宽知识面，英语基础比较好的学生也可以通过挑战性作业来锻炼思维，提高语言能力。不仅如此，教师还要兼顾作业设计的连贯性，在设计时要有大单元的概念，这样才能对主题意义的达成、学生素养的提升起到事半功倍的作用。

作业单的设计对核心素养手册进行了补充，帮助学生夯实了基础，引导学生结合生活实际加以应用，实现了课后延学，培养了学生的自主反思、总结的能力。

学习单的使用转变了学生的学习方式，让学生学会并自觉地在已有的经验基础上建构自己的知识框架和理论体系，是学生学习和发展的平台，是激发全体学生参与学习的原动力，促使学生主动思维、主动交流，培养了他们的自主学习能力。作为教师，我们还要进一步研究教材，分析学情，精准设计学习单，让它在课前、课中、课后都能把学生带入精彩的世界。

以学习单为抓手，推动小学英语综合实践课程

张飓璐

学习单是教师根据具体的教学目标和内容需求设计的以表单为载体的导学方案，不仅直观地展示了学习任务和目标，更为学生提供了清晰的学习路径，引导学生积极开展自主学习与合作探究。这种教学手段有效地激发了学

生的学习兴趣和参与热情,培养了学生独立思考的能力。同时,学习单的使用也极大地提升了教师的教学指向性,使教学目标更加明确、教学内容更加聚焦、教学过程更加系统化。通过学习单,教师能够更有针对性地指导学生,优化教学效果,实现教学相长。

一、根植教学目标,建构语篇脚手架

学习单是教的载体、学的风向标。充分利用学习单建构起课堂教学的"脚手架",让学生先于教师的"教"对课程内容有一个初步而全面的把握。学习单更是一个促进学生思维发展、情感体验和文化理解的桥梁,帮助学生在综合实践活动中发现乐趣、培养能力、提升素养,从而实现知识的内化和能力的提升。

在教学(新)北京版小学英语三年级上册Unit6 A Colourful World Lesson20 Magic Colours这一课时,教师针对本课语言学习与科学探索相结合的跨学科特点,以三原色混色原理为切入点,旨在通过实验活动激发学生的思考,探索如何利用三原色混合创造出更加丰富的颜色。让学生在亲自实验的过程中,深刻体验三原色的神奇魅力和色彩变化的奥妙。为此,教师设计了实验观察记录表式的学习单,学生通过观察实验,记录下红、黄、蓝三原色混合后产生的颜色变化。教师再引导学生用英语描述颜色变化,如:I mix red and yellow. It's orange now. 随后学生进行混色实验,尝试不同的颜色组合,并记录下实验结果。学习单上列出颜色词汇,为学生提供一定的语言支撑。通过这样的学习单设计,不仅能够帮助学生掌握不同颜色的表述,还能促进学生对科学知识的理解和探索,实现语言学习与科学知识的有效融合。

二、开展探究活动,推动小组有效讨论

学习单的作用不仅在于让学生解决问题,其真正的意义在于培养学生的自主学习能力及小组协作能力,让学生通过有意义的小组活动,通过真实的、有互动的小组讨论,走进任务,深入任务,并尝试完成任务。在此过程中,

教师需要通过具有开放性、实践性的探究活动，激发学生的小组活动热情，引导学生开展目标明确的讨论活动，在探讨中促进思维的碰撞，擦出智慧的火花，引导学生在这样的思维活动前提下，用好学习单，完成学习单。

在教学（新）北京版小学英语三年级上册Unit6 A Colourful World Lesson20 Magic Colours这一课的迁移创新环节中，教师巧妙地引入了故事"Find my colour"，以此提高学生的兴趣和参与度。在学生观看完故事视频后，教师组织学生通过小组合作的方式，参与到一项富有挑战性的任务中：帮助故事中的动物鳄鱼、狐狸、小猪找到它们丢失的颜色。为了增强互动性和实践性，学习单的设计采用了小组信息差的形式，确保每个小组的任务都具有独特性。每个小组负责帮助其中一种动物恢复其原有的颜色，而所需具体颜色则需要通过组内成员共同参与的混色实验来获得。在学习单设计上，通过引导性问题，促进学生思考和探索，如以下内容。

Which two primary colours can make green?

How can we mix the primary colours to find the right colour for the crocodile?

What happens when we mix red and blue?

Can we use this new colour for the fox?

通过这样的学习单设计，学生不仅能够在实践中学习英语，还能在探索和讨论中培养批判性思维和解决问题能力。教师在活动中扮演着引导者和协助者的角色，适时提供语言上的支持，确保每名学生都能在小组活动中积极参与。

三、创设展示平台，实现评价个性化

学习单的作用在于充分挖掘学生的学习潜能，在这个过程中，教师不仅要挖掘，还要善于释放，把学生的学习成果展示出来，释放出课堂最活跃的"正能量"。因此，在学习单的教学实践中，除了设计学习单、运用学习单，还要配套其展示与评价的教学资源，最大限度地发挥学习单的导学、助学价值。在展示过程中，除了用传统投影展示学生的学习单，还可以配合presentation、小组配音诵读、interview等形式，让学习单从纸上"一跃而出"，活灵活现地来到英语课堂，既丰富了学生的学习体验，又促进了学生的个性化成长。而在评价时，也可以创造性地采用学生自评、小组互评、小组交叉评价等形式，让学生也成为评价的主体。

在教学（新）北京版小学英语三年级上册Unit6 A Colourful World Lesson20 Magic Colours这一课的展示交流环节中，教师积极鼓励学生走上讲台，自信地分享组内共同完成的涂色作品。在这个环节中，评价主要分为两个部分：一是对涂色作品的成品进行评价，二是对学生在展示过程中使用的语言进行评价。在对涂色作品的评价中，关注以下几个方面：首先，涂色作品是否与动画故事中丢失的颜色保持一致，这能够检验学生对故事内容的理解和记忆能力；其次，在学生描述自己的作品时，评价所使用的描述语言是否准确、生动，是否能够恰当地表达颜色的特点和作品的意义；最后，关注学生在展示时的声音是否洪亮、表达是否流畅，以及他们的肢体语言和表情是否能够增强展示的效果。在设计学习单时，加入评价量化表，该表包含了以下内容。

颜色匹配度：评价涂色作品与故事中颜色的匹配程度。

语言准确性：评价描述作品时所使用英语的准确性和恰当性。

表达流畅性：评价学生在展示时的语言流畅度和连贯性。

声音响亮度：评价学生在展示时的声音是否足够洪亮。

自信心态：评价学生在展示过程中的自信程度和积极心态。

通过这份评价量化表，教师和学生都能更直观地了解学生在学习过程中的表现，有助于有针对性地提出改进建议，促进学生在英语学习上的持续进步。这样的评价方式不仅提高了课堂互动的质量，也为学生提供了一个展示自我、相互学习的平台。

总之，在小学英语课堂教学中，设计有效的学习单，可以激发学生的学习潜能，使学生积极主动地参与学习，进而顺其自然地发现并提出自己疑惑的问题，实现以学定教、以学促教的教学目标，推动课堂的动态生成，促进教学相长。在实际教学中，教师要善于设计学习单，善于运用学习单导学，给学生更多自主思考、实践与合作探究的空间，真正提高学生的语言技能，培养学生的学习能力，发展学生的思维品质与文化品格，最终实现学生核心

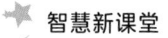

素养的全面提升。这样的教学不仅关注知识的传递，更注重学生综合素质的培养，为学生的终身学习奠定坚实的基础。

数据驱动学习评价，助推英语核心素养达成

周旭

一、引言

在小学英语教学中，学习评价是重要环节，对教学效果提升和学生核心素养养成意义重大。然而，在学习评价中存在不少问题。一方面，传统评价过度依赖终结性评价，忽视学生在学习过程中的表现，难以全面反映学生的学习状态和进步空间，也不利于培养学生的自主学习能力与学习兴趣。另一方面，评价主体单一，以教师评价为主，学生自评与互评、家长评价等较少参与，无法从多视角了解学生的学习情况，难以发挥评价对学生的激励与促进作用。

本文聚焦小学英语教学中的数据驱动学习评价，旨在深入探讨其优势与挑战，将数据驱动学习评价与英语学习单相结合，提供了科学、精准的评价工具，对推动小学英语教学评价改革、提升教学质量、促进学生全面发展具有重要的理论与实践意义。

二、理论基础

数据驱动学习评价与现代教育评价理念高度契合，充分体现了过程性评价和综合性评价的要求。

（一）过程性评价

它关注学生学习的全过程，能够及时发现学生在学习过程中出现的问题和困难，为精准教学提供了实时依据。数据驱动评价通过收集学生学习过程

中的各种数据,如在线学习时长、作业完成情况、课堂互动参与度等,能够实时、持续地监控学生的学习过程,及时发现学生在学习过程中存在的问题和困难,并为教师调整教学策略提供依据,从而更好地促进学生的学习和发展。

(二)综合性评价

它能够整合多维度的数据,不仅包括学生的学习成绩,还涵盖学习态度、学习能力、学习习惯等方面的数据,从而对学生进行全面、综合的评价,避免了单一评价指标的局限性,更符合学生全面发展的需求。比如,除了考试成绩外,还可以通过课堂表现数据评估学生的学习态度和参与度,通过作业完成质量和创新性分析学生的学习能力,通过学习时间和频率数据了解学生的学习习惯等,从多个角度全面了解学生的学习状况,为学生提供更有针对性的发展建议。

三、小学英语教学中数据驱动学习评价的应用

(一)课堂表现数据

课堂表现数据是了解学生学习状态和参与度的重要依据,教师主要通过课堂观察和互动记录等方式来收集这些数据。在课堂上,教师可以观察学生在小组对话练习中的表现,包括是否主动开口说英语、语法错误的频率、发音的准确性以及与小组成员的合作默契程度等,并将这些观察结果记录在评价量表中。例如,在写作练习中,检查学生能否正确运用一般现在时第三人称单数动词形式来叙述故事、描述人物或事件,通过完成学习单中的一篇名为"My Family"的短文,观察文中动词形式的使用是否正确,如 My father works in a factory. He is very busy. My mother takes care of our family. She cooks delicious food for us.

通过设计数据驱动学习评价与英语学习单相结合,对学生的学习数据进行分析和反馈,可以发现哪些学生对第三人称单数的知识掌握较为扎实,哪些学生还需要加强单词记忆和拼写练习,从而在课后有针对性地为学生布置个性化的学习任务,如针对拼写薄弱的学生提供更多的单词拼写练习,而对

于掌握较好的学生则可以安排一些拓展性的阅读或写作任务，进一步提高他们的语言综合运用能力。

除了教师的直接观察，学生课堂参与记录也是重要的数据来源。例如，在校内采用了课堂互动系统，学生通过电子设备参与课堂提问、抢答等活动，系统会自动记录学生的参与次数、答题正确率、反应时间等数据。这些数据不仅能够反映学生的课堂参与度，还能在一定程度上体现学生对知识的掌握程度和思维敏捷性。

（二）在线学习平台数据

学习时间数据可以反映学生的学习投入程度，教师通过分析学生在平台上的登录时长、在学习模块的停留时间等数据，了解学生的学习习惯和学习态度。例如，如果发现某个学生在某个英语知识点的学习视频上反复观看且停留时间较长，可能意味着该学生对这部分内容理解困难，需要教师给予额外的辅导和关注。

在线学习平台还会记录学生的答题情况，包括作业、测验、在线练习等的答题正确率、错误类型以及答题所用时间等数据。这些数据与课堂表现和传统作业测试数据相互补充，能够更全面地反映学生的学习情况，在后续进行有针对性的辅导和强化训练，可以帮助学生弥补知识短板，提升学习成绩。

四、数据驱动学习评价的优势

（一）精准评估学生学习状况

运用先进的数据分析算法和工具，对收集到的海量数据进行处理和分析。能够从复杂的数据集中提取有价值的信息，发现隐藏在数据背后的学生学习模式、趋势和规律，例如学生的学习困难点的集中区域、不同学习群体的特征差异、学习进步的速度和方向等，为精准教学提供科学的决策支持。

通过对学习单中的错误数据进行精准的数据分析，数据驱动学习评价能够像一位经验丰富的医生一样，准确地诊断出学生在学习过程中存在的问题，为教师调整教学策略提供科学依据,从而实现对症下药、因材施教。例如,教师通过对学习单中的语法错误进行统计分析,发现许多学生在一般现在时第三人称单数动词形式的运用上频繁出错,如He go to school by bike. She like reading books.等错误较为普遍。这表明学生对这一语法规则的掌握还不够扎实,需要教师在教学中加强针对性的讲解和练习。

教师可以针对这一问题,设计专项的语法练习学习单,如制作包含大量第三人称单数主语的句子填空题、选择题或改错题,让学生在练习中加深对这一语法规则的理解和记忆;也可以结合具体的语境,通过例句展示、角色扮演等方式,帮助学生更好地掌握第三人称单数动词形式的正确用法。

(二)制订个别化学习计划

每名学生的学习情况和特点各不相同,因此,根据学生的学习数据制订个别化学习计划是实现精准教学的关键环节。以一名小学五年级的学生为例,该生在英语考试中的成绩相对落后,但在课堂口语表达和小组讨论中表现出较好的语言组织能力和表达能力。通过对其作业完成情况、课堂表现、考试成绩等多维度数据的深入分析,发现他在阅读理解和写作方面存在较大的提升空间,而词汇量不足和语法知识的欠缺是导致这一问题的主要原因。

基于这些数据,教师为该生制订了以下个别化学习计划:首先,在词汇学习方面,要求他每天背诵10个新单词,并推荐使用"百词斩"等词汇学习软件进行辅助记忆;其次,在语法学习上,安排他每周学习一个语法知识点,借助语法教材和在线语法学习视频进行系统学习,并完成相应的语法练习题进行巩固。

五、结语

尽管面临挑战,英语学习单与数据驱动学习评价的结合,为英语教学提供了科学、精准的评价工具,有效助推了学生英语核心素养的达成。它能够精准评估学生的学习状况,全面了解学习过程并准确诊断问题,为个性化学习提供有力支持。通过数据推荐学习资源和制订个别化学习计划,同时促进教学方法改进，帮助教师依据数据调整教学策略和优化教学内容设计。

总体而言，数据驱动学习评价对于提升小学英语教学质量、促进学生英语核心素养养成具有重要意义和价值，有望在未来的教育教学中发挥更大作用，为实现精准化、个性化教育提供有力支撑。

浅谈课堂任务单助力教学评一体化的思考与实践

周伟

《义务教育英语课程标准（2022年版）》的颁布揭开了课程改革的新篇章，"主题立意、素养导向、单元教学、教学评一体化"是教学改革的新方向。如何在课堂中落实教学评一体化，让教学过程，学习过程和评价过程三者相互融合、互相促进，最终提升课堂实效，促进核心素养的形成，是教师面临的新问题。课堂任务单的应用，为这个难题提供了一个新的载体，让教师的教学有抓手、学生的学习有依据，诊断课程目标是否达成也有了直观的形成性评价，课堂任务单真正起到了助力课堂教学评一体化的作用。下面我简单谈谈自己对课堂任务单助力课堂评价、落实以评促学的几点思考和探究。

一、课堂任务单让教师的教学有抓手

自新冠疫情期间的线上课堂开展以来，为了更加直观地让学生对线上学习知识有一个框架性的认识，更好地推动线上英语课堂教学环节开展，让英语课程有抓手，东方英语团队的教师精心设计了贴近学情、归纳课程知识的线上学习单，英语课堂任务单的雏形在此时应运而生。由于一、二年级学生的英语语言基础薄弱，教师的学习单设计偏于简洁，以听、说、活动几方面为主体形式；中、高年级的学生语言知识积累比较丰富，教师则设计了更多元的题型，如单选、多选、填空、搭建思维导图等形式，从听、说、读、写、角色扮演几个方面为学生设计和梳理在课堂上应该掌握的知识的语言框架。知识难度设计由浅到深，有层次，分梯度，从微小知识点到小局部，再到整体、到概括，由简单到复杂，所有的题目都为达成本课的学习目标服务。此时的学习单功能更像是知识的梳理，借助学习单，学生对于课文语言要点一目了然，大大提升了教师线上教学的效率，得到了很好的反馈。

二、课堂任务单为学生的学习搭支架

随着疫情结束，当学生回到校园，我们把这个看到了实效的课堂学习单带回了英语课堂。结合新课标单元主题立意，依据英语学习活动观理念，我们对学习单进行了不断的改进和探索。在题型的设计上，更注重结构性、任务化；在新授知识点的学习理解环节，我们会设计考查学生读图、听力相关能力的选择题或连线题。这样设计，不仅是考查学生的能力，更是为学生获取新知识搭建支架，让学生在思考问题时有理可依，不会漫无边际地猜想。在应用实践环节，我们会利用任务单给学生增加一些基于课文主题、延续课文情境的融合性语篇，让学生借助任务单内化、操练所学语言。在迁移创新环节，教师会通过思维导图、语言支架和补充词汇等方式为学生的语言输出搭设支架。课堂任务单帮助学生把简单化、片段化的语言知识串联、组合起来，由点到线再到面，让学生的语言能力在课堂上逐步提升，最终综合应用语言时能够水到渠成。

三、课堂任务单是直观的形成性评价

经过不断改良的课堂任务单，让课堂学习活动可视化、具体化。它就像是一张学生学习过程、思维过程的记录表，通过任务单，我们看到了学习在课堂上真正发生。为了落实新课标的教学评一体化教学理念，我们又开始研究如何通过任务单的"转型"，实现任务单的评价功能。经过教师的不断实践，我们决定从题型设计和使用方式两个方向上"大做文章"。首先，教师设计任务单时更关注对应课时学习目标来设计，力争让任务单成为评价学生学习目标达成效果的载体。本节课教的内容、学生应该掌握的知识和提升的能力点在任务单上都有所体现。根据教师的课堂观察及所给予的随堂评价与判断，结合任务单的反馈，教师能清晰明确地了解学生对于学习目标的达成度，可视化的学习评价为教师接下来确定新的教学方向提供了指引。其次，为了引导学生有自评意识，培养学生的评价能力，我们在任务单中每道题的后面加入了自我评价表，设计了表述简单、清晰的评价标准和小星星评价量规。依据评价标准，学生在完成每道题目后进行自评，明确自己在学习中的收获和不足。在应用实践环节，我们给学生增加生生互评环节，学生在教师提供的评价语言表的帮助下，能简单地针对同学的表现给出自己的评价，这一过程不仅锻炼了学生的语言表达、评价能力，更让学生学会了耐心倾听。另外，在和同学进行小组合作的过程中，我们还鼓励学生对其他小组的作品或表演依据评价标准进行打分评价。在课程的最后一个环节，我们设计让学生依据任务单，总结自己一节课的总评结果：How many stars can you get? 对于课程的每一个学习目标是否达成，学生、教师都可以通过星星的数量看到直观的反馈，评价活动伴随着教学活动和学习活动同时在课堂上发生了。

四、课堂任务单助力教学评一体化

在素养导向、主题意义引领下，为了实现英语课堂教学评一体化，通过不断实践、探索，我们力争让每一份英语课堂任务单的每个任务都能包含教师的教学活动、学生的学习活动以及相对应的学习评价活动。三类活动形成互相关联、相互融合、彼此促进的整体，共同促进英语学习活动观在英语课堂上的落实，从而促进学生综合素养的形成，也让教学评真正实现一体化，让以评促教、以评促学在课堂上落地生根。

一张小小的课堂任务单，对英语课堂的意义却非常重大。它多效、有趣、形式多样，既是英语知识的框架，又为学生每个环节语言的输出搭建支架，更是一份微小的课堂诊断性评价。课堂上的教、学、评，借助这个媒介变得有迹可循、有据可依。有了任务单的帮助，教师引导学生从"参与者"变成了课堂的"主人"。任务单助力教学评一体化落实的同时，学生的英语核心素养就这样在每一节英语课上悄然形成，也让新课标理念在孩子们的心中真正生根、开花。